经济
社会的形成

THE MAKING
OF
ECONOMIC SOCIETY

第十三版
13TH
EDITION

［美］

罗伯特·L. 海尔布隆纳
Robert L. Heilbroner

威廉·米尔博格
William Milberg

著

刘婧

译

湖南文艺出版社
HUNAN LITERATURE AND ART PUBLISHING HOUSE

博集天卷
CS-BOOKY

献 给 雪 莉 和 海 蒂

THE
MAKING OF
ECONOMIC
SOCIETY

经济社会的形成

前 言
PREFACE

　　本书自前一版出版以来，世界经济已是沧海桑田。包括美国在内的许多国家仍在从2007年至2008年的经济危机中缓慢复苏，这场危机是历史性的，表现为金融市场崩溃、失业率迅速上升、世界贸易空前萎缩以及旨在扭转衰退的大规模政府干预。资本主义的根基已经动摇，而且本书自1962年首版付梓以来，还从未引发过如此广泛的对长期经济低迷甚至经济崩溃的担忧。本书（第13版）的一个主要目标是赋予最近这场经济危机历史视角的解读。在关于这场危机的新章节中，我们将探讨其原因、后果和政治对策。我们将这场大衰退和20世纪30年代的大萧条进行了广泛的比较。这场危机涉及经济社会的许多不同方面，因此新的章节还涵盖了一些关于全球化和21世纪初科技繁荣与崩溃的讨论。我们在本书的其余部分强化了对这些问题的论述。

　　这场经济危机也动摇了许多人对经济理论的信心。我们试图在整本书中探讨这一问题，希望鼓励人们就经济思想未来可能研究的方向展开辩论，以便预测未来的经济挑战并提供政策解决方案。

本版更新内容

　　以下是本书第13版最重要的变化，包括：

· 所有表格和图形均已更新，以在适当的情况下反映最新数据。

· 更新了关于解决经济问题的方法的"传统"措施的讨论。

· 增加了关于2007—2008年大衰退这一全新章节，分析其原因并与大萧条进行比较。

· 增加关于"泡沫为何形成以及泡沫为何破裂"的新讨论，纳入历史参考和对金融危机某些理论的回顾。

· 鉴于经济学家未能成功预测2007—2008年危机，借此对经济思想的未来展开新的思索。

导读：威廉·米尔博格的话

海尔布隆纳教授（1919—2005）在他漫长的职业生涯中撰写了25本著作，而他最为珍视的两本书是《哈佛极简经济学》（*The Worldly Philosophers*）和《经济社会的形成》（*The Making of Economic Society*）。罗伯特·海尔布隆纳在2005年安详辞世，而我们当时正在修订这本书的第12版。海尔布隆纳教授的社会科学愿景为《经济社会的形成》这本书奠定了基石。

"经济学的目的，"海尔布隆纳写道，"是为经济生活赋予意义。"他认为，任何理解当代社会的努力都需要认真思索思想和社会的历史。资本主义是人类努力解决物质补给需要和社会再生产这类"经济问题"的漫长历史中的一个特殊阶段。了解不同的社会如何面对这一问题，为我们今天所付出的努力开宗明义，正如你很快将发现的那样，这是本书的首要主题之一。

海尔布隆纳强调，尽管资本主义的结构和逻辑都是可辨别的，但它仍在遭受其他社会力量的冲击，并不断发生着变化。这是一个依赖于独立思想、政治斗争和道德规范的制度。"历史引擎并非从经济动力和制度中汲取全部的能量。"关键在于，仅靠经济力量不能决定社会变革，理解经济变革需要我们意识到经济所嵌入的社会和道德背景。

　　本书的大部分内容都是为了理解资本主义——它可追溯至中世纪社会的起源，它对新的社会阶层的创造、对产品和生产过程的创新倾向，以及全球化和信息革命的融合对当今社会的搅动。资本主义在不同的时间和地点呈现出不同的形态，这取决于经济和非经济力量的特定图景。19世纪美国马萨诸塞州洛厄尔的早期纺织厂和21世纪墨西哥奇瓦瓦的汽车发动机厂在某些方面存在类似之处（它们都是以工厂为基础的运营），但也有着很大的差异（使用的技术、操作规模、所需的人类技能、工作条件、法律框架和外国管理人员的作用）。这迫使我们研究经济史，包括市场社会的起源，以及当今全球共存的各种各样的资本主义。

　　资本主义经济的另一个特点是，它是动态的，即不断变化的。而这种变化往往是双刃剑，既有积极的也有消极的因素——经济增长和贫困，扩张的财富和更高程度的污染，技术创新和工作安全性的下降，消费的便利和健康的恶化。亚当·斯密（Adam Smith）在18世纪后期写作时已经将这些视为"进步的悖论"，即经济发展的社会（和道德）成本。海尔布隆纳总结了资本主义的这一迷人特征，他写道："资本主义在历史上的独特性在于其自我产生的不断变化，但正是这种活力才是该制度的主要敌人。"

　　海尔布隆纳是现代经济理论的批评者，因为他认为现代经济理论不是正面对抗这些复杂性，而是在很大程度上对推动资本主义社会的丰富的社会、心理和道德力量避而不谈。"在传统经济言论的面纱背后，"他在一篇简短的自传文章中写道，"我们可以很容易地辨别出传统行为的底层结构——信任、信仰、诚实等——是市场运行的必要的道德基础，以及权力的隐形上层结构。"海尔布隆纳关切地注意到，当今，甚至"资本主义"这个词也从经济学教科书中消失了。他坚持认为经济学与政治经济学的宏大问题有关：政府在强劲经济中的作用是什么？经济

罗伯特·海尔布隆纳

（照片由戴维·海尔布隆纳免费提供）

发展能否产生健康的环境？如何解决世界贫困问题？经济全球化有助于减少国际冲突，还是会产生新的冲突？《经济社会的形成》的一个目标是为这些紧迫的当代问题带来一种历史的视角。

因此，本书不是一本简单的历史书。本书的目标是重新赋予围绕物质生产和分配的巨大的社会力量生命力，正是这些力量逐步创造了我们所生活的世界。本书的基本理念是，我们需要历史知识，以便了解我们当前的经济状况，并能够思考我们未来将要面临的可能的经济挑战。对海尔布隆纳而言，没有什么比描述经济和社会生活中巨大的，有时令人痛苦的经济和社会变化更能展现他的雄心壮志。正是这些变化，为理解今天的世界提供了生动的背景。

第13版反映了同样的宗旨。我试图捕捉我们眼前发生的世界经济的巨大变化。最重要的是金融崩溃和大衰退，而世界经济刚刚从中复苏。自2007年以来，世界主要资本主义经济体的不稳定性使人们对普遍存在的无管制市场的有效性产生了怀疑，并提出了自大萧条以来从未提出的经济和经济政策的新问题。80年来，我们自身的经济社会的形成在今天引发了更为激烈的辩论。经济学家正在重新思考他们对金融监管的看法，政府支出对经济增长和就业的重要性，公共债务的可持续性以及灵活汇率的重要性。对经济学家来说，这是一个令人羞愧的时期，也是新经济思维方式成熟的时刻。这使其成为经济史教育的关键时刻，以便更好地理解我们如何在经济社会的演变中到达这一特定时刻。我们对图表进行了更新，以展现与本书提供的长期历史观相关的最新趋势。第13版可作为学生练习册以及教师的考试材料。本书也可以在The CourseSmart eTextbook上找到，网址是www.coursesmart.com。

失去罗伯特·海尔布隆纳，我深感悲痛，他既是我的同事也是我的朋友。我很高兴能与他在这本书上密切合作。海尔布隆纳教授在生命的最后时刻仍然是现代经济学的严厉的批判者，但他个人的热情，他的善良，他的人性，他对平等、机遇和民主的承诺，以及他对在紧迫的社会问题上进行深刻而严肃的辩论的热爱为他赢得了来自专业经济学家、社会科学家、学生和社会热心公众的广泛爱戴。

在介绍的最后，我要感谢简·盖耶（Jane Guyer）、珍妮特·罗伊特曼（Janet Roitman）和戴维·韦曼（David Weiman）对本版本的新特定主题所进行的探讨，以及简·凯尔（Jan Keil）对研究给予的宝贵帮助。还要感谢帮助审查本版文本的教授：密歇根州立大学的法亚兹·侯赛因（Fayyaz Hussain）、圣迭戈州立大学的罗杰·弗朗茨（Roger Frantz）、科罗拉多州立大学的詹姆斯·罗纳德·斯坦菲尔德（James Ronald Stanfield）、费尔菲尔德大学的凯瑟琳·南茨（Kathryn Nantz）、内华达大学雷诺分校的埃利奥特·帕克（Elliott Parker）和蒙莫斯学院的温丁·汤普森-道森（Wendine Thompson-Dawson）。最后，我要向英特格拉（Integra）的希尼·拉杰什（Shiny Rajesh）和培生出版社工作人员表达我的谢意，谢谢你们给予的评论、鼓励和耐心。

CONTENTS
目录

第一章 经济问题

个人与社会 003

生产和分配 007

经济问题的三种解决方案 010

第二章 前市场经济

古代的经济组织 028

中世纪的经济社会 038

变革的前提 052

第三章 市场社会的兴起

变革的力量 061

生活中经济层面的出现 076

经济学的发明 084

第四章 工业革命

重大转折点 102

理论视野中的工业革命 118

第五章　工业技术的影响

一项发明的影响　133

技术的普遍影响　136

大规模生产　138

工业变化的推动者　141

市场结构的变化　145

大企业的兴起　146

技术作为社会过程　154

第六章　大萧条

增长的路径　160

资本形成的关键作用　173

第七章　公共部门的兴起

罗斯福新政　183

国有银行的兴起　186

货币政策　187

财政政策开始发挥作用　195

公共部门　196

支出流动和宏观经济学的诞生　197

第八章　欧洲现代资本主义的形成

封建遗产　202

欧洲资本主义的复苏　208

社团主义　211

欧洲增长放缓　212

资本主义的多样性　213

第九章　资本主义的黄金时代

战后的可能性　218

美国资本主义的结构变化　223

世界繁荣与趋同　227

从增长放缓到不平等加剧　235

第十章　全球经济社会的出现

世界经济的重塑　244

生产和金融的全球化　247

弱化的国家主权　253

全球经济失衡　255

发展不平衡问题　256

殖民主义及其遗产　258

早期工业化和晚期工业化　259

国际组织的作用　262

新自由主义：机遇与挑战　263

对未来的展望　264

第十一章　从历史角度看大衰退

发生了什么事？　273

导致危机发生的长期趋势：家庭债务和

金融化　275

欧洲危机　280

大衰退和大萧条的对比　281

资本主义的根基被动摇　284

经济思想危机　285

第十二章　问题与可能性

传统驱动型社会　292

命令型社会　293

资本主义　294

分析未来　296

三个主要问题　297

利益相关机制——新的出路？　299

人口增长和迁移　299

资本主义的前景　303

第一章

经济问题

THE
MAKING OF
ECONOMIC
SOCIETY

现在既然我们已经决定了我们的探索过程，如果我们能够立即开始审视我们的经济史，那将会很方便。但事情并非完全如此。在我们能够追溯经济史之前，我们需要知道经济史是什么，反过来，这需要我们花点时间来澄清经济学和经济问题本身的含义。

答案并不复杂。从最广泛的意义上讲，经济学是研究我们在所有人类社会中发现的过程——为社会提供物质福祉的过程。用最简单的术语来说，经济学就是对人类如何获得日常所需的面包这类生计问题的研究。

对历史考察来说，这似乎不是一个特别令人兴奋的主题。事实上，当我们回顾通常被称为"历史"的盛会时，面包这种不起眼的问题几乎进入不了人们的视野。人类的编年史充斥着权力与荣耀、信仰与狂热、思想与意识形态，它们塞满了人类历史书的每一页。正如一位哲学家所言，"被宣传的人类历史，其实就是国际犯罪和大规模谋杀"。[1] 如果对面包的简单追求是人类命运的推动力，那么它就隐藏在这句话的背后。

---

[1] Karl Popper, *The Open Society and Its Enemies*, 3rd ed.（London: Routledge, 1957）,II, 270.

人类生活不仅是为了面包，但很明显他们离开面包是无法生存的。像所有其他生物一样，人类必须进食——这是维系生存的专横的首要法则。这个先决条件在最初出现时没被认为是那么理所当然，因为人类作为一种有机体，本身并不具备高效的生存机制。人类从每100单位的食物中只能获取约20单位的机械能。人类饱餐的情况下每天只能产生大约1马力小时（约0.735千瓦时）的工作量，并且必须为疲惫的身体重新补充能量。用剩余的能量，他们可以自由地建立某种文明。

因此，在许多国家，人类生存的纯粹连续性远未得到保证。在亚洲和非洲的广大大陆、近东，甚至南美的一些国家，野蛮生存是人类直面的问题。在我们这个时代，数以百万计的人类因饥饿而死或营养不良，而在漫长的过去，因为温饱问题而死亡的人类更是多达数亿。所有国家都敏锐地意识到在日常生活中需要面临饥饿意味着什么。例如，据说孟加拉国的一个农民，从他出生到死亡，可能永远都不知道吃饱肚子是什么滋味。在许多所谓的欠发达国家里，普通人的寿命不到美国人的一半。就在几年前，一位印度人口统计学家的一项计算令人不寒而栗，在100名亚洲婴儿和100名美国婴儿中，活到65岁的美国人比活到5岁的亚洲人还要多！这是针对世界上大多数国家的统计数据，不仅仅是关于寿命，而且是未成年人死亡率，因此是压倒性、决定性的。

个人与社会

因此，我们可以看到，经济史的出发点必须是生存的关键问题以及人类如何解决这一问题。对大多数美国人而言，这可能使经济学看起来很遥远。我们中很少有人意识到任何类似于生死存亡的斗争。我们或许会体验严重的匮乏，我们或许可以体会一个印度村民或玻利维亚劳工所经历的饥馑之苦，但这对我们大多数人来说，几乎还是不可能完全感同身受。[1]

在没有发生灾难性战争的情况下，我们大多数人都不太可能知道为生存而斗争的全部意义。尽管如此，即使在我们繁荣和安全的社会中，仍然存在着生活不稳定的一个方面，提醒我们生存的潜在问题——尽管它是无人注意的。这就是我们作为经济个体的无助。

奇怪的是，当我们离开世界上最原始的民族时，我们发现个人的经济不安全性倍增。与世隔绝的因纽特人、布须曼人、印度尼西亚人或尼日利亚农民，利用他们自己的工具，至少有时候是可以生存相当长的一段时间的。生活在靠近土地或猎物的地方，这样的个体可以单独地维持"他"自己的——很少是"她"自己的——生命。只有几百个人的社区便可以繁衍不绝。事实上，今天相当大比例的人类以这样的方式生活——在小型的农耕社会，人们自给自足，很少与外界联系。这一部分人类可能遭受着巨大的贫困，但他们也获得了一定的经济独立性。如果不是这样的话，他们在几个世纪前就从地球上灭绝了。[2]

另一方面，当我们转向纽约人或芝加哥人时，我们会被截然相反的情形所震惊——他们享受着普遍安逸的物质生活，但同时也对他人极度依赖。我们再也无法想象在大多数美国人居住的大都市地区里，还有独立生存的孤独个体或小社区，除非他们通过抢劫仓库或商店获得食物和必需品。绝大多数美国人从未种植过食物、捕获过野味、从事过畜牧业、磨碎谷物制成面粉，甚至从未将面粉制成面包。面对缝制衣服或建造自己的房屋这样的挑战，他们从未受过训练，毫无准备，非常无助。即使是日常在他们的机器等上进行小修小补，如修理汽车或修理管道，

---

[1] 在美国主要城市的人行道上可以看到无家可归的人们蜷缩着，这告诉我们即使是富裕国家的民众也可能陷入贫困。

[2] 人类学调查表明，小规模的传统社会也可能享有某种富裕，因为他们自愿花费很多时间休闲，而不是狩猎或聚会。参见Marshall Sahlins, *Stone Age Economics*（New York：Aldine，1972）。

他们也必须求助于社区里其他的专业人士。自相矛盾的是，或许，国家越富裕，普通居民独立生存的能力就越差。

劳动分工

当然，这个悖论是可以解释的。我们之所以能在富裕的国家生存，是因为虽然我们自己无法完成一些事情，但我们可以求助其他人帮我们完成。如果我们不能种粮食，我们可以买；如果我们自己无法满足自己的需求，我们可以聘请有能力的人。这种巨大的劳动分工使我们的能力提高了千倍，因为它使我们能够从其他人的技能和我们自己的技能中受益。在下一章节中，劳动分工扮演核心角色。

然而，伴随着这种宝贵的收益也存在一定的风险。例如，这是一个发人深省的想法，我们仅依靠美国1.3亿劳动力中大约20万人的服务，来获取煤这种基本的商品。航空公司的飞行员机组人数更少——大约只有6万人。负责运行全国铁路货运机车的工人人数还要少。任何一个团体未能履行其职能都将令我们的生活陷入瘫痪状态。众所周知，当我们面临不时发生的罢工时，整个经济机器可能由于关键的少数人，甚至是垃圾清理工停止执行他们的日常任务而无法正常运转。

因此，这种富足的物质生活隐藏着一种潜在的脆弱性：只有在许多人，甚至小团体的有组织的合作可以依靠的前提下，我们的富足才能得到保证。实际上，美国能否作为一个富裕国家继续存在，取决于其社会组织机制能否继续有效运作这一默认先决条件。我们的富裕不是作为个体而富裕，而是作为富裕社会的成员而富裕，我们对物质富足的简单假设，与将我们相互连接为社会整体的纽带一样，二者的可靠性程度是一样的。

经济学与稀缺性

奇怪的是，我们发现我们大多数经济问题的根源并不在于自然，而是在于人类本身，至少高于生存水平。可以肯定的是，经济问题本身，即为生存而斗争的需要，最终源于自然。如果商品像空气一样免费，那么经济学，至少在某种意义上，将不再作为一门社会显学而存在。

但是，如果自然资源的短缺为经济问题奠定了基础，那么这种约束就不会仅仅强加于必须斗争的人身上。因为稀缺，作为一种感觉状态，不仅仅是自然的错误。例如，如果今天的美国人满足于墨西哥农民的生活水平，那么我们每天只需要工作一两个小时便可以完全满足所有的物质需求，我们很少或根本不会经历稀缺，我们的经济问题实际上也就不存在了。相反，我们发现在美国——实际上在所有工业社会中，随着提高自然产量的能力的提高，人类的欲望也在增加。事实上，在美国这样的社会中，相对的社会地位与物质财富的占有有着重要的联系，我们经常发现随着我们变得富裕起来，作为心理体验的"稀缺性"变得更加明显：尽管我们生产商品的能力迅速提升，但渴望拥有大自然的成果的欲望增加得更快。

因此，自然必须满足的"需要"绝不是固定的。然而，就此而言，自然的产量本身并不是一个常数。它的变化范围很广，它取决于人类能量和技能的社会应用。因此，稀缺性不仅源于自然，而且源于"人的本性"。经济学最终不仅关注物质环境的吝啬，同样关注人类的欲望和社区的生产能力。

经济社会的任务

因此，要开始系统的经济分析，我们必须挑出社会组织必须履行的功能，以将人性带进社会治理中。当我们将注意力转向这个基本问题时，我们可以很快发现它涉及两个相关但又相互独立的基本任务解决方案。一个社会必须：

1.组织一个系统，以确保为自己的生存生产足够的商品和服务；

2.安排生产成果的分配，以便进行更多的生产。

乍一看，确保经济持续性的这两个任务非常简单，但它是具有欺骗性的简单。经济史的许多内容都关注各种社会应对这些基本问题的方式。对这些尝试的考察让我们感到震惊的是，大多数尝试都是部分失败的。（它们不可能完全失败，否则社会不可能延续至今。）因此，我们最好还是更仔细地研究一下两个主要的经济任务，看看它们可能隐藏的困难。

生产和分配

调动人力

社会在组织系统生产所需的产品和服务时遇到了哪些障碍？

由于原始的自然界很少能够满足我们所需的产品数量，因此生产问题通常是将工程或技术技能应用于手头的资源，避免浪费，以及尽可能有效地利用社会的努力。

这确实是所有社会的一项重要任务，正如economic这个词本身所暗示的那样，大量的正统经济思想都致力于节约，但这不是生产问题的核心。早在一个社会可以关注自己"经济地"使用它的能量之前，它必须先把能量调配到生产过程本身中去。也就是说，生产的基本问题是设计能够为生产目的调动人类能量的社会机构。

这个基本要求并不总是那么容易实现。例如，在1933年的美国，近1/4的劳动力的能量以某种方式被阻止参与生产过程。虽然数以百万计的失业男女都渴望工作，尽管有闲置的工厂可供他们工作，尽管存在迫切的需求，但一场可怕的、令人费解的崩溃——被称为大萧条，导致美国商品和服务的年产出比从前下降了1/3。

美国绝不是唯一一个偶尔使大量想工作的人找不到工作的国家。在最迫切地需要生产的最贫困的国家，我们经常看到大规模失业成为一种慢性病。许多亚洲城市的街道挤满了找不到工作的人，同样，这也不是自然界的稀缺性所强加的。毕竟可从事的工作还有很多——如果只是让他们去清扫肮脏的街道，修缮穷人的住宅，建造公路，挖掘沟渠。问题在于缺乏一种社会机制能把人力调向生产性用途。不论失业者只是占劳动力的一小部分，还是构成真正的失业大军，基本上都是由于缺乏这种社会机制。

从这些例子我们可以看出，生产问题不仅仅是与自然界进行物质和技术斗争。这个问题的一些方面，取决于一个国家向前迈进的难易程度，以及通过努力所能达到的福利水平。但最初动员生产力量本身就是对其社会组织的挑战，而可以管理自然的人力数量又取决于社会组织的成败。

配置人力

让男人和女人工作只是解决生产问题的第一步。他们不仅必须投入工作，他们的工作还必须要生产出社会所需的商品和服务。因此，除了确保足够数量的社会人力之外，社会的经济制度还必须确保社会人力的可行配置。

在印度或玻利维亚，绝大部分人口出生在农村，长大之后成为农民。对这样的国家，我们不费吹灰之力便可以理解它们解决生产问题的方式。社会的基本需要——食物和纤维——恰好是农村人口"自然地"生产出来的商品。然而，在工业社会，恰当的人力分配则变成了一项极其复杂的任务。美国人的需求远远超过了面包和棉花。他们需要像汽车这样的东西，但没有人能够"自然地"生产出汽车。相反，为了生产出一辆汽车，人们必须执行一系列的特别任务。有些人必须炼钢，有些人必须制造橡胶，还有一些人必须协调装配过程本身。这些只不过是生产环节中一个小小的取样，生产汽车所需完成的自然任务还有很多很多。

即便调动了全部的生产人力，社会也不一定总能恰当地配置人力。例如，社会生产的汽车可能不是太多就是太少了。更重要的是，在许多人面临饥饿的时候，社会却可能把资源用于了奢侈品生产。它甚至可能因无法将其人力引入至关重要的领域而引发灾难。

这种配置的失败对生产问题的影响可能与未能调动足够数量的人力一样严重，因为一个有生存力的社会不仅必须生产商品，而且必须生产出恰当的商品，分配问题警告了我们，这是一个仍然广泛的结论。它向我们表明，生产行为本身并不能完全满足生存的要求。社会生产了足够多的、恰当的商品之后，现在必须分配这些商品，这样生产过程才能够持续下去。

分配产出

再说一次，在农民家庭自给自足的情况下，这种恰当分配的要求可能看起来很简单，但当我们超越最小规模的传统社会时，问题并不总是如此容易解决。在许多最贫穷的国家，由于报酬微薄，城市工人往往无法有效地工作。更糟糕的是，他们经常在工作中失去活力，一边是谷物满仓，而另一边，富人们却在抱怨工人懒得无可救药。另一方面，分配机制可能会失败，因为它所发放的奖励无法说服人们执行任务。1917年俄国革命后不久，一些工厂被组织成公社，经理和门卫同工同酬。其结果是先前收入较高的工人经常旷工，工业生产濒临崩溃的威胁。直到恢复旧的不均等工资报酬，生产才回归原来的轨道。

与生产过程中的失败一样，分配失败不一定必然导致彻底的经济崩溃。社会可以存在下去——而且大多数确实存在了下去，只不过伴随着严重扭曲的生产和分配。只有在极少数情况下，如刚刚提到的那样，分配不均才会干扰社会向生产岗位调配人员的最终能力。更常见的是，对分配问题的不恰当解决会造成社会和政治动荡，有时甚至会引发革命。

然而，这也只是整个经济问题的一个方面。如果社会要确保其稳定的物质补给，那么它必须以一种不仅要维系能力而且要保持工作意愿的方式来组织生产。因此，我们再一次发现，经济调查的焦点指向了对人类制度的研究。对一个可生存的经济社会，我们现在可以看到，它不仅要克服自然的严峻性，还要容忍和控制人性中的不妥协性。

经济问题的三种解决方案

因此，在经济学家看来，社会呈现在他们眼中的方式与其他人相比是不同的，它带有一种反常的伪装。对贫困、污染或通货膨胀等问题，他们看到的是一种运行过程，而不论当前问题有多么紧迫，在注意力转向它们之前，我们首先必须理解这一过程：社会完成复杂的生产和分配任务从而得以持续生存的基本机制。

然而，经济学家看到的不止于此，他们还看到了起初看来非常令人吃惊的事。仔细观察多种多样的现代社会，并回溯所有历史，他们就会发现，人类成功地解决生产及分配问题的方式只有三种。也就是说，在经济学家看来，指导和塑造经济过程的各种各样的实际的社会制度总体上只有三种类型，它们或单独地，或结合在一起使人类能够解决经济挑战。这些伟大的制度类型可以称作由传统运行的经济、由命令运行的经济、由市场运行的经济。让我们简单地考察一下这三种制度各自的典型特征。

传统

传统或许是最古老的，也是直到几年前仍广为盛行的解决经济挑战的最普遍的方式。传统是一种社会组织模式，其中生产和分配都是基于遥远的过去所设计的程序，经过漫长的历史性试验和试错过程而得到认可，并由强大的习俗和信仰力量维系着。也许从根本上说，它是建立在年轻人普遍需要追随长辈脚步的基础上的——这是社会持续性的深刻源泉。

建立在传统基础上的社会可以轻而易举地解决他们的经济问题。首先，他们通常通过子承父业来解决生产问题——确保完成必要的任务。因此，一个世袭链确保了各种技能可以世代传承，各种工作也将代代相传。伟大的经济学家亚当·斯密写道："（在古埃及）每个人都在宗教原则的束缚下继承其父亲的职业，如果变更职业，他将犯下最可怕的亵渎神灵罪。"[1]传统保留了社会内部的生产秩序，这一情形不仅仅存在于古代。在西方文化中，直到15或16世纪，世袭的任务分配也是社会内部的主要稳定力量。尽管有人从农村移居到另一个城镇，从一种职业转换为另一种职业，但出生背景通常决定了一个人在生活中的角色。一个人往往会沿袭父辈的职业，出生于农家的会务农，出生于商人家庭的会经商。

通过这种方式，传统一直是社会周而复始运转的稳定和推动力量，它确保社会的工作每天都有人去做，而且工作方式也会依照从前。即使在今天，在世界上工业化程度较低的国家中，传统仍然继续发挥着这种巨大的组织作用。例如，在印度，直到最近依然是这样，一个人出生就由种姓决定了自己的职业。印度伟大的哲学伦理诗《薄伽梵歌》（*Bhagavad Gita*）宣扬道："从事自己该做的事情，即使做得不完美，也比从事其他人的职业好，甚至会做得出色。"

---

[1] Adam Smith，*The Wealth of Nations*（New York: Modern Library, 1937），62.

传统不仅为社会生产问题提供了解决方案，而且规范了分配问题。以南非卡拉哈里沙漠的布须曼人为例，他们依靠自己高超的狩猎实力谋生。伊丽莎白·马歇尔·托马斯（Elizabeth Marshall Thomas）是一位敏锐的观察家，她在20世纪50年代的经典描述中记录了传统是以血缘关系"规则"来解决猎物分配问题的：

> 这头大羚羊一会儿就消失了……Gai得到两条后腿和一条前腿，Tsetchwe得到背上的肉，Ukwane得到另一条前腿,他的妻子得到一只羊蹄子和羊肚子，孩子们得到几节羊肠子。Twikwe得到羊头，Dasina得到乳房。
>
> 当看到布须曼人这样分配猎物的时候，你可能感到非常不公平，但这就是他们的制度，最终没有人比其他人吃得更多。那天，Ukwane给了Gai另一块羊肉，因为Gai是他的亲戚，Gai给了Dasina肉，因为后者是他妻子的母亲……当然，没有人会对Gai分的肉太多而提出质疑，因为他是猎人，而且根据他们的规则，他理应得到更多。没有人怀疑Gai会和其他人分享自己的大份儿食物，他们猜得没错，Gai确实这样做了。[1]

如上述描述所示，由传统分配社会产品的方式可能非常微妙而巧妙。这种方式或许是非常粗糙的，并且如果按照我们的标准，甚至可以说是非常严苛的。在非工业社会里，按照传统，分配给妇女的社会产品一般都少得可怜。但是，无论传统的最终结果与我们通常的伦理观点多么一致或多么不一致，我们都必须承认，它是一种分配社会产品的有效方法。

---

[1] Elizabeth Marshall Thomas, *The Harmless People*（New York: Knopf, 1959），49-50.

传统的成本

原始农耕社会或非工业社会大都通过传统来解决生产和分配的经济问题。在那些社会中，毫不质疑地全盘接受过去，不仅可以作为一种经济功能，而且还为缓解严酷的命运重压提供了必要的坚持和耐力。然而，即便在我们自己的社会，传统在解决经济问题时仍然发挥着部分的作用。尽管在产出分配中的作用是最小的，但是向侍者支付小费、给小孩红包或根据服务年限给予奖金等，都表明了传统支付方式依然持续存在，就如同男女同工不同酬的差别一样，均反映了较古老的商品分配方式遗留的痕迹。

更重要的是，即便是在美国，继续依靠传统也仍然是解决生产问题即任务分派问题的一种方式。在美国，实际选择职业的过程在许多方面都受到传统的重要影响。我们对子承父业这样的家庭并不陌生，儿子或者追随父亲的职业，或者进入父亲曾供职的企业。在更宽泛的意义上，传统也会阻止我们去从事某些职业。例如在美国，即便车间工作比办公室工作的报酬更高，中产阶级家庭的孩子通常都不会选择前者，因为蓝领工作不符合中产阶级的传统。

因此，尽管我们现在的社会明显不是一种"传统型"社会，但习俗仍然是解决经济问题的一种重要机制。然而，现在我们必须指出传统机制的一个非常重要的后果：传统对生产和分配问题的解决方法是一种静态的方法。一个在经济管理事务中遵循传统道路的社会会缺乏大规模而快速的社会经济变革。

正因为此，与一百年前甚至一千年前相比，贝都因部落或缅甸乡村的经济在很多方面至今没有发生多大变化。大多数人仍然生活在以传统为纽带的社会，在日常经济生活中不断重复远古时代的许多惯例。这些社会也可能经历兴衰沉浮，但命运变化主要是因为外界的因素——战争、气候、政治冒险和灾难。在大多数传统型国家的历史上，内部自生性的经济变化只是一个很小的因素。传统可以解决经济问题，但这样做的代价是经济进步的缺席。[1]

命令

对经济延续性问题的第二种解决方式也具有古老的渊源。这就是强加权威和经济命令的方法。这种方法的基础，与其说是通过不变再生产来维持可生存系统的永久延续，不如说是根据经济统帅的命令来实现系统的组织。

将层层经济控制施加于传统经济基础之上的专制方法并不罕见。在古埃及，农业是埃及经济的基础，法老们把经济命令用于年复一年的传统农业实践。通过发布命令，埃及的最高统治者可以集中调配大量人力物力去修建金字塔、寺庙和道路。古希腊历史学家希罗多德（Herodotus）描述了奇阿普斯（Cheops）法老是如何组织这项任务的。

> （他）命令所有埃及人为他自己工作。于是，一些人被派往阿拉伯山区的采石场，把石头拉到山下的尼罗河边，另一些人被命令去接收河对岸用船运过来的石头……这些人被分为许多组，每次一组达1万人，3个月轮换一次。他们在自己修建的道路上拉石头，被艰辛的劳动折磨的时间长达10年之久；在我看来，这项工作的人力耗费不会低于建造金字塔。[2]

权威式经济组织模式绝不仅限于古埃及。在中世纪的专制时代，在修建了万里长城的古代中国，在用奴隶劳动建造许多巨大公共工程的古

---

[1] 见本章拓展阅读以获得关于"传统"的更多背景资料。

[2] Cary, trans., *History*（Freeport, NY: Books for Libraries Press, 1972）, II, 124.

罗马时代，或者就此而言，在任何一个奴隶制经济中（包括南北战争以前的美国），都有过这样的权威模式。就在十几年前，在苏联经济当局的指令中也能发现这种模式。我们自己的社会中也存在权威形式，只不过没有那么极端；例如税收——政府当局强制性地征取部分收入用于公共事业。

与传统一样，经济命令也为生产和分配这两个双生问题提供了解决方法。在危机时期（如战争或饥荒时期），它可能是社会有效组织人力或分配商品的唯一途径。即便在美国，当某个地区遭受严重自然灾害时，政府也通常会宣布戒严令。在这种情况下，政府可以强制性地征用劳动力和房屋，限制使用汽车等私人财产，甚至限制一个家庭可消费的商品数量。

除了在应对紧急情况方面的明显作用外，命令在解决经济问题方面还有进一步的作用。与传统不同，实施命令并没有减缓经济变化的内在效果。事实上，行使权力是社会强制实施经济变革的最有力工具。在美国社会中，有时也需要经济权威干预经济生活的正常流动，以加速或带来变革。例如，政府可以利用它的税收来建立一个道路网络，为一个闭塞的社区注入活跃的经济生活变化。政府可能建立一个灌溉系统，显著地改变广大地区的经济生活。政府也可能有意改变社会阶层之间的收入分配。

命令的影响

诚然，在民主政治进程框架内行使的经济命令与独裁政权行使的经济命令大不相同：由国会控制的税收制度与由一个至高无上、不可挑战的统治者对财产和人力的强制性直接征用之间存在着巨大的社会差距。然而，尽管前者手段可能温和得多，但机制是一样的。在这两种情况下，命令都会将经济努力转移到更高权威选择的目标上。在这两种情况下，它都会干扰现有的生产和分配秩序，从而创建一个由"上级"指定的新秩序。

这本身并不表示赞扬或谴责行使命令的方式。当局强加的新秩序可能会冒犯或取悦我们的社会正义感，就像它可能会改善或降低社会的经济效率一样。显然，命令可以成为民主和极权主义意志的工具。对这第二个重要的经济控制机制，没有任何隐晦的道德判断。相反，必须要指出的是，没有一个社会——当然，是现代社会，是没有命令的要素的，正如没有一个社会没有传统的影响。如果说传统是对社会和经济变革的巨大制约，经济命令可能是变革的巨大动力。作为确保成功解决经济问题的机制，两者都有助于实现其目的，两者都有各自的用途和缺点。在二者之间，传统和命令已经占据了人类应对其环境和自身的经济努力的大部分历史。人类社会得以生存的事实本身就证明了它们的有效性。

市场

然而，还有第三种解决方案，它也是维持社会可行的生产和分配模式的第三种方法。这是一个社会的市场组织——这个组织以一种真正卓越的方式，使社会能够确保自己的补给需要，而很少依赖传统或命令。

因为我们生活在一个市场化的社会中，所以我们倾向于理所当然地认为解决经济问题的市场解决方案的本质是令人费解的——实际上，几乎是自相矛盾的。但是暂时假设我们可以作为一个尚未决定其经济组织模式的社会的经济顾问。例如，假设我们被要求担任一个从传统组织历史中崛起的国家的顾问。

我们可以想象这个国家的领导者说："我们一直以来都知道一种高度传统的生活方式。我们的男人狩猎，我们的妇女采集果实，因为他们是在榜样的力量和长辈的指导的教育下成长的。我们也知道经济命令可以做些什么。如有必要，我们准备签署一项法令，规定我们的许多人必须为集体发展在社区项目中工作。告诉我们，我们是否还有其他任何方式可以组织我们的社会，使其成功运作——或者，更成功地运作？"

假设我们回答说："嗯，还有另一种方式。人们可以按照市场经济的方式组织一个社会。"

"我明白了，"领导者说，"那么我们会告诉人们做什么？我们如何将他们分配到各种任务中？"

"这就是重点，"我们回答，"在市场经济中，没有人被分配任何任务。事实上，市场社会的主要观点是每个人都可以自己决定做什么。"

领导者们面面相觑。"你的意思是说，不需要分配一些男人去耕地，或分配其他人去采矿？也不会指定一些妇女去采集野果，或让其他人去编织？你把这留给人们自己决定？但如果他们不能正确决定会发生什么？如果没有人自愿进入矿井，或者没有人愿意当公交车司机，该怎么办？"

"你必须放心，"我们告诉领导人，"这些情况都不会发生。在市场社会中，所有的工作都将被填补，因为填补它们对人们有利。"

领导者对此半信半疑。"现在看，"其中一个人最后说，"让我们假设我们接受你的建议，让我们的人民随心所欲。让我们谈谈具体的事情，比如布料生产。我们如何在您的'市场社会'中确定合适的布料产量？"

"但你不需要做这种决策。"我们回答。

"我们不需要！那我们怎么知道会产出足够的布料呢？"

"会的，"我们告诉他，"市场会想到这一点。"

"那我们怎么知道布料不会生产得太多呢？"他得意扬扬地问道。

"啊，市场也会想到这一点！"

"会做出这些奇妙的事情的市场什么样？谁管理市场呢？"

"哦，没有人管理市场，"我们回答，"它自己运行。事实上，确实没有任何像'市场'这样的东西。这只是我们用来描述人们行为方式的一个词。"

"但我认为人们会以自己想要的方式去行动！"

"他们会这样做，"我们说，"但永远不要害怕。他们想要的方式，也是您希望的方式。"

"我恐怕，"代表团团长说，"我们是在浪费时间。我们本来认为你会有一个严肃的建议。但你的建议是不可思议的。再见。"

我们能严肃地向这样一个新兴国家建议它用市场方法来解决经济问题吗？这将是我们在后文要再谈的问题。但是在不了解市场经济的人心中，市场经济引起的困惑可能恰恰有助于让所有经济机制中最复杂和最有趣的思想变得更加令人惊讶。市场体系如何向我们保证，我们的矿场找得到矿工，我们的工厂找得到工人？如何处理布料生产？在一个市场国家，每个人确实可以按照自己的意愿去工作，并同时满足整个社会的需求，这是如何发生的呢？

经济学和市场体系

正如我们通常所设想，并且我们将在本书的大部分内容中所研究的那样，经济学主要关注的就是这些问题。对主要依靠传统来解决经济问题的社会，专业经济学家的兴趣不如文化人类学家或社会学家。对主要通过行使命令来解决经济问题的社会，我们虽然提出了有趣的经济问题，但在这里，相对于政治研究和权力实施，经济学的研究必然处于从属地位。

一个由市场过程组织起来的社会对经济学家来说尤为有趣。我们今天在美国遇到的许多（尽管不是全部）问题都与市场体系的运行或错误运行有关，正是因为我们当代的问题通常源自市场的运作，所以我们才研究经济学本身。对于传统和命令型国家，我们很快就掌握了社会生产和分配机制的本质，但当转向市场社会时，如果缺乏经济学知识，我们就会迷失方向。对市场社会来说，即使是最简单的生产和分配问题会被个体间自由的相互作用所解决，但我们根本搞不清其中的奥义，也搞不清楚市场机制如何以及在多大程度上造成了社会问题——毕竟，我们也可以在非市场经济中发现贫困、分配不当和污染！

在本书的随后各章里，我们将更详细地分析这些令人费解的问题，但我们必须明确初步的探索任务。正如我们在虚构的对一个新兴国家领导者的访谈中所表明的那样，市场解决方案对在传统或命令的环境中长大的人来说似乎是很陌生的。于是问题出现了：市场解决方案本身是如何形成的？它是否在早些时候全面地强加于我们的社会？或者它是在没有预见的情况下自发产生的吗？这是我们现在要转向的经济史的焦点问题，我们要回顾这一演变历程，即从过去的传统主导型和权威主导型社会到现今的市场制度。

关键概念和关键词

补给需要	1.经济学研究的是人类如何确保物质富足性,即社会如何安排,以满足其物质补给。
稀缺性	2.经济问题是因为大多数社会的需要超过了自然界的馈赠,从而导致普遍的稀缺性。
	3.稀缺性(无论是出于自然界的吝啬还是因为人类的欲望)要求社会完成两项艰难的任务:
生产	·社会必须调动人力从事生产——不仅要生产出足够的商品,而且要生产出恰当的商品;
分配	·社会必须解决分配问题——用一个满意的方法去决定"谁得到什么"。
劳动分工	4.尽管所有社会都存在这些问题,但是在发达社会,由于存在广泛的劳动分工,这些问题尤其难以解决。富裕社会中人们的社会相互依赖性大大高于简单社会。
	5.在人类历史进程中,针对这两个重要经济问题演化出了三种解决方案:传统、命令和市场制度。
传统	6.传统以某种身份连续性来解决生产和分配问题,以血缘关系之类的社会制度来分享报酬。通常,传统所强加的经济解决方法是静态的,长期没有变化。

命令	7.命令解决经济问题的方式是：治理权威强制性地分配人力或报酬。命令作为一种手段,可以实现快速而深远的经济变革。它可以采取极端的专制形式,也可以采取温和的民主形式。
市场	8.市场制度是一种复杂的社会组织模式,在这种自由的社会中,秩序和效率都是"自发地"产生的。接下来的章节将非常详细地考察市场制度。

问 题

1. 如果能在自己家里生产出所需食物，并且技术发达到足以生产出任何想要的东西，这时还存在"经济问题"吗？

2. 假如每一个人都完全地多才多艺——能从事其他任何人的工作，并且能做得像自己的工作一样好，社会中的劳动分工仍然有用吗？为什么？

3. 有人认为现代经济社会是"官僚"依赖型的，人们把自己的生活交给所在大公司或政府机关来管理。如果这种说法多少有些道理，那么你认为现代社会属于传统社会、命令社会，还是市场社会？

4. 你的未来发展计划与你父母的职业是一致还是背离的？你认为所有现代社会中存在显著的代际断层吗？

5. 经济学经常被称作稀缺性的科学。这一标签如何应用于美国这样相当富裕的社会？

6. 你认为传统和命令的哪些要素是现代工业社会不可或缺的？你认为现代社会可以完全不依靠传统和命令吗？

7. 生产和分配在许多方面涉及对物品的创造和处理。为什么生产和分配是社会问题，而不是工程或物理问题？

8. 你认为人类的欲望是无止境的吗？这是否意味着稀缺会始终存在？

9. 考虑美国当前一些令人困扰的重要问题，冷漠、贫困、通货膨胀、污染、种族歧视，在传统型社会，这些问题也有这么严重吗？在命令型社会中呢？你认为美国的这些问题是市场制度造成的吗？

经典著作更新：
关于"传统"的拓展阅读

　　本章主要依据海尔布隆纳教授于1963年在本书第1版中所写的内容。他通过传统、命令和市场制度来分析社会物质需求是经济思想史上的一个经典问题。自海尔布隆纳撰写本章以来，经济人类学家在过去47年中有了许多新的见解。但是，我（威廉·米尔博格）决定提供一个简短的阅读清单，而不是修订海尔布隆纳原本的讨论，以帮助读者揭示关于传统问题及其与经济供应的关系的最新学术思想。这里有三本书可以提供更新的视角：

George Stocking. 1992. *The Ethnographer's Magic and Other Essays in the History of Anthropology*. Madison: University of Wisconsin Press.

George Stocking, ed. 1993. *Colonial Situations: Essays on the Contextualization of Ethnographic Knowledge*. Madison: University of Wisconsin Press.

Henrika Kuklick, ed. 2008. *A New History of Anthropology*. Oxford: Blackwell Publishing.

第二章

前市场经济

THE
MAKING OF
ECONOMIC
SOCIETY

"没有人见过两只狗公平而又慎重地交换彼此的骨头，"亚当·斯密在《国富论》中写道，"没有人看到过，一只动物用姿势或自然的叫声向另一只动物表示：这是我的，那是你的；我愿意用我的交换你的。"[1]

　　斯密在这里要指出的是"人性的某种倾向性……互通有无，物物交换，互相交易的倾向性"。这种作为人类的普遍特征而存在的倾向性，或许不如斯密所认为的那么普遍，然而把交易行为置于人类经济生活计划的核心位置并没有错误。毫无疑问，如斯密所描述的那样，买卖是市场社会的核心，因此，当我们现在开始研究市场社会的兴起时，还有什么比通过对市场的历史沿革追本溯源更自然的切入点呢？

　　令人惊讶的是，市场的历史竟如此源远流长。社群之间的贸易至少可以追溯到上一个冰河世纪。有证据表明，俄罗斯草原上的猛犸猎人在贸易中获得了地中海的贝壳，法国中部山谷的克罗马农捕猎者也从事过此类贸易。实际上，在德国东北部的波美拉尼亚（Pomerania）荒野上，考古学家们偶然发现了一个橡木盒，里面装满了原始的皮革肩带

---

[1] Adam Smith, *The Wealth of Nations* (New York: Modern Library, 1937) , 13.

的残留物，包有一把匕首、一个镰刀头和一根针——均为青铜时代制造的。根据专家们的推测，这很可能是原始旅行推销员的样品箱，他们是流动的销售代表，为其所在部落的专业化生产收集订单。[1]

随着我们从文明的曙光走到第一个有组织的社会，贸易和市场的证据迅速增加。正如米亚里姆·比尔德（Miriam Beard）所写的那样：

> 荷马（Homer）吟唱诗歌，罗慕路斯（Romulus）和勒莫斯（Remus）由狼哺育……但早在一千年之前，乌鲁克和尼普尔城中繁忙的达卡（damkar,商人）……就已经忙着做起了生意。需要扩大办公设施的商人Atidum从沙玛什（Shamash）的女祭司Ribatum那里租用一个合适的场所，同意每年支付$1\frac{1}{6}$谢克尔的银子的租金——首付较多，其余的分期付款。富有的托运人Abu-wakar为自己的女儿成为沙玛什的女祭司感到高兴，并且女儿可以在圣殿附近开设一家房地产事务所。Ilabras在写信给Ibi：“愿沙玛什和马尔杜克保佑你！你知道，我曾经卖了一个女奴隶给你，并开了一张票据。现在该付款了。”[2]

因此，乍一看，我们似乎可以在很久之前发现市场社会的证据。但是，我们必须对这些令人困惑的具有现代性质的记录加以谨慎地阐释。如果市场、买卖，甚至高度组织化的贸易机构是古代社会几乎无处不在的特征，也千万不要将它们与市场社会的存在相混淆。贸易从最开始就作为社会的重要辅助手段而存在，但是生产的根本动力，或资源在不同

[1] M. M. Postan, and H. J. Habakkuk, general editors, *Cambridge Economic History of Europe*, 2nd ed.（Cambridge, England：Cambridge University Press, 1966），II, 4.
[2] Miriam Beard, *A History of the Business Man*（New York：Macmillan, 1938），12.

用途之间的基本分配，或商品在社会各阶层之间的分配在很大程度上与市场过程是脱节的。也就是说，古代的市场不是这些社会解决其基本经济问题的手段。它们是重要的生产和分配过程的附属物，而不是它们不可分割的一部分。它们在关键的经济机制"之上"，而不是在其内部。正如我们将看到的，在遥远的过去，许多市场具有当代的特征，但那是具有欺骗性的，它们和当代市场经济的现实之间相距甚远，整个社会将花费几个世纪的时间才能走完这段旅程。

古代的经济组织

如果我们要了解当代市场社会是如何形成的（实质就是要了解市场社会是什么），我们就必须跨越这段旅程。只有使自己置身于过去的社会中，只有看到那些社会是如何解决它们的经济问题的，我们才能开始清楚地了解市场社会的演变所涉及的问题。

毋庸置疑，在普通观察者的眼中，过去的许多前市场社会是迥然不同的。从公元前3000年庞大的苏美尔和阿卡德的寺庙国家，到大约公元前5世纪和前4世纪的古希腊或古罗马的"现代性"，再到基督教时代，我们要历经一次久远的文化之旅。但是，只有以经济历史学家的眼光旅行，我们才会发现，我们所研究的那些古代社会之间的差异要小得多。因为当我们研究这些社会时，我们可以发现，虽然它们在艺术、政治统治或宗教信仰方面截然不同，但在经济结构方面存在着深刻的相似之处，它们处在历史的"背景"中，并极少让历史辉煌夺目，因此通常我们并不在意这些相似之处。但是，当我们将目光投向过去时，这些经济组织的独特特征便成为我们的兴趣所在。我们看到了什么呢？

古代社会的农业基础

或许最令人印象深刻的第一印象就是，所有这些经济体都具有典型的农业特征。

当然，从某种意义上说，无论工业化程度如何，所有人类社区的生存都必须依靠土地：将"工业"社会与"农业"社会区分开来的唯一因素是其粮食种植者可以养活的非农业人口数量。因此，一个用丰富的设备进行大规模耕种的美国农民可以养活将近一百个非农业人口，而一个亚洲农民用犁辛辛苦苦地耕种一亩三分地，在支付给地主租子之后，只能勉强养家糊口。

在整个古代社会，农业人口养活非农业人口的能力非常有限。虽然尚无确切的统计数据，但通过考察当今世界欠发达的地区，我们可以向前追溯到所有这些古代国家的普遍状况，因为这些地区的技术水平和农业生产力水平与古代非常接近。因此，在印度、埃及、菲律宾、印度尼西亚、巴西、哥伦比亚和墨西哥，我们发现，需要两个农业家庭来养活一个非农业家庭。在热带非洲，几年前的一项调查告诉我们："非洲农业的生产率非常低，以至于需要两到十个人（男人、女人和孩子）来筹集足够的粮食才能满足自己和另外一个（非粮食种植者）的需求。"[1]将近50年前的令人伤心的情形至今在很大程度上仍然存在。[2]

古代没有那么糟糕。其实，有时它的农业产出是非常惊人的，当然不能与美国的农业生产率相提并论，后者养活非农业人口的能力是非常强大的。所有古代社会基本上都是农村经济。正如我们在后文中将看到的那样，这并不排除当时也存在非常辉煌和富裕的城市社会或广泛的国

---

[1] George H. T. Kimble, *Tropical Africa*（New York: Twentieth Century Fund, 1960），I, 572.

[2] 例如参见，Y. Akyuz 与 C. Gore合著的"African Economic Development in Comparitive Perspective"，*Cambridge Journal of Economics*，2001中关于非洲农业生产率低下的重要讨论。

际贸易网。然而，古代典型的经济人物既不是商人，也不是城市居民，而是生活在农村的土地耕种者，农村是古代经济的最终根基。

我们绝不能凭此就认为古代的经济生活可以与现代农业国家（如丹麦或新西兰）相提并论。现代农场主和商人一样，非常受缚于市场社会的交易网络。他们在一个市场上出售产品，他们在另一个市场上购买补给。他们努力的目标是积累金钱，而不是小麦或玉米。盈亏账簿会有规律地显示经营的状况。他们研究农业技术的最新动态，如果该技术有利可图，则将其付诸实施。

这些都不能恰当地描述古埃及、古希腊、古罗马或伟大的东方文明中的"农民"。几乎无一例外，这些国家的土地耕种者是农民，农民是与农场主截然不同的社会存在。农民不会密切关注新技术，但相反，他们以顽强的毅力（常常是高超的技巧）执着于他们所熟知的方式。他们必须这样做，因为一个小的错误就可能意味着饥饿。他们的大部分用品并非从市场上购买的，而是自己生产的。同样，他们不是为"市场"生产产品，而是主要为自己的家庭生产产品。最后，他们甚至不能自由消费自己种植的庄稼，通常必须将一部分（1/10，1/3，1/2甚至更多）上交给土地所有者。

在一般情况下，古代农民没有自己的土地。我们听说过古希腊和罗马共和国的独立市民农场主，但这些只是例外，在一般情况下，农民只不过是大庄园里的佃户。即使在古希腊和古罗马，独立的农民也往往沦为庞大的商业地产的租户。罗马历史学家普林尼（Pliny）提到了这样一个巨大的庄园或latifundium（字面意思是"广阔的地产"），它拥有25万头家畜、4 117名奴隶。

因此，农民是古代经济体的骨干和肌肉，本身就最好地印证了这些经济体的非市场特征。尽管一些耕种者在城市市场上自由出售自己的部分农作物，但绝大多数农业生产者几乎都没有进入市场。因此，对这些生产者中的许多人，尤其是那些奴隶生产者而言，这是一个几乎没有现金的世界，每年辛苦积攒的几个铜板仅用于紧急情况，这是他们与市场交易世界的唯一联系。[1]

因此，尽管农民的法律和社会地位在古代的不同地区和时代有很大的不同，但从广义上讲，其经济生活历程始终是不变的。对现代农民获取利润的交易网络，他们几乎一无所知。一般而言，古代的农民，就像今天一些东方和南方国家继续为某些地区提供农业基础的农民一样，承受着贫穷、苛捐杂税、压迫、大自然的无常以及战争与和平的剥削，被法律和习俗束缚在土地上，受传统的经济规则支配。古代农民变化的主要动力是命令——或者更确切地说，是服从。勤劳、毅力和人类难以置信的忍耐力是他们对文明的贡献。

城市的经济生活

古代社会的基本农业生产特征，以及农民被普遍地排除在一个活跃的市场之外，导致古代经济组织产生了另一个更为显著的共同点：这就是城市经济生活的多姿多彩、活力四射和热情奔放。

无论我们转向古埃及、古希腊还是古罗马，我们都不得不为相对静止的乡村与活跃的城市之间的这种对比感到震撼。例如，在古希腊，一大批商品从比雷埃夫斯（Piraeus）的码头通过：来自意大利的谷物，来自克里特岛（Crete）乃至英国的金属，来自埃及的书籍，来自更遥远地区的香水。公元前4世纪，伊索克拉底[2]（Isocrates）在其《泛希腊集会

---

[1] 让我们注意到，这并非一个古老的条件。凯文·贝尔斯（Kevin Bales）将奴隶制记录为毛里塔尼亚、巴西、泰国、巴基斯坦和其他一些地方的一种持续存在的制度。见Kevin Bales，*Disposable People*：*New Slavery in the Global Economy*（Berkeley，University of California Press，1999）。

[2] 伊索克拉底（公元前436—前338年），古希腊著名教育家、雄辩家，著名修辞学家高尔吉亚和哲学家苏格拉底的学生。——译者注

演说辞》（*Panegyricus*）中这样夸耀道："很难从世界其他地方获得这边的这个，还有那边的那个；但是所有这些在雅典都很容易买到。"同样，古罗马的国内外贸易也实现了蓬勃的发展。到4个世纪后的奥古斯都时代，每年这座城市需要6 000艘牛拖驳船的货物来满足自身发展，[1]而在城市广场上，一大批投机者聚集在一起，仿若置身于一个"巨大的证券交易所"。[2]

因此，在许多较大的古代城市中心，某些方面至少在表面上近似于我们当今的社会，但我们不应被表象迷惑，误认为这就是与我们自身所处的现代社会类似的市场社会。这两种社会，至少在两个方面存在着深刻的差异。

首先，古代城市市场功能的特征和范围从根本上是有局限性的。与现代城市不同，现代城市不仅接收从腹地运来的货物，而且把大量货物和服务返销农村，而古代城市相对于其他经济部分而言，往往承担着经济上的寄生的角色。进入古埃及、古希腊和古罗马等大城市中心地区的大部分贸易商品（除供应给城市居民的必需品之外）都是属于上层阶级的奢侈品，而不是作为需要加工的原材料再投入商品消费经济中。城市是文明的载体，但作为经济活动的中心，它们与乡村相距甚远，因此成为经济生活的飞地，而不是城乡经济一体化的养分来源。

奴隶制

古代城市经济与现代市场社会之间的第二个区别更为重要：它们对奴隶劳动的依赖。

大规模的奴隶制是几乎每个古代经济社会的基本支柱。例如，在希腊，比雷埃夫斯具有蒙蔽性的现代气息掩盖了这样一个事实，即希腊商

---

[1] Postan and Habakkuk, *Cambridge Economic History of Europe*, II, 14.
[2] W. C. Cunningham, *An Essay on Western Civilization*（New York: 1913），164.

人的大部分购买力是由2万名奴隶卖力提供的，这些奴隶在劳伦迪乌斯的银矿中辛苦劳作，工作环境令人作呕。据估计，在公元前4世纪，即"民主"雅典的鼎盛时期，其人口中至少有1/3是奴隶。在公元前30年的罗马，大约有150万名奴隶——他们分布在宽阔的农场、桨帆船、矿山、"工厂"和商店中——为推动经济机器运转提供了主要动力。[1]塞涅卡[2]甚至告诉我们，曾经有一项关于奴隶身着特殊服装的提议被否决，原因就是担心这一阶级一旦知道了自己的数量，就可能意识到自己的力量。

当然，奴隶并不是唯一的劳动力来源。常常在长老会（collegia）或兄弟会中聚集在一起的自由手艺人和工匠群体也为罗马城服务，古希腊和其他地方的类似自由工匠也是如此。在许多城市，尤其是近代罗马，大量失业（但未被奴役）的劳动者成为临时工。但是，如果没有奴隶提供的动力，过去的辉煌城市经济是否能够持续存在是令人怀疑的。这将我们引入了问题的核心：蓬勃发展的城市市场经济立足于由传统和命令支配的经济结构之上。指挥古代基本经济努力的绝非自由选择和自我利益的相互作用。如果映入我们眼帘的是一种令人惊讶的现代城市市场结构，我们绝不要忘记，商人们的脚正踩在无数农民和奴隶的身躯之上。

社会剩余

城市聚集了巨大的财富，周围都是极其贫穷的农村，这提醒我们要注意到古代经济社会的另一特征：其财富与其基础经济组织之间的特殊关系。

在任何社会中，财富的存在都意味着人类从大自然中攫取了剩余，

---

[1] K. J. Beloch, *Die Bevölkerung der Griechisch-Römischen Welt*（Rome："L'Erma" di Bretschneider, 1968），478.

[2] 塞涅卡（Lucius Annaeus Seneca, 约前4年—65年），古罗马政治家、斯多亚学派哲学家、悲剧作家、雄辩家。——译者注

社会不仅解决了其经济生产问题，而且在满足自身生存需要之外还获得了剩余。当我们考虑到古代世界的文明时，也许首先使我们感到惊讶的，就是从非常贫穷的农民手中可以获得的剩余数量。古代亚述国王的庙宇、阿兹特克人的奇珍异宝、古埃及法老的金字塔和游船、雅典卫城以及古罗马宏伟的道路和建筑都证明了，基本上属于农业文明的国家有能力获取大量的剩余，从土地上撬动大量的劳动力，在必要的低水平上养活这些劳动力，让其为子孙后代建造宏伟的建筑。

但是过去的惊人成就也证明了其他事情。无论是通过技术还是通过熟练的社会组织，社会努力实现的剩余生产潜能都可以用于许多领域。人们可以将其用于农业改良，例如建造灌溉沟渠或水坝，这将进一步增加收成。剩余也可以被用于改进城市工匠的工具和设备，从而提高其生产能力。剩余还可以用来支持无效的宗教秩序，或为朝臣和游手好闲的贵族提供享乐。如果不是因为美国具有生产剩余的惊人能力，如果它的经济产出没有超过自我维持所必需的水平，美国将永远无法支持其武装部队——比苏联所能提供的支持还要多。

因此，财富积累所采取的社会形式揭示了所有社会的诸多问题。"为谁积累剩余？"这个问题必然为社会内部的权力结构提供重要的启示。

财富与权力

古代的财富为谁积累？乍一看，似乎无法用一句话来回答这个问题。皇帝、贵族、教会、商人——所有人都曾经在某段时期内享受着古代的财富。但进一步观察就可能会得出一个有趣而有意义的结论：大多数财富并没有流向那些严格扮演经济角色的人。尽管在古埃及和古罗马有聪明的奴隶致富的记录，尽管在古代史上随处可见富有的商人和银行家，但他们并不是财富流向的主要途径。相反，在古代文明中，财富通常是政治、军事、宗教权力或地位的报酬，而不是经济活动的报酬。

这是有原因的。社会倾向于对他们最重视的活动给予最高的奖励，在漫长而动荡的世纪中，毫无疑问，与贸易的专业知识相比，政治上的领导、宗教信仰和军事才能对社会生存而言的意义是更为必要的。实际上，在许多这样的社会中，经济活动本身被鄙视，被认为是不光彩的。正如亚里士多德（Aristotle）在其《政治学》（*Politics*）中所写的那样，"在治理最完善的城邦中……公民既不能过工匠也不能过商人的生活，因为这样的生活不够高贵，有损人品的完美。"西塞罗[1]（Cicero）后来在他写于公元1世纪[2]的散文集《论义务》（*De Officiis*）（第一卷）中扩展了这个主题：

> 雇用工人得到工资不是因为技能，而是因为他的辛苦劳作，这不值得一个自由人去做，而且本质上是卑鄙的。因为在这种情况下，金钱是奴隶制的价码。为了批发零售而批量买入的人也是卑鄙的，因为如果不漫天撒谎，他们将赚不到钱……做小买卖是卑鄙的，但是如果批发规模很大，包括从世界各地进口许多商品，在诚实无欺的情况下将其分销给许多人，那就不必过分指责……

特别是，这位伟大的法学家补充说："如果从事此类交易的人颇能知足，或至少对其收益感到满意之后，最终会退居到乡村庄园。"

与将军、执政官或牧师相比，商人的社会功能要小得多，这种对通过"低贱的"经济活动所获得的财富的轻视反映了一个非常重要的经济

---

[1] 马库斯·图利乌斯·西塞罗（Marcus Tullius Cicero，前106年—前43年），古罗马著名政治家、演说家、雄辩家、法学家和哲学家。——译者注
[2] 《论义务》应该是西塞罗公元前1世纪的作品，而非公元1世纪，此处原文有误。——编者注

事实：社会尚未将财富的生产与商品的生产整合到一起。从底层的农业和奴隶人口中榨取的财富仍然是通过武力征服而得来的剩余，而并非持续增加的生产系统的结果。在一个持续增长的生产系统中，社会的许多阶层都能从扩张的社会总产出的某个部分中获益。

因此，就这样维持了许多个世纪。直到社会的最小规模和最大规模的活动都有了价格标签，直到购买和销售、买价和卖价都深入到社会的最底层之前，财富的积累仍然更多地是政治、军事或宗教力量的问题，而不是一个经济学问题。综上所述：在前市场社会中，财富趋向于跟随权力。直到市场社会出现之后，权力才会趋向于跟随财富。

古代的"经济学"与社会公正

在我们继续研究转型和演进中的古代经济制度之前，我们必须再提出另外一个问题：同时期的经济学家如何看待这种制度？

我们发现了一个有趣的答案：那个时代并没有"经济学家"。我们称之为"古代"的那段漫长的历史，遍布着历史学家、哲学家、政治理论家以及关于礼仪和道德的作家们的身影，但经济学家是不存在的。原因不难探究。社会经济学，即社会自我组织以完成经济生存这一基本任务的方式，几乎无法激发出一个思想者的好奇心。有待揭开的货币"面纱"是几乎没有或不存在的，需要澄清的市场契约关系的复杂性是几乎没有或不存在的，有待阐释的社会的经济规律是几乎没有或不存在的。随着粮食的丰收，随着税收征缴制度公正或不公正的变化，战争和政治命运的动荡，自耕农、奴隶、小手工业者和商人的命运也随波逐流。随着相对军事力量的消长，随着个体商人经营的成功或失败，随着艺术的兴衰，贸易的律动也时快时慢。即便存在经济"增长"之类的东西，也是被人忽视的——太小或太不规律，以至不足以激发观察者的兴趣。就像战争或政治实力要得到许可，或地方垄断或合并需要得到命令，个人的财富获得也是如此。在所有这些情形中，具有经济头脑的观察者很少有尝试运用其分析能力的地方。

如果说有一个经济学问题存在的话，除了收成不佳、战争命运等永恒的问题之外，它必然与社会公正问题密不可分。早在亚述时期的泥版上就有关于改革者的记录，他们试图减轻农民的税负，甚至在整个《圣经》中——实际上一直到中世纪，都是一种原始共产主义和平等共享主义，贯穿着整个宗教思想的背景。例如，在《旧约全书》的《利未记》中提到了禧年（jubilee）的有趣习俗，即租约的期限为50年，此后每个土地所有者都要"把财产物归原主"。[1]然而尽管宗教与财富和贫困有关，从而也就与经济学的分配问题有关，但在古代，很少或根本没有人去系统地探究导致富裕或贫困的社会制度。如果说财富是一种侮辱，那是由于贪婪者的个人失败。若想要获得社会公正，则必须通过个人再分配、施舍和慈善来实现。与政治或道德研究相反，社会的"经济"研究思想在很大程度上是缺失的，这是显而易见的。

但是，我们应该注意一个例外。柏拉图的伟大学生亚里士多德将他强大的关注力转向了经济，自此，对经济学的系统研究就真正开始了。亚里士多德并不是激进的社会改革者。他在著名的论断中已经进行了总结："从出生的那一刻起，一些人注定是被统治者，另一些人注定是统治者。"[2]但是，经济思想史的学生首先求助于亚里士多德，他们根据他的分析提出的问题可以延伸到现在：诸如"什么是价值""交换的基础是什么""什么是利益"之类的问题。

我们不在这里赘述亚里士多德对这些思想的阐释，但有一点是我们可能要指出的，因为这点与我们已经看到的古代对经济活动本身的态度是相吻合的。亚里士多德在研究经济过程的时候，将其分为两个

---

[1] 也就是说，曾经被用于抵债的土地等财产要归还给最初的所有者。后来的先知的愤怒，如阿摩司的愤怒说明肯定经常有人违犯这一命令。

[2] Aristotle, *Politics*, trans. by T. Saunders（Oxford: Clarendon Press, 1995）, I.

分支——不是我们所区分的生产和分配，而是使用和收益。更具体地说，他区分了家计（oeconomia）——"经济学"的词根——与货殖（chrematistiké），后者没有产生确切的派生术语。这位古希腊哲学家认为家计指的是家庭治理的艺术、对个人祖传财产的管理以及对资源的节省；货殖是指将自然资源或人类技能用于获取性目的。货殖是为了交易而进行的交易，是一种经济活动，其动机和最终目的不是使用，而是赢利。亚里士多德赞成家计，反对货殖。在古代，市场结构本质上是有限的，城市商人经常盘剥乡村农民，因此就不难理解亚里士多德为何持有这种态度了。而在一个市场社会中，如果每一个人都在努力获利，是否还能为赞成或不赞成这种社会提供辩解的理由呢？这个更为难解的问题从未出现在亚里士多德的著作中，因为这种情况从未出现在古代历史中。存在着真正令人困惑的经济秩序和经济道德问题的市场社会彼时尚未形成，在此之前，哲学未能对该秩序给出合理化解释也是在情理之中的。

中世纪的经济社会

迄今为止，我们对经济组织的概述仅审视了古代的伟大文明。现在，我们必须将焦点拉近，分析更近代的社会，更重要的是，就社会演变而言，我们的社会正是从这种社会演化而来的。这就是我们所说的中世纪，这段历史辽阔悠远，叙述范围跨越了从瑞典到地中海的西方世界，"始于"公元5世纪古罗马的衰落，"终于"1 000年后的文艺复兴。

现代学术越来越强调多样性，其特征就是巨大的时空跨度，这种多样性不仅展现的是从一个世纪到另一个世纪的社会面貌，更描述了任何给定时期内各个地区之间的鲜明对比。当谈及中世纪的"生活"时，人们脑海中会浮现10世纪诺曼底的一个村庄，据估计，在当时，那里的普通居民一生所见之人不会超过两三百，掌握的词汇不会多于

600个[1]；我们还会联想到14世纪佛罗伦萨这个世俗的城市，从薄伽丘（Boccaccio）的笔尖曾流淌出对这个城市极其动人的描述。

　　与本书目的更为相关的是，我们需要从经济多样性和变化的角度来思考中世纪。封建时期经济生活的早期与中期或后期是大相径庭的，特别是在总体福祉方面。封建制度的开端恰逢一个可怕的开支紧缩、经济贫困和人口锐减的时期。在5世纪，罗马的人口实际上从150万下降至30万。但是到了12世纪，城镇再度扩张（之间跨越了600年！），直达旧罗马墙的边界，甚至蔓延到更远的地方。到了14世纪初，欧洲许多地方都享受着巨大的繁荣。[2]随后一连串的灾难接踵而至：先是1315年开始的持续两年的大饥馑；随后，1348年，黑死病夺走了1/3到2/3的城市人口的生命；在英国和法国，以及德国和意大利的小诸侯国之间爆发了长达百年的毁灭性战争。所有这些不幸使经济生活水平降至可怕的深渊。在封建社会漫长的历史中，既没有出现停滞不前，也不存在平稳的线性发展，它任由巨浪长期拍打，无规则地随波逐流，这提醒我们避免以过于简单的视角看待这段进程。

　　但是，我们的目的不是追溯这些波动，而是勾勒出一幅经济结构的全貌，在跌宕起伏的命运之下，它标志着封建时代是西方经济历史的独特的驿站。在这里，我们首先要注意到最重要的发展，它为封建社会的经济结构奠定了开端：这就是大规模政治组织的崩溃。

罗马帝国的衰落

　　随着罗马"衰落"，以及随后北方、东方、南方的连续突袭和入侵，欧洲乡村四分五裂，法律和行政秩序的庞大框架瓦解了，取而

---

[1] George G. Coulton, *Medieval Village, Manor and Monastery* (New York: Harper, Torchbooks, 1960), 15.
[2] 有证据表明1500年前后英国普通工人的实际工资水平已经非常高，至少在随后3个世纪的时间里都未被超越。（*Economica*, November 1956, 296-314.）

代之的是七零八落的小规模的政治实体。即使在9世纪，当查理大帝（Charlemagne）的神圣罗马帝国的版图如此广袤时，在这个统一的"国家"的表象之下，实际上已经陷入了政治上的混乱：既没有统一的语言，也没有一个协调的中央政府，遑论统一的法律、钱币或通货制度，最重要的是，对"国家"忠诚感的缺失使查理曼时代那些独立小国只是暂时地凝聚在一起。

阐释古代与中世纪之间的显著差异旨在强调政治解体所带来的巨大经济后果。随着安全和保障让位于地方的自给自足和无政府状态，商品的长途运输变得极为危险，曾经充满活力的、辉煌的罗马城市生活已一去不复返。随着统一铸币和统一法的不复存在，高卢与意大利的商人们之间无法再有生意往来，惯常的经济联系网络被切断或被废弃。由于疾病和外敌入侵导致了农村人口的减少，人们必须建立防御性最强的经济组织形式，通过自给自足的形式应对残酷的生存问题。于是，新的需求出现了，即将能独立生存的社会组织压缩到最小的规模。这种经济生活的孤立，这种极端的自给自足持续了好几个世纪，成为中世纪典型的经济特征，其整个社会和政治秩序的模式在此后被称为封建主义。

社会的庄园组织

封建主义带来了一种新的经济组织的基本单位：庄园领地（manorial estate）。

这样的领地是什么样的？通常，这是一片面积很大的土地，有上千英亩（1英亩合4046.86平方米），由封建领主从精神上或暂时地"拥有"。[1] "拥有"一词恰当地加上了引号，因为庄园首先且最主要的并不

---

[1] 也就是说，领主可能是当地的修道士或主教，也可能是世俗人士（secular personage）——通过继承或被封为爵士而得到土地，由于战功显赫或其他原因而占有财产的经济巨头。

是一种经济财产。相反，它是一个社会和政治实体，庄园的主人不仅是地主，而且是保护者、法官、警察局长和行政长官。尽管他本人受制于一个庞大的等级体系，其中每个领主都是其他领主的仆人（即使是教皇也是上帝的仆人），但封建贵族在他自己的庄园范围内确实是"那块土地上的领主"。对在这片土地上的许多人而言，他也是其无可争议的主人，因为庄园的农奴（serf）虽然不是奴隶，但在许多方面与领主（或领主们）的房屋、羊群或庄稼一样，都是领主的财产。

这种领地的中心是领主的宅地，它是一座宏伟的庄园住宅，通常有卫兵防守，以抵御强盗的袭击，周围筑有城墙与周围的乡村隔离开来，有时甚至像一座真正的城堡。在庄园的封闭庭院中，有一些作坊，可以纺纱织布、酿造葡萄酒、储存食物、进行简单的铁器锻造、作为晒谷场等。庄园四周散布着一片错落有致的田野，通常被分割为1英亩或0.5英亩的地带，每个地带都有自己的农作物的种收周期。至少一半以上的农作物直接属于领主。其余部分（依据该法律术语的不同意义）"属于"自由、半自由和不自由的家庭，这些共同构成了庄园领地。

"属于"一词的确切含义取决于农奴、自由人或其他阶层出身的人的义务和权利。但是请注意，即使是"拥有"自己土地的自由人也无法将其出售给另一位封建领主。他的所有权充其量意味着，除非有特殊情况，否则他的领主不能将他赶离自己的土地。更次要的角色（personage）甚至连这种安全感都没有。一个典型的农奴就是被束缚在"他的"那块土地上，这样说一点都不夸张。如果没有特别的许可，并且通常在没有特别的清偿下，农奴要离开自己的宅地是寸步难行的，无论是在该领主领地范围内搬迁，还是迁移到另一个领主的领地。伴随着农奴的身份，随之而来的是一系列义务，它们构成了庄园经济组织的核心。其中包括必须为领主劳作——耕作农田、打理店铺、上交一部分自己的收成。在不同的时代，不同的庄园，劳动义务也各不相同：在某些庄园，农奴每周要劳动的天数多达4到5天，这意味着农奴的妻子或孩子也必须劳动，才有可能保持自己田地的收成。最后，农奴们还要上缴少量的钱：卖身契（chevage）之类的人头税，租地继承税（heriot）之类的遗产税，嫁女钱（merchet）之类的婚嫁费，使用领主磨坊或烤箱的费用。

提供安全

但是，所有这些义务都可以换得一项非常重要的补偿。如果农奴把自己的劳役和辛苦劳作的大部分成果都上交给了主人，作为交换，主人就会为农奴提供一些仅靠他们自身无法获得的东西。

其中最重要的补偿是为其确保某种程度的人身安全。暴力是封建生活的主要基调，我们很难重建当时的很多场景，但是我们可以引述一位调查人员提供的一组统计数据来解释这一点：出生于1330年至1479年之间的英国公爵之子有46%死于暴力冲突。如果排除暴力致死的情况，他们的预期寿命为31岁；如果包括暴力致死，他们的预期寿命仅为24岁。[1]农民们虽然不是战士，在职业上不会承受连续不断的战争、暗杀等危险，却在很大程度上是到处劫掠的领主的直接猎物，面对掠夺毫无防备能力，无法保护微薄的财产不受损毁。因此，我们可以理解，为什么甚至是自由人也通过将自身"托付给"一位领主而成为农奴，而领主为了换取其在经济、社会和政治方面的好处，会为农奴们提供极其珍贵的军事保护。

此外，领主提供了一定的经济安全要素。在饥荒时期，是领主拿出自己庄园内的储备让农奴们充饥。尽管农奴必须为此做出回报，但他们有资格（entitled）使用领主的牲口和设备来种植自己以及领主的土地。

[1] T. H. Hollingsworth, "A Demographic Study of the British Ducal Families," *Population Studies*, XI (1957-1958).

在那个普通农奴几乎没有工具的时代，这是一种极其重要的恩惠。[1]

这些事实不应该让我们轻易将封建生活视为田园诗般的景象。领主与农奴之间的关系有时——甚至在通常情况下，是极其具有剥削性的。但是我们必须看到这种关系里也是存在相互支持的因素的。在整个政治组织和稳定性几乎荡然无存的世界中，每一方都为对方提供了生存所必需的服务。

庄园生活的经济学

尽管庄园生活具有极高的自我效能，但它有很多与古代经济组织类似的特征。

第一，如同那些早期的社会一样，庄园显然是一种由传统组织的经济社会形式。确实，习惯之手——中世纪庄园法庭著名的"古风"，常常作为法律顾问为不能捍卫自己的农奴服务——从未如此强大过。因为缺乏强大的、统一的中央政府，甚至命令的执行也相对脆弱。因此，经济变化和经济发展的步伐在中世纪初期是极其缓慢的（不能说一点没有）。

---

[1] 关于中世纪欧洲各个阶层的生活情况，读者可参阅 Eileen Power的*Medieval People*（Garden City，NY：Doubleday，Anchor Books，1954）。这是一部学术著作，但引人入胜地描述了历史背后人类生存的事实。关于这一时期的暴力特征，参见J. Huizinga的 *The Waning of the Middle Ages*（Garden City，NY：Doubleday，Anchor Books，1954），Chap.1。读者还可以留意另外两本书，它们对封建经济生活进行了生动的描述：一本是H. S. Bennett的*Life on the English Manor*（Cambridge，England：Cambridge University Press，1965）；另一本是 Marc Bloch的 *French Rural History*（Berkeley，CA：University of California Press，1966）。后者是经济史方面的巨著之一。Emmanuel Le Roy Ladurie的 *Montaillou：The Land of Promised Error*（New York：George Braziller，1978）很少涉及经济生活（读者必须在字里行间体会言外之意），但它就像中世纪生活的微观历史那样不可思议，描述了14世纪法国南部一个盛行宗教异端邪说的小镇。最后，还有一部现代经典，即Georges Duby的*The Three Orders：Feudal Society Imagined*（Chicago：University of Chicago，1980）。

第二，这是一种远比古代经济组织更为重要的社会形式，其特征是货币交易的缺乏非常惊人。与古罗马的大庄园不同，这些大庄园将其产品出售给了城市，而中世纪的庄园仅满足自给自足，或将产品供给当地城镇。历史上没有任何一个庄园能完全实现自给自足，以至于可以免除与外界的金钱联系；即使农奴也会购买一些商品，出售一些鸡蛋；领主有时不得不购买他自己无法生产的大量物资。但总体而言，货币流通是极其稀有的。正如中世纪经济史权威亨利·皮雷纳（Henri Pirenne）所说：

> ……佃农向领主支付实物地租。每个农奴……必须提供固定天数的劳役和固定数量的天然产品或自己生产的商品，如谷物、鸡蛋、鹅、鸡、羊羔、猪以及大麻、亚麻或羊毛织物。农奴的确也需要上缴几便士，但是它们在整个地租中占据的比例是如此之少，以至于无法反驳庄园的经济是自然经济的结论……由于庄园不从事商业活动，因此就没有必要使用货币……[1]

城镇与集市

然而，如果由此得出结论，认为现金、现金交易以及市场社会的讨价还价完全不属于中世纪，那将是对中世纪生活的错误描述。相反，就像古代的情况一样，我们必须将中世纪的经济社会视作由庞大、静态、大体上贫困的农业生产基础构成的，在此农业基础之上各种各样、更具生机的活动得到蓬勃发展。

一方面，除了庄园外，还存在萎缩后的罗马城镇（以及我们之后将

[1] Henri Pirenne, *Economic and Social History of Medieval Europe*, trans. by I. E. Clegg（New York: Harcourt, Harvest Books, 1956）, 105.

看到的新城镇的核心），而这些小城市显然需要一个市场网络来为其服务。每个城镇都有自己的集市摊位，农民把一部分庄稼拿到这里来卖。更重要的是，城镇显然是与庄园不同的社会单位，庄园的法律和习惯不适用于解决城镇的问题。即使在城镇被纳入庄园保护的情况下，城镇居民也逐渐为自己赢得了自由，免除了劳役，更重要的是摆脱了封建法律义务。[1]与庄园的"古风"相反，一种新型的、逐步演变的"商法"规范了城镇围墙内的许多商业活动。

经济生活活跃的另一个中心是集市。集市是在固定场所、固定日期举办的旅行市场，来自欧洲各地的商人会在此进行真正的国际交易。大型的集市通常每年举行一次，场面壮观，集市往往是社会假日、宗教节日、热闹繁忙的经济活动的混合体。在一些集市上，如法国的香槟地区（Champagne）或英格兰的斯陶尔布里奇区（Stourbridge）举行的集市，待售的商品琳琅满目：有产自黎凡特（Levant）的丝绸、书籍、羊皮纸、马匹、药品和香料。任何去过跳蚤市场（巴黎郊外著名的露天集市）、美国新英格兰或中西部的乡村集市的人，都曾感受过这种市场的氛围。可以想象，在中世纪静谧的生活中，这种集市一定会制造出一种兴奋的状态。

行业协会

最后，在城镇内部，我们发现了规模很小但非常重要的中世纪"工业"生产中心，因为即使是在庄园发展的最鼎盛时期，它也无法支持生

---

[1] 此后便有了"城市空气令人拥有自由"的说法，因为如果农奴逃往一个城市并在那里逗留一年零一天，通常就被视为已经摆脱了其领主的管辖，变成了城市市民。逃亡是农奴对生活条件表示抗议的极少的手段之一。逃亡的农奴与逃跑的奴隶一样，一旦被抓住将会受到严厉的惩罚。然而逃跑到城市的农奴仍然有增无减，他们用这种不起眼的举动、铤而走险的方式对他们的主人施加经济压力。对这个问题重要性的争论，参见*The Transition from Feudalism to capitalism*，ed. Rodney Hilton（London：NLB，1978）。

产其生存所需的所有手工艺品，更不用说扩张了。镶玻璃匠、泥瓦匠、专业的兵器制造者、金属工以及精细的织布工和染工的服务或产品在需要时必须从外面购买，它们一般产自中世纪的机构，这些机构代表着城镇生活的特征，就如同庄园代表着乡村生活的特征一样。

这些机构便是行业协会，即起源于罗马的贸易、职业和手工业组织。这些组织是中世纪的"商业单位"。实际上，除非一个人隶属于某个行业协会，否则通常无法自行开业。因此，行业协会是一种具有排他性的联盟，与其说它是工人的联盟不如说是匠师的联盟。行业协会中的主要人物是行会匠师（guildmaster），他们是独立的制造商，在自己的家里工作，联合起来推选自己的行会管理层，然后由后者制定有关内部事务的规则。在行会匠师这一等级之下，有几名按日计酬的熟练工（journeymen）（来自法语的journée或"天"），以及6名左右约10—12岁的学徒，他们在3—12年的时间里都要依附于熟练工，作为后者的法定受监护人。随着时间的流逝，学徒们可能会升为熟练工，随后，至少根据中世纪的传奇故事所描述的那样，在制作完成他的"杰作"之后，才能晋升为一名完全合格的行会匠师。[1]

任何对中世纪城镇生活的考察都会乐见行会组织的丰富多彩：刺绣和手套贩卖商，帽商和公证人，造船者和家具商，每个行业都有自己的行会会馆、独特的制服和精心制定的规则。但是，即便行会和集市上的生活与庄园枯燥乏味的生活形成鲜明对比，我们也不能被表面的相似性所误导，从而认为在中世纪的外衣下，行会和集市就预示着现代生活。从行会发展到现代商业公司还有一段很长的距离，我们最好牢记其中的一些差异。

---

[1] 注意，这里用"他的"一词是因为在中世纪行业协会中，除侍者之外是没有女性成员的。

行业协会的职能

首先，行会不仅仅是组织生产的机构。尽管其大多数法规都涉及工资、工作条件以及产品的规格，但它们也详尽地规定了"非经济"事项：每个成员预期捐赠的慈善款项、如何履行公民职责、恰当的着装，甚至日常举止。行会不仅是生产的监管者，而且是社会行为的监管者：当伦敦绸布商行会的一名成员在交易争吵中"打破另一个成员的头"时，两人均被罚款10英镑，并交了200英镑押金，保证下次不会再犯下此类羞耻的行为。在另一个行会中，参与斗殴的成员被罚买一桶啤酒给其他会员喝。

但是，行会和现代商业公司之间的鸿沟远非只体现在这种普遍的家长式管理上：与现代企业不同，行会首先且最重要的宗旨并不是赚钱。相反，它是要保留某种有秩序的生活方式，希望让匠师们获得体面的收入，但绝对不是故意要让他们中的任何一个成为"大"商人或垄断者。相反，行会是专门为抵制其成员之间不加约束的斗争导致垄断而设计的。服务条件、工资以及学徒和熟练工的晋升途径均由习俗确定。因此，销售条件也同样如此：若是一名成员对某物品进行囤积，他便犯了囤积居奇罪，将受到严厉的惩罚；批量购买随后零售的人也因犯下独占罪和囤积罪而受到惩罚。因此，竞争受到严格限制，利润保持在规定水平。广告是被禁止的，甚至领先于同行的技术进步也被认为是不忠诚的。

例如，14世纪佛罗伦萨的布料行会规定，任何商人都不得诱使买家进入商店或招呼站在另一个商家门口的顾客，甚至不得以不同于同行的其他方式处理布料。布料的生产和加工标准受到最严格的审查。例如，如果发现猩红色的染料掺入了次品，作恶者将被处以巨额罚款，如果不缴纳罚款就砍掉其右手。[1]

---

[1] Georges F. Renard, *Histoire du Travail à Florence*（Paris: 1913），190ff.

与庄园相比，行业协会确实能代表封建生活中更为"现代"的一面，但是行会生活的整个格调仍然与现代工商企业的目标和理想相去甚远。没有自由定价，没有自由的竞争，没有对利益的不懈追求。由于在一个相对无货币的社会的边缘徘徊，行会必然力图承担其内部那些弱小企业的风险。行会的目标不是增长，而是维持、稳定和有序。因此，它们像庄园一样，在中世纪的大气候中被浸透。

中世纪的经济学

除了这些差异之外，我们还必须指出，中世纪的经济社会与市场社会之间存在着一个更为显著的差别。这个差别隔离着两种社会，一种是经济活动仍然与社会和宗教活动密不可分地融合在一起的社会，另一种是经济生活可以说是已经发展为独立的特殊范畴的社会。在下一章中，我们会讨论市场社会如何创建经济存在的特殊领域，但是当我们完成对中世纪经济社会的介绍时，我们应该注意的是，那时还没有这样的特殊领域。在中世纪社会，经济学是生活的从属而非主导。

占主导地位的是什么呢？答案当然是，在经济问题上，就像中世纪生活的许多其他方面一样，占主导的意识形态是宗教。天主教是乱世时代稳定的重要支柱，是经济学以及其他大多数事务的终极权威。

但是，中世纪天主教的经济学所关注的与其说是成功的商业经营的借贷，不如说是商业经营者灵魂的借贷。该问题的杰出研究者之一R.H.托尼（R.H.Tawney）[1]曾这样写道：

> ……中世纪作家对经济理论技术的具体贡献大多在于分析前提而非意义。他们的基本假设是两个，这两个观念在16世纪和17世纪的社会思想上留下了深刻的烙印：第一是经济利益

---

[1] R. H.托尼，英国著名的经济学家、历史学家、社会批评家、教育家。——译者注

从属于真实的生活事务，即趋利避害；第二个是经济行为是
个人行为的一个方面，道德规则在此方面具有约束力，就像约
束行为的其他部分一样。物质财富是必要的……因为没有物质
财富，人们就无法养活自己并互相帮助……但经济动机是可疑
的。因为它们象征着强烈的欲望，所以人们会对此感到惧怕，
但并不足以赞同这些欲望。与其他强烈的感情一样，人们认为
自己需要的不是无欲无求，而是抑制欲望……[1]

因此，我们发现，中世纪宗教思想自始至终是对经济社会的实践感
到普遍不安的。从本质上讲，教会对贸易的态度是警惕的，并在对商人
的一句判语中对此很好地进行了诠释："*Homo mercator vix aut numquam
Deo placere potest*"——"商人的经营固然无罪，但总非上帝所喜"。

公平价格

我们在教会对"公平价格"思想的关注中发现了一种对商业动机的
怀疑。什么是公平价格？就是物品出售的价格等于物品所值，而不是高
于所值。托马斯·阿奎那（Thomas Aquinas）写道："特意为了将物
品以高于其公平价格的价格出售而实施欺诈行为，就如同一个人欺骗了
邻居，致使对方蒙受损失一样，这完全是有罪的。"[2]

但是什么才是物品的"所值"？我们假设是获得或制造这个物品所
需的花费。但是，设想卖方以过高的价格购买了一件商品，那么，他在
转售该商品时的"公平价格"是多少呢？或者假设一个人在购买商品时
花费过少，那么是否有可能遭受精神损失的风险，从而抵消了他的物质

---

[1] R. H. Tawney, *Religion and the Rise of Capitalism*（New York：Harcourt, 1947），31.

[2] R. Heilbroner, "St. Thomas Aquinas", in *Teachings from the Worldly Philosophy*（New York：W. W. Norton and Co.），13.

收益呢?

　　这些都是中世纪的"经济学家-神学家"所思考的问题,它们证明了该时代经济学和伦理学相互杂糅的特点。然而,这些问题不仅仅是理论层面的问题。曾有记载表明经济神学给经济过程中的实际参与者带来的惶恐和不安。在10世纪,法国南部欧里亚克一位名叫杰拉尔德的圣徒以异常低廉的价格在罗马购买了一件教会服装,他从一些巡回商人那里获悉自己捡到了"便宜货"。他不仅没有为此感到高兴,反而急忙向卖方寄去了额外的款项,以免堕入贪婪的罪恶。[1]

　　杰拉尔德圣徒的态度无疑是个例外。但是,如果收取公平价格,即便未能抑制人们获取利益的欲望,也能抑制他们的狂热。普通的生意人经常停下来评估自己的道德资产负债表。有时,整个城镇都会因高利贷而忏悔,并支付巨额赔偿,或者有些商人会像Gandoufle le Grand一样,在其临终前下令将从前榨取的利息归还原主。12世纪和13世纪的生意人偶尔会在遗嘱中插入附录,劝诫儿子们不要步其后尘,掉入贸易圈套,或者他们将通过慈善捐款来弥补商业罪过。在中世纪,伦敦的一位商人用14英镑创立了一项神学奖学金,"我曾以各种方式骗了别人14英镑,现在深感愧疚"。[2]

逐利羞耻

　　因此,神学上的怀疑为赢利过程注入了全新的解释。它第一次将赚钱与负罪感联系在一起。不同于古代收购者对迷恋财宝的毫不掩饰,中世纪的投机商在数钱的同时还意识到自己的灵魂处于危险的境地。

　　没有哪个地方反对赢利比教会反对高利贷(以获取利息为目的的放

[1] Pirenne, *Economic and Social History of Medieval Europe*, 27.
[2] S. L. Thrupp, *The Merchant Class in Medieval London*(Chicago: University of Chicago Press, 1948), 177. Also Renard, *Histoire du Travail à Florence*, 220ff.

贷）更严重的了。自亚里士多德时代以来，放债一直在本质上被视为一种寄生活动，因为其试图让"不结果"的商品即金钱产生回报。但是，在教会的监督下，这种一向不那么体面、不受欢迎的活动变成了一种极为邪恶的活动。高利贷被判为罪大恶极。在13世纪和14世纪的里昂和维也纳的教会议会上，高利贷者被宣布为社会贱民，谁也不许把房子租给他们，违者将被逐出教会；没有人倾听他们的忏悔；他们死后没有基督教葬礼；甚至他们的遗嘱也是无效的。任何为高利贷辩护的人都被怀疑是异端。

这些强大的教会情感不仅源于神学上的顾虑。正相反，教会针对高利贷和暴利的许多禁令，都来自最世俗的现实。饥荒是中世纪的一种普遍的灾祸，它带来了最无情的经济盘剥。贷款利息高达40％至60％——仅仅够借款人果腹的。人们对寻求获利和收取利息的厌恶，很大部分是源于这些在中世纪普遍盛行的残酷做法。

最后，逐利羞耻的观念或许来源于另一个可能，甚至是更根本的原因，那就是本质上静态的经济生活组织。我们不要忘记，那时候的生活基本上依赖农业，而由于农民耕地的复杂性，农业产出效率非常低下。这里再次引用亨利·皮雷纳的话：

> ……整个获利的概念，以及实际上获利的可能性，都与中世纪大地主所持的立场相悖。地主由于缺乏市场而无法出售农产品，因此就没有必要绞尽脑汁从佃户和土地上榨取剩余。对地主而言，剩余不过是一种负担，由于他只能消费自己的农产品，所以只要能满足自己的需求就足够了。地主并不是尝试着去改进组织，而是保持组织的传统运作，从而保证他自身的生存。[1]

---

[1] Pirenne, *Economic and Social History of Medieval Europe*, 63.

城市与农村的情况是相同的。扩张经济、扩大生产规模和提高生产率的想法，对行会匠师或集市商人而言，对农奴和地主而言都是陌生的。中世纪的经济组织被认为是简单再生产从前物质福祉的手段，而扩大再生产的手段。它的座右铭是永续而不是进步。毫不奇怪，在这样一个静态的组织中，利润和追逐利润被视为根本性的干扰因素，而不是受欢迎的经济现象。

变革的前提

我们已经对大约10世纪或12世纪的西方经济组织的大致轮廓进行了追溯。这里需要再次明智地强调隐藏在整体景观中的趋势的多样性，而在许多情况下，我们被迫假定它们是无差别的。我们在古代和中世纪的旅程充其量可以使我们瞥见那个时代盛行的格调，感受到占统治地位的经济氛围以及人们组织经济活动的主要制度和思想。

但是有一件事是肯定的。我们离现代经济生活的氛围和节奏依然很远。我们在庄园和城镇缓慢发展的世界中目睹了几场激动人心的事件，但它们只不过是巨大变革的预兆。在接下来的几个世纪中，这些巨大的变化将剧烈地改变经济组织本身的基本形式。传统与命令的旧纽带将被市场交易的新关系所取代。

我们将不得不等到下一章来见证变革本身的实际过程。但是，提前预见前进的路线，也许有助于我们集中精力了解已经看到的以及我们将要见证的。现在，我们对前市场社会的思想已经有所了解，这是一个存在市场但尚未依靠市场机制来解决经济问题的社会。要使这样的社会转变为真正的市场经济，需要进行哪些改变呢？

1.需要对经济活动采取一种新的态度

为了使市场社会运转，人们必须自由地追求赢利。必须抛弃围绕利润、变革和社会流动性观念的怀疑和顾虑，取而代之的是鼓励这种态度和活动的新观念。反过来，用19世纪中叶法律史学家亨利·梅因爵士（Sir Henry Maine）的名言来说，这意味着身份社会必须让位给契约社会，即人由其出身决定地位的社会必须让位给人们可以自由定义自己地位的社会。

这种想法在中世纪人心中似乎没有任何合理性。由普遍的自由竞赛来决定人们的补偿，既不设底线以防止其跌落，又不设上限以防止其毫无理由地上升，这种想法在当时看来是毫无意义的，甚至是亵渎神灵的。我们再次引用R.H.托尼的话：

> 在对经济利益的需求为前提的条件下创立一门社会科学……并让这样的前提像其他自然力量一样被接受……在中世纪的思想家看来，比社会哲学把好斗和性本能这类不受约束的人类秉性作为前提还要不理智或不道德。[1]

然而，自由追求经济利益，在人与人之间新的契约关系中展开这种激烈的竞争对市场社会的诞生是必不可少的。

2.经济生活的货币化必须进一步发展并最终成形

现在，必须明确市场经济的一个先决条件：这样的经济必须涉及社会各个层面的交换和买卖过程。但是，要做到这一点，人们首先必须拥有进入市场的足够资金。也就是说，他们必须有现金。反过来，如果一个社会中到处都是现金，人们也必须付出自己的劳动去赚钱。换句话说，市场社会要想存在，几乎每一项任务都必须获得货币报酬。

即使在美国这样高度货币化的社会中，我们也不会为每项服务付费：最明显的是，为家庭提供的家政服务或照看孩子的服务是没有报酬

---

[1] Tawney, *Religion and the Rise of Capitalism*, 31-32.

的。但是，在整个前市场时代，无偿服务（法律规定的没有货币补偿的工作量）远远多于我们当今的社会。当然，奴隶的劳动是无偿的，大多数农奴的劳动也是如此。甚至学徒通过劳动得到的报酬，也大都表现为实物形式，如食宿，而不是现金。因此，在古代或中世纪的经济中，大约70%至80%的实际劳动人口在工作中都不会获得定期的货币支付那样的报酬。

显然，在这样的社会中，高度参与交换经济的可能性是有限的，但必须指出一个更为重要的后果：工作任务没有普遍货币化意味着生产者普遍缺乏市场。在一个货币收入只是例外而非常规的社会，支配和指导生产努力的"购买力"流是不会很快实现的。

3.市场"需求"自由作用的压力必须取代社会经济任务的监管

正如我们所看到的，在整个古代和中世纪，经济问题都是依靠传统或命令解决的。它们是调节社会报酬分配的力量。但是在市场社会中，必须采取另一种控制手段来取代它们：所有经济任务的货币化所带来的各种货币需求必须成为社会的强大推动机制。人们必须去工作，但不是因为受命，而是因为他们会从工作中赚到钱；而生产者必须决定产量的大小和产品品类，不是因为庄园或行会制度规定，而是因为存在对特定物品的市场需求。从社会的顶层到底层，一种新的营销导向接管生产和分销任务。现在，整体补给、稳定的供给和社会的进步都必须服从对劳动力和商品普遍需求的指挥。

将中世纪的经济组织的世界带入一个货币化的、有广泛市场的、寻求利润的世界，这其中的推动力是什么？现在我们准备回答这个极为重要和困难的问题。下一章将探讨能够造成如此巨大变化的原因。

关键概念和关键词

市场	1.我们必须区分具有悠久历史的市场和没有悠久历史的市场社会。在市场社会中，经济问题本身（包括生产和分配）都是通过买卖双方之间的大量交换来解决的。许多古代社会都有市场，但是市场并没有组织这些社会的基本活动。
	2.古代经济社会具有几个共同点，其中许多特征与现代市场经济形成鲜明对比：
农民耕种	·古代经济社会以农耕为基础。
	·从经济角度看，古代经济社会的城市是寄生性的消费中心，而不是活跃的生产中心。
奴隶制	·奴隶制是一种普遍且非常重要的劳动形式。
剩余	·此外，奴隶制产生了可观的剩余，就像现代经济制度一样。
财富与权力	3.因此，在古代的经济社会中，生活的经济方面服从于政治方面。牧师、战士和政治家均优于商人或交易者。财富紧随权力，而不是——如在未来的市场社会中那样——权力追随财富。
封建主义	4.中世纪的经济生活源于罗马法治衰落之后的灾难性混乱。它的特点是一种新的组织形式，称为庄园制度，在这种制度下，
领主	·地方领主是政治、军事、经济和社会力量的中心。

农奴	·大多数农民以农奴的身份受制于一个特定的领主，他们被要求为之工作，并向他们缴纳劳动、捐税或费用。
	·领主向农奴提供在强盗或其他领主入侵时的人身安全保障，在困难时期也给予一定的经济保障。
庄园制度	5.庄园制度，特别是在早期（6—10世纪），是一种静态的经济体系，货币支付只发挥很小的作用。自给自足是庄园的主要目的和最突出的特点。
集市	6.与庄园并存的城镇的经济生活。货币交换在这里总是起着更重要的作用，在集市制度中货币交换组织了更积极的经济生活。
行会	7.行会是城镇组织生产的主要形式。行会与现代企业有很大不同，因为它们阻碍了竞争或谋取利润，并试图对生产方法、支付比率、行销惯例等施加普遍规则。
高利贷	8.整个中世纪，天主教会是主要的社会组织——对买卖活动持怀疑态度。在某种程度上，这反映了对当时剥削行为的厌恶；在某种程度上，这是对赚钱的古老蔑视（记得亚里士多德厌恶货殖），尤其是对放贷（高利贷）的鄙视。当时的宗教领袖忧心"公平价格"，认为不受监管的买卖是无法产生公平的价格的。
市场社会	9.从中世纪社会转型到市场社会，需要三个深远的变化：

	·对赚钱作为一种合法活动的新态度必须取代中世纪对逐利的怀疑。
货币化	·货币化网络必须扩展，超出狭隘的范围，也就是说，买卖活动必须控制所有产品的产出以及几乎所有工作的绩效。
	·必须允许"需求"和"供应"的变化取代领主的命令和习俗，来引导经济活动的方向。

问题

1. 美国农民和美国商人在经济态度和行为上有什么不同（如果有）？这种比较还可以描述埃及农民和埃及商人的行为和态度吗？如何解释两种社会之间的差异？

2. 尤利乌斯·恺撒（Julius Caesar）和J.P.摩根（J.P.Morgan）都是有钱有势的人。他们的财富和权力源有何不同？ 在现代经济社会中，权力还会追随财富吗？在非市场社会中，财富是否仍然追随权力？

3. 古代罗马的社会剩余有什么用？在封建社会呢？在现代美国呢？在中国呢？这些不同的用途具有什么意义？它们对这些社会的结构有什么说明意义？

4. 如何看待亚里士多德把经济活动区分为使用和收益的合理性？

5. 农奴与现代农场工人在哪些方面是不同的经济主体？奴隶与产业工人有何不同？

6. 在行会类似于一个现代企业之前，其内部必须发生什么改变？

7. 圣经中对赚钱有许多充满敌意的论述——"骆驼穿过针的眼，比财主进神的国还容易"。你如何解释教会对财富的这种古老的憎恶？今天的宗教对赚钱仍然持怀疑态度吗？为什么？

8. 美国仍然存在"公平"价格（或"公平"工资）的思想吗？这些术语通常是什么意思？你认为这些思想与市场制度相容吗？

9. 庄园制度维持了近1 000年。你认为变迁如此缓慢的原因是什么？

10. 鼎盛时期的古希腊和古罗马比封建主义的欧洲要"现代"得多，但它们都远不是现代经济系统。这是为什么？

第三章

市场社会的兴起

**THE
MAKING OF
ECONOMIC
SOCIETY**

传统、稳定、秩序——这些是中世纪经济社会的关键概念。我们在前面的章节介绍了这种陌生的、静态的经济生活方式。然而，本章的目的有所不同，我们并非要描述维持中世纪社会经济稳定的因素，而是要揭示那些最终促使其崩溃的力量。

在本章伊始，我们要再次提醒各位读者注意，本章的内容涵盖了各种各样的历史经验，对其中最为重要的变革力量，我们必须避免想当然地认为，这种力量在不同的地区、不同的历史时期都是相同的，这种力量所引发的社会转型在整个广袤的欧洲大陆也都是一致的。相反，本章所描述的伟大演变并非轮廓鲜明、清晰可见，而是模糊不清、毫无规律可循。最初的真正现代意义上的市场社会萌芽于中世纪的意大利和荷兰的城市之中。与此同时，陈旧的封建关系却仍然盘踞在意大利、荷兰的农业领域。事实上，欧洲其他国家的城市生活中也保留着封建关系。我们必须牢记，本章涉及的历史进程从10世纪一直延续到17世纪（在某些地方甚至延伸到18、19世纪），而且在任意两个国家所呈现的方式也不完全相同。

将这些告诫谨记于心，让我们把目光转向伟大演变本身。是什么动力足够强大，可以影响市场社会形成所需要的重大历史性变革？

变革的力量

行商

第一股变革力量以一种意想不到的姿态出现在我们面前。中世纪欧洲的一条简陋道路上，一小支佩带武器、稀稀拉拉的队伍正不紧不慢地行进着：走在队首的是穿着彩色衣服的旗手，跟在他后面的是一名军事首领，接着是一群手持弓箭和长剑的骑手。队伍最后则是一个车队，由骡子和马匹拉着的车上载满了各种各样的货物，有装在木桶里的，有用绳子捆扎在一起的，还有很多袋子和包裹。

不了解中世纪生活的人很容易把这样一支队伍当成小股军队的辎重车队。不过这样可就看错了。这些人不是士兵，而是商人。12世纪的英语将这种四处流动的商人叫作"行商"（pie-powders），来源于"*pieds poudreux*"，原义是"沾满灰尘的脚"。这也难怪这些行商会浑身肮脏不堪：他们当中许多人经过了极其漫长的旅程，而一路上的道路状况又非常糟糕。关于路况糟糕的程度，我们甚至听说过这样一个例子：只有在当地教会主教的干预下，"道路"才能避免被犁成耕地。这些行商的袋子和背包里装满了货物。这些货物在某种程度上经历艰难险阻横穿整个欧洲大陆，甚至是从阿拉伯或印度一路运来，随着这些商人冒险家的脚步，沿着中世纪的乡村道路蜿蜒前行，一路售卖，从一个城镇到下一个城镇，或者从一个落脚点到下一个落脚点。

他们的确是一群冒险家。中世纪的欧洲，没有土地的流动商贩，爱计算和记账（通常很粗略），以及出于生意人的本能坚持货币交易，都有违当时的封建社会礼教，自然而然在庞大的欧洲封建庄园这种森严的等级制度下没有立足之地。四处流动的商人在社会中的地位非常之低。毫无疑问，他们当中有些人是农奴的后代，甚至本身就是逃跑的农奴。因为没有人能证实他们的农奴身份，所以只要保持默认的态度，他们就可以享受"自由"的恩典。这也就难怪，在贵族们看来，商人都是暴发户，是扰乱世间正常秩序的不安定因素。

然而，没有人会离开商人的服务。行商们在集市上摆起货摊，搭起鲜艳的棚子，前来光顾的不只是庄园的贵族老爷和夫人们，还有在农田里耕作的农民。毕竟，还有什么地方可以买到胡椒粉或紫色染料，或是得到一块经过认证的十字架的碎片呢？还有什么地方可以买到在托斯卡纳织成的神奇布料，或是听到像"罐子"或"糖浆"这样源自阿拉伯语的内行词语呢？如果将商人看作混入中世纪生活中令人不安的发酵剂，那么他们也是一撮活性成分。缺少了他们，中世纪的生活会变得非常沉闷乏味。

我们首先把目光对准8世纪和9世纪欧洲的行商，然后就能跟随他们的发展脚步直到14世纪和15世纪。到了14、15世纪，主要靠着商人自身的努力，商业活动已经得到了非常充分的组织，不再需要这种流动的旅行者了。[1]当欧洲因为封建庄园制度陷入几乎没有贸易的自给自足式的停滞时，这些旅行者连同他们兜售的货物，带来了第一缕商业和商业交往的气息。法国的福卡尔基耶（Forcalquier），一个微不足道和与世隔绝的小镇，在地图上只是一个无人会注意到的小点。全镇有几百口人，仅凭着一条小路和外界保持着联系。即使是像这样的小镇，这些吃苦耐劳的商人依然开辟出了商路：在一本原始的账本里我们可以看到，

---

[1] 在1328年的一个瑞典贵族葬礼的祭祀品商品订单上，有来自西班牙或意大利的番红花，来自地中海的葛缕子籽，来自印度的生姜，来自锡兰（现斯里兰卡）的桂皮，来自马拉巴尔海岸的胡椒粉，来自南欧的茴香，以及来自莱茵河和波尔多的葡萄酒。订单要求当地的一名商人立即交货，尽管那时候瑞典是一个落后甚至原始的国家。参见Fritz Rorig, *Mittelaterliche Weltwirtschaft*（Jena: 1933），17。（感谢 Goran Ohlin 提供了这一参考文献。）

1331年5月，36名行商来到福卡尔基耶，在公证人于戈·泰拉尔（Ugo Teralh）的家里和"商店"里进行交易。[1]就这样，上千个孤立的社区慢慢地被编织成一张经济上相互依存的网络。

城镇化

行商的兴起，还带来了一项非常重要的副效应，即中世纪生活缓慢走向城市化，新的城镇和村庄建立了起来。行商中途停下休息时，会本能地选择当地受到良好保护的地点，比如说城堡、镇子，抑或是教堂。因此，我们发现，围绕着那些修建在有利地势的城堡周边——在*Foris burgis*，来自法语*faubourg*，意思是"郊区"——差不多已经固定下来的交易场所逐渐发展壮大，反过来又成为小城镇的内部核心。尽管新兴的城镇紧紧偎依在城堡或教堂高墙周边以寻求保护，但它们不属于庄园。城镇里的居民——自由民、市民、有产者——和庄园世界之间的关系充其量是不明确和不稳定的。正如我们所看到的那样，由于这片商业区域不存在"古风"，因此居民之间的纠纷没有办法运用源自"古风"的规则来裁定。它们既没有明确的税制，也没有规定对当地的主人（local master）要忠诚到什么程度。更糟糕的是，一些新兴的城镇开始围绕自己建立高墙。举例来说，到12世纪，布吕赫的商业城镇已经吞并了古老的城堡，就像一串珍珠围住了一粒沙子。

奇怪的是，在封建社会的夹缝中竭力求生，反过来极大地推动了城市内部发展新的社会和经济秩序。在过往所有的文明当中，城市都是中央政府的前哨基地。如今，它们第一次作为独立的实体存在于社会权力的主要框架之外。结果，它们有能力也必须为自己确定一套法律和社会行为守则，以及一系列治理机制，并最终取代封建乡村的那一套。

---

[1] M. M. Postan, and H. J. Hubakkuk, general editors, *Cambridge Economic History of Europe*, 2nd ed.（Cambridge, England: Cambridge University Press, 1966），II, 325–326.

但是由于城镇的发展速度通常非常缓慢，导致城镇取代乡村的过程非常漫长。举例来说，1086年至1279年近200年的时间里，英国剑桥平均每年仅增添一个家庭。[1]这样的发展速度几乎可以忽略不计，而造成这种现象的一个重要原因，是极其糟糕的道路严重阻碍了人员或物资的迁移。罗马帝国的衰败带来的最严重的后果，就是其曾经辉煌宏伟的公路系统也随之瓦解。在社会秩序崩坏最为严重的时期，罗马帝国公路上的基石被盗走用来盖房子。因此，经济活动一直受到种种限制且步履蹒跚，直到欧洲的道路建设恢复到应有的水平。值得一提的是，直到18世纪甚至19世纪，欧洲许多港口城市的交通运输体系的效率才达到和古罗马相同的水平。拿破仑从法国出发进攻意大利，和恺撒从另一条路进攻意大利，二者花费的时间几乎相同。

尽管缓慢，但城镇却一直稳定地发展着。某些地区的发展速度要远远高于剑桥。在中世纪1 000年的时间里，欧洲诞生了近1 000个城镇，极大地刺激了生活的商业化和货币化。每个城镇都有自己的本地集市、本地关卡，通常还有本地造币厂、本地粮仓、商店、酒馆和旅馆，以及"城市生活"的氛围。这一切都和乡村生活形成了鲜明对比。缓慢而自发的城市发展方式，是为欧洲经济生活加入市场氛围的一个主要因素。

十字军

行商和城镇的兴起是中世纪的经济生活缓慢发展出市场社会的两个重要因素。第三个因素则是十字军东征。

颇具讽刺意味的是，十字军东征是中世纪最重要的以宗教为目的的军事冒险，却极大地助长了市场社会的建立，而这恰恰是教会极力反对

[1] George Gordon Coulton, *Medieval Panorama* (New York : World Publishing, Medidian Books, 1955), 285.

的。尽管如此，对于十字军东征，如果我们抛开宗教方面的动机，单纯将其视作一场声势浩大的探险和殖民远征，就更加容易理解十字军东征的经济影响。[1]

十字军东征起到的作用，就是让两个截然不同的世界突然之间发生了让人震惊不已的接触。一方是仍然处在沉睡当中的欧洲封建社会，乡村发展几乎停滞，厌恶商品贸易，商业概念十分幼稚。另一方是拜占庭和威尼斯那绚丽多彩的商业社会，城市生机勃勃，毫不掩饰地以赚取金钱为乐，同时又拥有复杂巧妙的商业套路。十字军居住在四处漏风的城堡，过着沉闷无聊的庄园日常生活，原本以为到了东方只会发现未经开化的异教的野蛮人。然而他们惊讶地发现，所遇之人不仅文明程度远甚于己，奢华程度更是自己无法想象，一切向钱看的程度也大大超过他们。

结果，头脑简单的十字军发现自己变成了棋子，被自己根本不懂的商业利益所摆弄。前三次的东征，十字军就像集市上的乡巴佬一样，被负责提供船只的威尼斯人不知廉耻地愚弄欺诈。尽管被狠狠地敲了竹杠，但这没能阻止十字军的兵锋占领圣地，只不过没有取得任何决定性的战果。然而，在臭名昭著的第四次东征（1202—1204）期间，诡计多端的94岁威尼斯总督丹多洛（Dandolo）为了谋求威尼斯城邦的利益，想方设法背弃了整个远征的宗教目的，使之沦为一场大规模的劫掠。

首先，丹多洛威胁航行者必须支付85 000马克银子的初始交通费。对那些没有钱的贵族来说，要积攒出这么一笔巨款可不是一件容易的事。接着，在资金筹措好以后，丹多洛又拒绝履行之前谈妥的协议，除非十字军同意先进攻威尼斯的一个富有的商业竞争对手扎拉城（Zara）。由于扎拉城的居民都是基督徒而非"异教徒"，所以教皇英

---

[1] 对于我们所看到的这一过程，我们也许注意到了它的一些复杂的相互作用。十字军东征不仅是欧洲经济发展的一个原因，而且是此前已经出现了的发展的征兆。

诺森三世对丹多洛的要求感到极为震惊，并提出将进攻目标改为信奉异教的埃及。教皇的提议让丹多洛的惊恐程度更甚，因为埃及是威尼斯最优质的客户之一。进军受阻陷入困境的十字军别无选择，很快就攻陷了扎拉城。此后，在丹多洛的鼓动下，信奉基督教的君士坦丁堡也被洗劫一空。第四次十字军东征压根就没能抵达信奉"异教"的东方，不过威尼斯却从中获得了巨大的利益。

尽管如此，从中获益的可不是只有威尼斯。十字军的将士们自身在经济上受到的冲击远比宗教上的影响更大。对许多人而言，这种冲击是灾难性的：骑士们熔掉了自家的银器得以参加十字军东征，返回时却身无分文，自家的庄园也已经荒废。不过，对另外一拨人来说，十字军东征也带来了新的经济刺激。例如，在1101年，来自热那亚的8 000名士兵和水手袭击了巴勒斯坦的海港城市凯撒里亚。战斗结束后，每个人都分得了大约48枚苏勒德斯金币外加2磅胡椒作为战利品。如此，8 000名小资本家诞生了。[1]1204年君士坦丁堡沦陷时，不仅每个骑士都获得了价值20马克的银子作为战利品，甚至其扈从和弓箭手也获得了价值数马克的银子。

十字军东征为欧洲孕育和发展市场社会提供了丰富的经验。陈旧的以土地为基础的财富遇上了新兴的以货币为基础的财富，而事实证明后者更为强大。事实上，早在欧洲人随着十字军东征，面对东方不仅更加富裕，而且更加欢快、更加充满生机的生活方式之前，欧洲老旧的生活观念本身就已经被强力地重塑了。十字军东征作为一种手段，使迟缓停滞的社会摆脱了原有的发展轨迹，为加速欧洲经济转型发挥了巨大作用。

---

[1] Postan and Habakkuk，*Cambridge Economic History of Europe*，II，306.

国家权力的发展

中世纪欧洲经济生活缓慢商品化还有另外一个因素，欧洲碎片化的经济和政治实体逐渐整合成为一个体量更加大的整体。古罗马帝国解体后，随之引发了经济生活的崩溃，这一切都表明，强大的经济社会需要强大而广泛的政治基础。随着欧洲碎片化的政治状态开始再次进入缓慢弥合的进程，整个欧洲的经济发展节奏也开始加快。

中世纪最显著的特征之一，就是国家的权力被各种割据的封建领主所瓜分，这也是经济发展最严重的障碍之一。在中世纪，流动行商走上100英里[1]，可能会受到12个不同独立王国管制，而每一个王国都有各自不同的规矩、条例、法律以及度量衡和货币。更糟糕的是，每个王国都会在边境上设置关卡。在13世纪和14世纪之交，据说在威悉河沿岸有30多个关卡，在易北河沿岸则至少有35个关卡。一个世纪过后，在莱茵河沿岸有超过60个这样的关卡，其中大部分是由当地信奉基督教的贵族设置的。英国年代史编者托马斯·埃克斯（Thomas Eykes）将这种体系称为"日耳曼人精神错乱般的疯狂"。然而，不是只有德国才有这样的问题。15世纪后期，法国塞纳河沿岸的关卡多如牛毛，以至于将粮食沿河运输200英里所花费的成本，占到最终出售价格的一半。[2]实际上，在欧洲诸多国家之中，只有英国这一个国家在中世纪中后期实现了国内市场的统一。这是促使英国崛起成为欧洲第一大经济强国的一个重要因素。

实质上，欧洲割裂的市场逐步融合，既是一个政治进程，同时也是一个经济进程。10世纪的欧洲版图还是无比错综复杂。随着中央集权的逐步形成，16世纪的欧洲版图已经或多或少有了"现代"欧洲版图的样子。在这一过程当中，迅猛发展的城镇再次扮演了核心和至关重要的角

---

[1] 1英里约为1.61千米。——编者注
[2] Postan and Habakkuk, *Cambridge Economic History of Europe*, II, 134-135.

色。正是城镇市民成为新生君主制的盟友，从而进一步剥离自身与地方封建领主的关系，并反过来为统治不稳的君主稳固王权提供了必不可少的先决条件：资金。

君主和有产者的联合使得中央集权政府得以缓慢发展。反过来，中央集权政府不仅统一了法律和货币，而且直接刺激了工商业的发展。以法国为例，皇室大量采购著名的戈布兰挂毯和塞夫勒瓷器推动了制造业的发展，修建装潢皇室宫殿和宴会大厅为无数的能工巧匠创造了工作机会。在其他领域，不断增强的国家权力同样也注入了新的动力：必须建立海军；必须装备陆军；而这些全新的"国家"武装力量之中，许多都是雇佣军，必须付给报酬。这一切加速了货币的流通。

探索

政治权力逐渐稳固，带来了另一个经济发展的动力，即官方对海外探索的鼓励。在中世纪的漫长岁月中，像马可·波罗（Marco Polo）这样的勇敢无畏的冒险家，为了寻找通向传说中的印度财富的便捷路线，乘船前往遥远的东方。到了14世纪初，通向远东的路线已广为人知。因此，从中国进口丝绸和从里海地区购买相比，路程虽然要多一倍，但成本却只是后者的一半。

尽管如此，所有这些向欧洲之外的冒险、勇敢的探索，就像最为单薄的蜘蛛网。对未知世界进行系统性的探索，仍然需要等待有着王室支持的国家级冒险家来实施。哥伦布（Columbus）和瓦斯科·达·伽马（Vasco da Gama），卡布拉尔（Cabral）和麦哲伦（Magellan）并非以个体商人的身份（尽管他们都希望借此发家致富），而是作为冒险家，凭借王室的资金购买和武装船队，带有王室批准的标志，带着王室的期望，踏上开创新纪元的旅程。

这一系列惊人的冒险带来了巨大的经济效应。一方面，贵重金属开始汹涌流入欧洲大陆。西班牙在墨西哥和秘鲁开设大型矿厂，挖掘并运回了大量的黄金和白银，然后用来购买他国的商品。如此一来，流入欧洲的贵重金属逐渐在各国之间重新分配。随之带来的结果，就是整个欧洲的商品价格都在上涨——据估计，仅在1520年至1650年之间，商品价格就增长了2倍甚至4倍，对工业发展既有刺激也有压力，同时引发了一大波投机和商业热潮。

此外，探索新世界的更为长期的效应，必然提供了更加重要的经济刺激。欧洲各国在16、17世纪建立起大大小小的殖民地，随后充分享受了与新大陆开展贸易所带来的巨大收益，极大地推动了欧洲发展成为繁荣的商业社会。从一开始，新世界的发现就对旧世界产生了一种催化性和革命性的影响。

宗教思潮的转变

到目前为止，我们总结出的变革力量都是实际可见的。从非市场社会向市场社会转变，这是一个非常漫长的过程。在这一过程中，流动的行商、不断扩大的城镇、十字军的东征、不断增强的国家权力，以及对遥远未知世界的探索，可能随时可见。然而，这些并不是破坏封建制度并推动商业社会实现接替的唯一力量。除此之外，还有强大而无形的变革潮流，影响了欧洲的学术氛围、信仰和态度。其中一项有着特殊重要性的变革潮流就是当时的宗教思潮的转变。

从上一个章节的内容中我们了解到，天主教会的深层教义中充满着神学对获利原则的厌恶——对收取利息或者放高利贷尤为厌恶。有一个关于那个时代的趣事非常形象地概括了教会的立场。一位修道士，名叫亨伯图斯·德罗马尼斯（Humbertus de Romanis），时常向旁人讲述，佛罗伦萨修道院的角落和缝隙到处可见魔鬼，但市场却只有一个魔鬼。亨伯图斯解释道，这是因为只要有一个魔鬼就能让市场腐化堕落，而所有的人在自己心里都藏着一个魔鬼。[1]在这种充满敌视的氛围下，商业生活很难蓬勃发展。

可以肯定的是，教会虽然强烈地谴责获利和高利贷，但最终自己却掌握了支配经济的重要地位。教会一方面收取什一税，另一方面为圣职提供俸禄，进而成为整个欧洲大陆最大的金钱征收和分配组织。那个时代没有银行和保险箱，大量的封建财富都存放在教会。一些像圣殿骑士团这样的教会分支变得非常富有，并发挥类似银行机构的作用，以严苛的条件向贫困的封建君主发放贷款。然而，尽管这样的做法罔顾而非奉行教会最深层次的信仰，但教会还是继续从事这类隐约有些不光彩的行为。因为在教会反对追求财富的背后，是根深蒂固的神学信仰。教会坚信，人世间的生命转瞬即逝，重要的是要为永恒的明天（Eternal Morrow）做好准备。为此，教会目高于顶，对尘世毫不在意，并力图让其他人从日常的挣扎求存中超脱出来。教会极力最大限度地弱化人世间生活经历的重要性，并贬低极其脆弱的肉身所屈服的世俗的活动。

加尔文主义

这种抑制创造财富热情的影响是被什么改变的呢？根据德国社会学家马克斯·韦伯（Max Weber）和英国经济史学家R.H.托尼的理论，根本原因在于新教改革家约翰·加尔文（John Calvin，1509—1564）在教义中所宣扬的新神学观得以崛起。

加尔文主义是一种严苛的宗教思想。其核心是相信"救赎预定论"（predestination）——上帝从一开始就选择了哪些人能够被救赎，哪些人会永受地狱之苦。不论世人在尘世间如何努力，都无法更改神圣不可侵犯的圣意。此外，根据加尔文的理论，被上帝判定永受地狱之苦的人

---

[1] Miriam Beard, *A History of the Business Man*（New York：Macmillan，1938），160.

远远多于获得救赎的人，因此对普通人来说，人世作为审判的序曲很可能只是在堕入永恒地狱接受惩罚之前上帝所赐予的短暂恩典。

面对这样的审判结果，也许只有那些拥有加尔文般钢铁意志的人才能继续忍受生活。很快，我们发现，在低地国家以及英国，加尔文的信徒们开始对初始教义中不近人情和高深莫测的地方进行调整，以提升民众的接受度。尽管仍然宣扬"预定论"的思想，但承认在尘世生活的进程当中存在对未来的追求。因此，英国和荷兰的传教士教导说，即使看上去最圣洁的人也有可能下地狱，而轻浮放荡的人则必定会堕入地狱。只有完全清白地生活，才能有一丝希望以证明仍有得到救赎的可能。

加尔文教徒主张生活要正直、严肃，而最重要的是要勤劳。天主教的神学家倾向于将世俗活动视为虚无。与之相反，加尔文教徒对世人的努力给予了宗教上的认可，并赞同可以通过努力的程度来衡量精神价值。确实，加尔文教徒逐渐形成了一种认识，一个全心全意投身工作的人，在一定程度上就是遵从上帝的"召唤"。充满激情地追求个人的事业，不再是分心背离宗教目标的证明，而是被视为奉献于宗教生活的证明。在加尔文教徒眼中，积极主动的商人是虔诚的信徒，并非亵渎神灵的罪人。基于这种对工作和价值的认同，很快就形成一个观念，即一个人越成功，其价值就越大。不同于天主教，加尔文主义提供了一种宗教氛围，鼓励个人认真工作和追求财富。

相较于鼓励追求财富，加尔文主义更为重要的是影响了世人对如何使用财富的态度。对富裕的信奉天主教的商人来说，他们普遍的态度是，世俗成功的目的是享受安逸奢华的生活。而信奉天主教的贵族，则有时对财富表现出一种绝对荒谬的鄙视态度。17世纪末巴黎流行的赌博狂欢节上，参加赌局的一位亲王赠送了他的情妇一颗价值5 000里弗尔的钻石，但是这位情妇却以钻石太小为由回绝了亲王。于是，这位亲王将这颗钻石磨成了齑粉并撒向她作为回应。最终，这位亲王在赌局上输掉了一年的收入，60万里弗尔。一位元帅（maréchal）送给孙子一个黄金打造的钱包做礼物，结果他的孙子对此嗤之以鼻。这位元帅就把钱包扔到了街上并说道："那就给路边的清洁工吧。"[1]

信奉加尔文教派的生产者或商人对财富的态度则截然不同。如果他所信仰的宗教认同勤奋工作，那么他的宗教会以最坚决的态度反对放纵的生活。财富理应积累并善用，而非用以挥霍浪费。

新教伦理

迄今为止，加尔文主义促进了尚未论及的经济生活的一个层面：节俭。在加尔文主义的影响下，储蓄——有意识地节制将收入用于享乐的行为，成为一种美德；投资——利用储蓄再生产，成为一种既展现信仰虔诚同时又获取利润的手段。甚至各种条件下的付息也被容许。实际上，加尔文主义培育了一种新的经济生活理念。过去对理想生活的定义是社会和经济稳定，个人知晓自己的"位置"并一直保持下去。如今新的理想生活是奋斗，改善物质生活和经济增长，并且这种新的理想得到了认可，受人尊敬。

经济史学家仍在争论，以收益为中心的新世俗哲学能够发展起来，具体在多大程度上要归功于"新教伦理"的影响呢？毕竟，远在荷兰的加尔文主义者可没法指导意大利的天主教银行家要怎样在生活中保持务实高效的良好习惯。尽管如此，当人们回顾随后的经济发展历程时会惊讶地发现，在经济竞争中奋勇争先的，毫无例外全都是新教徒国家。他们所凭借的，就是"清教徒"般的辛勤工作和坚持勤俭。作为16和17世纪强力的变革风潮之一，新的宗教观必须被看作对市场社会演变高度有利的刺激。

---

[1] Werner Sombart, *Luxury and Capitalism* (New York: Columbia University Press, 1938), 120ff. Also H. Thirion, *La Vie Privée des Financiers au XVIIIe Siècle* (Paris: 1895), 292.

即使是当时宗教以外的著作，包括17世纪的政治和哲学著作，也明显表现出了变革风潮。在这些著作中，封建观念从重视追求"荣耀"而非满足对金钱、权力和性爱的欲望，逐渐转变为更安全、更加可预言的追求利益甚至是个人利益的思想。早在1638年，胡格诺教派的政治家罗恩（Rohan）公爵就曾写道："王公们控制人民，但利益控制王公。"从关注利益到强调理性和合理只有一步之遥。如此看来，在成熟的资本主义经济出现之前，"理性的经济人"这一概念就已经存在了。[1]

庄园制度的崩溃

以上所列举出来的变革思潮，并没有囊括所有反对欧洲旧有刻板经济秩序的力量。这个表单还可以扩展并大力完善。[2]不过，以适当谨慎的态度，我们开始可以将巨量的事件综合起来理解，其中有些像十字军东征那样的特殊事件，有些像宗教改革那样涉及广泛层面的事件，这些事件联合起来相互配合，打破了中世纪的经济生活框架，为市场交易的全新动态框架铺平了道路。

这场深刻变化的一个重要方面是封建义务逐步货币化。我们可以看到，一处接着一处，古老的封建社会以物换物的支付手段的转变。封建庄园的佃农过去为领主无偿劳作，或是上缴鸡或鸡蛋这种实物。佃农开始以货币形式向领主缴纳赋税和地租来履行封建义务。

---

[1] 引自 Albert O. Hirschman, *The Passions and the Interests*: *Political Arguments for Capitalism Before Its Triumph*（Princeton: Princeton University Press, 1977），34.
[2] 一个重要的影响（我们下一章再讨论）是对技术越来越大的兴趣，其基础在于对自然事件的科学探索。另一个重要的因素是现代商业观念及手段的发展。德国经济史学家维尔纳·松巴特（Werner Sombart）曾说过，如果非要给出现代资本主义"开始"的准确时期，他将选择1202年，因为该年出现了《计算之书》（*Liber Abaci*），它是商业算术的初级版本。与此相似，在历史学家奥斯瓦尔德·斯彭格勒（Oswald Spengler）看来，1494年复式簿记的发明，是值得与哥伦布发现新大陆和哥白尼提出日心说相提并论的伟大成就。

　　封建社会支付手段的这种转换背后有许多原因。一是随着城镇规模以及人口开始膨胀，城市对食物的需求不断增长。在以城镇为中心的经济圈，资金缓慢地从城镇流出涌入农村，与此同时提高了农村购买城市商品的能力，也激起了其人口购买的欲望。同时，为了获得更多的现金收入用来购买品类日益繁多的商品，贵族越来越倾向于以现金而非实物的方式来收取地租和赋税。然而，如此做法在不经意间将庄园制度进一步推向了严重崩坏的境地。旧的封建徭役普遍转换成用固定数额的货币来代替。这样，封建领主的现金状况得到了暂时的缓解，但很快还是陷入了资金短缺的状态，而这种状态在通胀时期总是会伤害到债权人。当税费不固定时，地租和货币赋税根本无法满足贵族不断增长的货币需求，因此封建义务货币化的程度进一步加深，进而使封建领主能够保持现金流。但是，随着价格上涨，货币化进一步深入生活的各个方面，封建领主再也无法阻止自己债台高筑。贵族在管理庄园时的无能表现，大大加快了经济衰退的进程。就务实高效而言，十字军的后裔和其祖先相比并没有好到哪里去。

　　这一切造成的后果就是，乡村的贵族如今对地租和赋税的依赖越来越大，不断丧失经济权力。事实上，从16世纪开始，我们发现一个新的阶层开始出现——贫穷的贵族。1530年，法国的热沃当（Gevaudan）地区有121位领主，他们的总收入为21 400里弗尔。但是，在这121位领主当中，只有一位领主的收入达到了5 000里弗尔，另一位领主的收入为2 000里弗尔，其他的领主的收入平均下来只有区区121里弗尔。[1]事实上，不只是小贵族，甚至连王室本身也受到现金短缺的困扰。神圣罗马帝国皇帝马克西米连一世，有时在出行时甚至拿不出现金支付其随行人员一晚的住宿费；当他的两个孙子迎娶匈牙利国王的女儿时，婚礼上所有的装点之物——2 000匹披挂装饰的马、各种珠宝以及金银器皿——都是从商人银行家那里借来的。为了寻求帮助，马克西米连给这些商人

---

[1] Postan and Habakkuk, *Cambridge Economic History of Europe*, I, 557-558.

银行家们去信，又哄又骗地恳求这些商人银行家不要在自己需要帮助的时候抛弃自己。

现金经济的兴起

显然，庄园制度与现金经济是不相容的。由于价格和成本上涨，而收入又陷入停滞，封建贵族们入不敷出。然而，商人阶层就像有万有引力作用一样天然吸引现金流入，逐步稳定地增强了自己的权力。例如，在热沃当地区，最富有的领主的收入为5 000里弗尔，而最富有的城镇商人的收入则高达65 000里弗尔。在意大利，佛罗伦萨的吉安菲拉齐（Gianfigliazzi），起初作为一个"无名之辈"借钱给菲耶索莱（Fiesole）教区的主教，最后夺走了主教所有的财产，使他变得一贫如洗。在10世纪的托斯卡纳，贵族们还瞧不起放贷人，而到了12、13世纪，这些贵族们的后代已经把祖上的财产都变卖给了放贷人。在德国，当马克西米连大肆搜刮现金，奥格斯堡（Augsburg）的大银行家族的收入已经远远超过马克西米连治下整个王国的全部收入。整个欧洲上下，没有社会地位的人充分利用货币经济实现了阶级跃升。图卢兹有一名叫让·阿米奇（Jean Amici）的商人，他在百年战争期间通过倒卖英国战利品发了大财；纪尧姆·德圣约恩（Guillaume de St.-Yon）以掠夺般的价格在巴黎贩卖猪肉而发家致富；雅克·克尔（Jacques Coeur），是所有这样的商人之中最了不起的一位。他从普通商人干起，先是被国王提拔担任铸币商，然后升任为国王的采购代理，接着担任国王的财政大臣。作为财政大臣，雅克·克尔不是为国王服务，而是掌控着国王的钱袋子。在任职期间，他积累了巨额财富，估计为2 700万埃居（écus）。[1]

[1] 但要注意，克尔最终从高位跌落，被捕入狱，死于流放。这位账房先生仍然未能最终掌管城堡。

生活中经济层面的出现

在所有这些令人深感不安的事件的背后，我们可以看到一个巨大的变革过程，真正地从根本上改变了欧洲的经济组织。在10世纪，现金和货币交易只是解决经济问题的附带手段，而到了16世纪和17世纪，现金和货币交易已经开始成为保持经济内聚力所需的分子力。

但是，除了这种一般的生活货币化之外，另一种可能影响更为深远的变化也正在发生。一种在周围社会生活环境里清晰可见，又独立于环境的经济活动领域出现了。这对整个社会层面的创造不仅前所未有，而且自此以后构成了人类生存的主导方面。[1]

在古代和封建时代，人们无法轻易地将人类绝大多数的经济动机甚至经济行为与普通的生存循环本身区分开。遵循古老生活方式的农民，几乎不会意识到要按照"经济"动机行事。实际上，农民没有这样做——他听从的是领主的命令，或是遵循风俗习惯的规定。领主自己也不以经济为导向。他关心的是军事、政治或宗教，基本上不会想到收益或增值。正如我们所看到的，即使在城镇中，开展普通的商业活动也和非经济性的事务密不可分。不可否认，人类是贪婪的，即使不是对金钱贪得无厌，但总体上还没有让生活充满无上拜金的铜臭味。正如我们已经竭尽所能指出的那样，在古代或中世纪要生存，赚钱只是稍微有些关联的，而绝非核心的问题。

劳动、土地和资本应运而生

然而，随着货币化范围的不断扩大，一种全新的生活元素逐渐浮出水面。例如，劳动作为一种行为，和过去的概念已经完全不同。"劳

---

[1] 后一部分的许多内容参考了Karl Polanyi的名著 *The Great Transformation*（Boston: Beacon Press, 1957, paperback ed.），Part II。

动"再也不是一种清晰明确的社会关系，即一个人（农奴或学徒）为另一个人（领主或行会匠师）工作以换取最低限度的生存保证。如今，劳动仅是一定量的体力和精力，作为一种"商品"，在市场上以可能的最优价格进行售卖。对买方来说，除了支付工资外，完全没有任何对等的责任。如果支付的工资不足以维持生计，那不是买方的责任。他只是购买了"劳动"，仅此而已。

劳动作为一定量的体力和精力，从个人的生活中剥离出来，按照固定的额度在市场上出售，进而成为一种"抽象"的劳动。与之相对应的，另外两个经济生活的主要因素也逐渐浮现。其中之一是土地。过去，土地被视为大领主的领地，与现代民族国家的领土一样不可侵犯。现在，土地在经济层面上的特性同样开始被考虑，可以购买或租赁以获得经济回报。曾经是政治和行政权力核心的庄园变成了具有市场价格的"财产"，可用于多种用途，甚至可以作为工厂的厂址。税费、实物支付，以及声望和权力等无形资产，这些曾经来自土地所有权的收益全都让位于地租这样的单笔回报；换句话说，就是将土地用于营利而获得现金回报。

财产也经历了同样的转变。在古代和中世纪的大部分时间里，财产被认为是有形财富合起来的总额，是囤积起来的财物、餐具、金银或是珠宝。从逻辑上讲，这种有形财富实现的形式是豪华住宅、城堡军械、昂贵的礼服和饰物。但是，随着社会的货币化和商业化，财产也可以用等价的货币来表现：个人的"价值"可以用里弗尔、埃居或英镑之类的货币来衡量。财产变成了资本，不再表现为特定的商品，而是作为无限灵活使用的抽象总和，其"价值"是其赚取利息或利润的能力。

应该强调的是，这一系列的变化全都不是事先计划好的，也不是可以清晰预见到的，因此也不会是广受欢迎的。封建统治阶级可不会平静地坐视自己的特权被商业阶级慢慢地蚕食。保持传统的行会匠师也从来不曾希望自己被外力逼迫变成"资本家"，成为一个被市场操控、忍受竞争困扰的生意人。但是，只有农民在这场转型中遭受了远大于其他社会阶层的痛苦。他们被历史进程所裹挟，失去了赖以生存的基础，成为没有土地的劳动者。

圈地运动

在英国，尤为重要的过程就是圈地运动，这也是封建生活货币化的一个副产品。早在13世纪，拥有土地的贵族压榨现金的程度愈演愈烈，开始不再只是将自己的庄园当成祖先的封地，而且将其视为潜在的现金收入来源。为了种植更大规模的经济作物，领主开始"圈占"过去被视为"公共用地"的牧场。尽管人人都能使用，但这些公共放牧土地实际上一直属于封建领主。如今，这些土地被宣称为领主的私有财产，并变成了牧羊场。为什么是牧羊场呢？因为大众对羊毛织品的需求不断增长，使养羊成为一项利润极为可观的行业。中世纪史研究学者艾琳·鲍尔（Eileen Power）写道：

> 参观上议院的访客满怀敬畏地仰望着庄严的议会，无法不对王座对面的一个厚实而笨重的物件感到惊奇。在上议院的全体会议期间，英国大法官就端坐在这个笨重的物件上。这就是一个羊毛袋，充满了悠久的纯正历史，也是大法官这一要职本身的象征……英国大法官的尊座是一个羊毛袋，就是因为这片美丽的土地从羊毛袋上孕育出了繁荣昌盛的国家。[1]

在长达几个世纪的时间里，英国的圈地运动的进程时快时慢，直到

---

[1] Eileen Power, *Medieval People*（Garden City, NY: Doubleday, Anchor Books, 1954）, 125.

18世纪末和19世纪初才达到吞噬一切的高峰。[1]在都铎王朝初期，通过程度不一的专横手段，"公共用地"被转变用于饲养羊群，最后有大约1 000万英亩，英国将近一半的耕地被"圈占"。到了都铎王朝的末期，为了满足商业化农场经营的需要，条块耕田被强制性合并成大片田地，而佃农大概也会从中得到"公平的补偿"。

从严格的经济学角度来看，圈地运动无疑是有益的。因为一直以来只能贡献微薄产出的土地，经过圈地运动提升了生产效益。事实上，尤其是在18世纪和19世纪，英国就是利用圈地这一手段，对本国农业进行"合理化改革"，并最终摆脱了传统庄园条田制所带来的低下效率。但是除此之外，圈地运动还有更加残酷的一面。随着公共用地被圈占，佃农想要养活自己变得越来越困难。在15世纪和16世纪，当第一次圈占公共用地达到顶峰时，一些庄园中多达3/4到9/10的佃农就这样失去自己的耕地。于是，整个小村庄都消失了。在《乌托邦》（*Utopia*）第一卷中，托马斯·莫尔爵士（Sir Thomas More）如此描述这一野蛮的情景：

> 你们的羊一向是那么驯服，那么容易喂饱，据说现在变得很贪婪、很凶蛮，以至于吃人，并把田地、家园和城市踩蹋成废墟。放眼全国各处，凡出产最精致贵重的羊毛的地方，无不有贵族豪绅，还有某些修道士，以及上帝拣选的圣人之流，觉得祖传地产上惯例的岁租年金不能满足他们……他们不留耕地，把所有土都圈起来做牧场，推倒房屋，毁掉城镇，不留片瓦，只留下教堂当作羊圈……

圈地运动以强力的手段瓦解了封建关系，形成了新的市场社会关

---

[1] 其他欧洲国家也发生了圈地运动，但速度要慢得多，在法国、意大利和德国南部，小土地所有者农民坚持了很长一段时间，而在英国，这种农民事实上早已不存在了；另一方面，在德国东北部地区，这种小农民被剥夺了财产，变成没有土地的无产者。

系。农民被剥夺了一切，成为一种新型的劳动力——没有土地，没有传统收入来源，不得不到任何有机会的地方寻找工作挣得薪水，无论这份薪水多么微薄。

无产阶级的出现

农村产生无产阶级的同时，我们开始看到城市也出现了无产阶级。一部分原因是商业行会逐渐转变为更具"商业性"的企业，另一部分原因是一些失去土地的农民流入城市。而自18世纪中叶开始，日益增长的人口（追溯其自身，很大程度上是由于圈地运动导致的粮食产量的提升）开始大规模拥入劳动力市场，使得形势进一步恶化。在这种前因后果之间复杂的相互作用下，我们发现英国开始被"流浪的穷人"所困扰。18世纪的一项非凡的提案，内容就是要将流浪的穷人关押起来，而关押的场所被改革者直言不讳地称为"恐怖之屋"。

市场导向机制的出现，创造了一种"劳动力"。尽管这种调整过程对其他社会阶层来说没有那么残酷，但这些社会阶层也不得不付出社会代价。当制造工厂插足传统的专属行业，或是凭借新发明的机器颠覆已有的生产模式，顽固的行会匠师不得不站出来与之对抗，阻止自己受行会保护的生意受到入侵。拥有土地的贵族则固执地试图保护其古老的特权不受富有的新贵们侵犯。

尽管如此，经济扩张的进程无法阻止，过去的陈规被打破，社会各个阶层的权力和声望被洗牌。这一进程不带任何感情地循着历史道路前进，公正无私地分配历史回报和牺牲。尽管延续了很长一段时间，但经济扩张的进程不是一种演进，而是一场欧洲经济社会的缓慢革命。只有当这个社会冲破层层险阻，熬过最惨痛之一的历史混乱时期，商业世界才会显得"自然"和"正常"，"土地""劳动"和"资本"的范畴才会变得如此真实，以至于难以相信这些概念并不是一直存在的。

生产要素

正如我们所看到的，劳动可以自由选择且有合约有薪水，土地可以租赁且能产生利润，资本可以四处流动以寻求投资机会，所有这些根本不是"自然"和"正常"出现的。这些是前市场社会进入市场社会这场伟大转型的产物。经济学将这些产物称作生产要素，而经济学在很大程度上都是在分析这三个生产过程的基本要素在市场机制中的结合方式。

但是，我们在这一阶段的研究当中必须认识到，"土地""劳动"和"资本"的社会组织属性并不是永恒的。诚然，它们都具有自然属性，但是生产过程的这些永恒层面（土壤、人类的努力以及可以应用于生产的工具）并不是在所有的社会中，都会和市场社会一样，呈现明确的区隔，可以清晰地加以辨别。在进入市场社会之前的经济制度下，土地、劳动和资本互相交融、密不可分，构成奴隶和农奴、领主和行会匠师的形象。他们当中没有人会作为一个明码标价的具体经济功能的化身进入生产过程。奴隶不是"工人"，行会匠师不是"资本家"，领主也不是"地主"。只有当社会制度演化到一定程度的时候，劳动可以出售，土地可以租赁，资本可以自由投资，我们才能从不断变化的生活当中发现各类经济学。

人类自身对财产概念的演变，能够最大限度地清晰展示这一惊人的社会过程。如我们所见，在古代社会，一个人可以是另一个人的财产。具体而言，一个奴隶实际上是奴隶主的财产，因此奴隶主可以任意驱使、虐待奴隶，甚至某些情况下还可以处死奴隶。在中世纪，这种财产概念演变为农奴制。农奴也是其主人的财产，并且受制于我们之前讨论过的关系和纽带。但这里的所有权并不是像奴隶制那样拥有一切，作为领主也必须承担相应的义务。

最终，我们到达了现代商业社会，每一个人，不论男女，都是独立自主的。成为"生产要素"的工人拥有自己的劳动，可以尽可能地以对自身有利的方式自由地出售。这是奴隶或农奴无法做到的。同时，自由的工人不是任何人的财产，也不是任何人的义务。雇主购买的是雇员的劳动，而不是他们的生命。当劳动者离开办公室或工厂（所有者的"财产"）时，雇主所有的责任也就终止了。

有偿劳动和资本主义

当劳动成为一种可供出售的商品时，雇主还获得了一项独有的经济上的优势。雇主以名为"工资"的支付方式购买劳动力。作为交换，雇主有权得到其"雇佣的"工人生产的所有产品。换句话说，劳动者（不论男女）与雇主达成薪资关系，也就放弃了自己对规定劳动时间内创造的所有产品的权利。

领取工资（或薪水）进行劳动，是现代市场社会非常正常的一部分，并形成了一种奇特的约定，即劳动者出售劳动力且对其生产的产品没有任何所有权。大家对此都习以为常，以至于仔细思考这种奇特的约定时会让人感到惊讶。尽管如此，请思考一下，刚下生产线的汽车归谁所有。是制造汽车的工人？是设计汽车的工程师？是监督管理生产过程的管理人员？还是汽车公司的总裁或是公司股东？答案是，汽车不归他们任何人所有。就算是通用汽车公司的总裁或公司最大的股东，在没有付钱的情况下就不能宣称自己对下线的汽车拥有所有权。

那么，汽车到底归谁所有？任何工人或管理人员都会告诉你说：汽车是"公司财产"。也就是说，汽车是归公司所有。公司作为虚拟"法人"，雇用总裁、经理、工程师，以及工人。股东在法律上拥有并控制公司，但是签订工资合约的是公司本身，因此拥有汽车的也是公司。在一个更简单的，由单个所有人经营的企业里，我们会看到同样的情况。比如说，有一家面包店，老板可以不付钱就把烤好的面包拿回家。原因正如面包店老板所说，非常完美非常正确，这些面包属于他本人。

因此，工资合约成为一个重要的里程碑，标志着一种新型的经济社会，其组织形式和过去的领主对农民或匠师对学徒截然不同。在旧社会里，剩余产品被转化为巨大的纪念碑、宏伟的建筑或奢侈品等形式，直接流入统治阶级的手中，作为展现威望的物品被保存或使用。在新的资本主义形式中，社会产生的剩余产品——除了补充劳动力和其他生产要素以外的所有财富，都在雇主即资本家手中不断积累。

在剩余产品的分配方式进行转换的过程中，还伴随着两个变化。首先，剩余产品的形式更加谦逊（humbler），它们是手工作坊、农场或新生工厂生产的商品，而不是令人赞叹的纪念碑、彰显庄严地位的服饰等。其次，与那些古迹和服饰不同，这些商品必须卖出以后才能算作"财富"。

资本主义及其核心劳资关系的出现，不仅标志着统治阶级由贵族变为资本家，还标志着财富的新含义：可供出售的商品，而不是用来展示的物品。与旧社会的金字塔、大教堂和雄伟建筑不同，资本主义的财富只有在市场上被"实现"之后才会被认可。商品必须出售，这为资本主义的经济生活引入一种新的紧迫感，一种精神上的紧张感。一言以蔽之，资本主义不仅仅是一种社会制度的变化，更是一种全新的经济秩序。

资本主义与逐利动机

本书的大部分内容都在研究这种新秩序的运作原理——复杂的商品生产和销售过程中存在哪些固有的问题。这要求我们考察资本主义创造的不断变化的制度形式，并对支持制度运作的某些经济机制进行研究。

但是，我们应当迅速把注意力集中到资本主义大格局中可能不可或缺的核心。这是资本主义在整个社会推广普及的一种新的行为方式：以实现收入最大化（经济学家如是说）为动力，在一个所有人都敢于冒险的市场里，不管是出卖自己的劳动力或者资源，还是购买商品，尽可能以最优的条件达成交易。在商业语言中，同样的行为动力被描述为逐利动机。

当然，逐利动机并非由市场社会创造，也许甚至连强化都没有。但确实是市场社会让逐利动机成为无所不在、不可避免的社会行为层面。尽管人们在中世纪或上古时期可能渴望财富，但他们没有全体参与市场交易，开展关乎生计的初级经济活动。例如，一个农民在城镇市场上卖掉几枚鸡蛋，但这笔买卖对他的后续生存来说根本就不是最重要的事情。在一个根本上的非市场社会中，市场交易只是一种辅助性活动，一种贴补生计的手段，数量稀少，这种社会很大程度上不依赖于买或卖。

然而，随着劳动、土地和资本的货币化，交易成为广泛应用且至关重要的活动。如今，所有东西都用来出售，交易所得绝对不再是生活的辅助。对一个人来说，一方面要在市场上出售自己的劳动力，另一方面自己所处的社会不承担任何赡养的责任，那么他达成交易时的价格就显得至关重要。这种情况同样适用于地主和新兴的资本家。对他们所有人来说，一笔成功的交易可以带来财富，而一笔失败的交易则会导致破产。经济最大化的模式被推广到整个社会，并具有内在的紧迫性，这使其成为塑造人类行为的强大力量。追求收入最大化成为一种社会协作和控制的新模式。

经济学的发明

新的市场社会创造了一种环境，人们不只是主观上自由地行动，而且也被客观环境所逼迫，以个人利益来指引行动。不仅如此，新的市场社会同样也带来了非常重要又极度难解的谜题。这个谜题就是，当逐利的人们不再受制于祖先的生存之道，也不再听从领主或国王的命令来决定自己的经济活动，这样的世界是以怎样的机制运行的呢？

贸易的"哲学"

新的秩序需要一种"哲学",能够合理地解释这样一个社会如何团结一致,如何"运转"。这样的哲学绝不是不证自明的。在许多方面,对当时的人们而言,和第一章描述的传统社会中假想的领导人一样,充满逐利者的新世界显得既令人困惑又充满危险。

贸易的哲学家们彼此意见不一,这并不足为奇。在英国,一群小册子作者和商人,即所谓的"重商主义者",提出了一种经济社会的解释。他们强调黄金的重要性,赞扬商人的作用,因为商人出口商品,最有可能为国家带来"财富"。在法国,一群被称为"重农主义者"的思想家则持有完全不同的想法。他们赞扬农民而不是商人的美德。重农主义者认为,所有财富最终都来源于大自然的恩赐,商人,甚至制造业生产者没有为农民生产的财富增添新的价值,是属于"非生产"阶层。尽管不一定有多"可怜",但劳动者被认为是贫穷的。

很明显,这些迥异的观点使制定合适的经济政策的人无法达成一致的意见。竞争是应该加以规范还是应该放开管制任其发展?黄金出口是应该禁止,还是应该遵循贸易大潮的指引允许"财富"流入或流出国家?是应该对作为所有财富根本源头的农业生产者征税,还是应该对富裕的商人阶级征税?这些问题令人困惑,难以作答,直到亚当·斯密的出现。作为经济学的守护神,以卓越才智闻名于世的大人物,亚当·斯密于1776年,即美国《独立宣言》发表之年,出版了旷世杰作《国富论》。这本书第一次向西方世界全面阐释了它们最想知道的东西——西方世界的经济机制是如何运作的。

劳动分工

亚当·斯密在书中描述的世界与我们的截然不同。那个世界由各种非常微小的企业所构成。亚当·斯密著名的制针厂就是一家雇用了10名工人的制造企业，仍然受到中世纪行会限制的阻碍：在亚当·斯密的那个时代，英国的制帽匠师可以雇用的学徒不得超过2人；著名的谢菲尔德银器制造业，一个刀具匠师可以雇用的学徒不得超过1人。更重要的是，在这个世界，政府会在特定商业领域扶植垄断，例如和东印度群岛的贸易。尽管亚当·斯密所处的时代与现代经济社会存在种种差异，但亚当·斯密的基本看法仍然可以阐明我们这个时代的经济学问题。

亚当·斯密主要关注的有两个问题。第一个问题就暗含在《国富论》这本书的书名之中。亚当·斯密的理论指出，"完全自由"社会最重要的趋势是增长趋势。[1]

经济增长，是指一个社会所享受的商品和服务产出稳定增长。在受传统束缚的社会，或者是皇权意识浓厚的皇帝治下的社会，哲学家几乎不会关注经济增长问题。但是在看似混乱的市场社会中，亚当·斯密发现了可以扩大"国家财富"的隐藏机制——至少对于那些享有完全的自由并且没有干预的国家，情况确实如此。

到底是什么驱使社会增加了财富？从根本上来说，这样的社会倾向于鼓励不断提升劳动生产率，那么随着时间的推移，相同数量的劳动者可以稳定地生产更多的产品。

那么是什么原因在背后推动了生产率的提升呢？根据亚当·斯密的理论，原因在于日益精细的劳动分工带来了生产力的提升。以亚当·斯密著名的制针厂为例：

---

[1] 斯密用"完全自由"来强调，这种社会中的所有主体可以自由进入或不进入像工资合约之类的经济协议，这与农奴和奴隶的强制性义务形成鲜明对比。这种"自由"对伦敦贫民窟的劳动所有者的"自由签约"而言，也许并不十分珍贵。但是斯密正确地指出，这里存在一种差异——法律差异，只是在斯密的那个时代还没有发明——它对资本主义制度是至关重要的。顺便一提，对"资本主义"一词，卡尔·马克思也只使用了一两次。

一个人抽铁线，一个人拉直，一个人切截，一个人削尖线的一端，一个人磨另一端，以便装上针头。要做圆头，就需要有两三种不同的操作。装圆头，涂白色，乃至包装，都是专门的职业……我见过一个这种小工厂，只雇用10名工人，因此在这一个工厂中，有几个工人担任两三种操作。像这样一个小工厂的工人，虽很穷困，他们的必要机械设备虽很简陋，但他们如果勤勉努力，一日也能成针12磅[1]。以每磅中等尺寸的针有4 000枚计，这10个工人每日就可成针48 000枚……如果他们各自独立工作，不专习一种特殊业务……他们不论是谁，绝对不能一日制造20枚针，说不定一天连1枚针也制造不出来。

亚当·斯密的增长模型

这便开始揭示了自由企业构成的社会趋于增长的原因。但这并不能完全解释这种现象。是什么驱使社会走向劳动分工？我们又如何得知，增长趋势不会因为这样或那样的原因而消失？

这些问题将我们引向亚当·斯密脑海中更宏大的设想。我们可以将其称为"增长模型"，尽管亚当·斯密本人不会使用如此现代的术语。我们称之为"增长模型"的含义在于，亚当·斯密不仅向我们指出了何种力量推动社会步入增长道路，还阐明了确保社会持续发展的自我纠正机制。

首先是推动力。亚当·斯密提出的人性假定说，其理论根基之一就是他所说的"渴望改善"——我们现在则将其称为逐利动机。渴望改善和增长有什么关系呢？答案非常重要：渴望改善促使所有的制造生产者扩大生产以增加利润。

---

[1] 1磅约为0.45千克。——编者注

　　扩大生产如何引发更高程度的劳动分工？答案非常简单明了。正如亚当·斯密在描述制针厂时提到的那样，获取利润的主要途径在于为工人配备必要的机器，因为正是依靠这种机器，工人才提高了生产率。因此，增长的路径就在于亚当·斯密所说的积累，或者用更现代的术语来表述，就是资本投资过程。资本家想要赚钱，要投资购买机器和设备。有了机器和设备，工人们可以生产更多的产品。更多的产品被生产出来，社会的产出也随之增长。

资本主义制度的动力

　　上述答案回答了我们的第一部分问题。但是，仍然存在一个问题，就是我们如何知道社会将继续增长，而不会停滞不前。在这里，我们会看到亚当·斯密模型最精巧的部分。乍一看，增加资本投资的动力似乎会适得其反。对操作新机器的工人的需求稳定增长，将提高工人的工资；随着工资的上涨，生产厂商的利润会被削减。反过来，由于利润被蚕食，用于新投资的资本会逐渐消失，增长曲线将很快趋于平缓。

　　但是根据亚当·斯密的理论，情况并非如此。毫无疑问，对工人的需求的增长会推动工资的提高，但这只是事实的一半。工资上涨的趋势同样也会增加工人的供应。其原因并非毫无道理。在亚当·斯密的时代，婴儿的死亡率惊人地高企。亚当·斯密说道："在苏格兰高地，一位母亲生了20个孩子，只有2个活了下来。这种情况并不少见。"但是随着工资的上涨，婴儿和儿童的死亡率都趋于下降，因此会有更多的人口能够活到工作年龄（亚当·斯密时代的工作年龄是10岁甚至更小）。

　　结果应该已经很清楚了。随着对工人（以及童工）的需求增加，他们的供应也随之增加。合格工人数量的增加，意味着找工作的竞争将会加剧。因此，劳动力的价格不会上涨，至少不足以扼杀进一步的增长。就像一台巨大的可以自我调节机器一样，资本积累机制将为自身不受阻碍持续运行提供最需要的东西：一种防止工资蚕食利润的力量。增长的进程可以不受干扰地持续进行。

在这里，我们不会讨论亚当·斯密增长模型的全部细节。当然，他的"模型"不能直接适用于现代世界。在现代世界中（至少是工业化国家），绝大部分儿童不会在成长到工作年龄之前就死亡，因此他所谓的"安全阀"也就没有任何意义。尽管如此，通过亚当·斯密的著述，我们可以感受到经济分析可以带来的想象力和启发能力。[1]

市场机制

尽管如此，国家的财富（我们将其表述为产出）并不是亚当·斯密在著作中论证的唯一重要问题。还有一个问题：市场体系如何结合在一起，如何有序地解决生产和分配问题。

为了找到这个问题的答案，我们来看看亚当·斯密对市场机制的描述和解释。为了说明市场机制，亚当·斯密一开始阐明了一个令人困惑的问题。众所周知，亚当·斯密这出戏中的演员们，内在动力是渴望改善自身条件，主要目标是获得个人利益。亚当·斯密写道："我们的晚餐不是来自屠夫、酿酒师或面包师的仁慈，而是出于他们对自身利益的重视。我们不是求助于他们的人性，而是求助于他们的自利心；一定不要和他们讨论我们的需要，而要谈论他们的好处。"[2]

这里的问题已经很明显了。市场社会如何防止自私自利、渴望利润

[1] 对于那些对斯密模型兴趣颇为浓厚的研究者，我们看来有必要加上一句话：阅读《国富论》原著。读完之后你将发现，在这本厚重的、散漫的书中，找不到我们刚才所描述的相互作用的清晰阐述。该模型隐含于斯密的阐述中，但是它散布在《国富论》的各个部分，就像被拆开的机器，需要我们在脑海里把它组装起来。尽管如此，如果你把这些零件组装之后，思想就清楚了。更加完整的阐释参见R. Heilbroner, *The Essential Adam Smith*（New York：W. W. Norton, 1986）.

[2] Adam Smith, *The Wealth of Nations*（New York：Modern Library, 1937），14.

的人为了赎金而抢劫勒索同胞？在社会危险性如此之高的动机之下，如何达成一种社会上可行的协议？

这个问题的答案带领我们认识了市场社会的核心机制，也就是竞争机制。对每个人来说，不考虑他人只求实现自身利益最大化，会面对许多有着相似动机、秉持完全相同立场的人。如果竞争对手在自己的贪婪的鼓动下，将价格抬高到超出市场"设置"的水平，那么其他所有人只会急切地想要利用他的贪婪获利。如果一家制针厂试图收取比竞争对手更高的费用，他们的生意就会被竞争对手抢走；如果一个工人索要的工资超过了通行水平，他或她将没办法找到工作；如果一个地主想要收取的地租，远远高于另一个拥有同等品质土地的地主，那么他就不会有佃户上门。

市场和配置

但是市场机制的作用不仅仅是对产品价格施加竞争保护。它还根据社会需求安排适量的产品生产。假设消费者对针的需求超过现有的产量，对鞋子的需求少于现有的产量。这样，市场上能够供应的针被大众一买而光，同时鞋店的生意则变得门可罗雀。随着大众争相抢购供应日益减少的针，其售价会趋于上涨。另一方面，由于商人试图处理掉积压的库存，鞋子的售价会趋于下降。

让市场恢复平衡的力量再次发挥作用。随着售价上涨，制针行业的利润也会上升；而由于鞋子的售价降低，制鞋行业的利润也会减少。对自身利益的追求以及改善自身条件的渴望又一次产生效果。制针厂会趁着更高的售价扩大生产；制鞋厂会削减生产来减少损失。制针行业的雇主会想法雇用更多的生产要素——更多的工人，更大的场地，更多的固定设备；制鞋行业的雇主则减少对生产要素的需求——解雇工人，退掉土地租约，减少资本投入。

因此，针的产出会增加，鞋子的产出会减少，而这正是大众最初的目的！通过大家所熟悉的、亚当·斯密提出的"看不见的手"，市场机制将人类自私的动机转化成为最意外的结果——社会福利。

自我调节系统

亚当·斯密指出，市场体制绝非混乱无序。事实上，通过市场体制，我们能够获得最严谨、最规范的方案解决经济问题。

第一，他解释了自利动机如何提供必要的刺激推动机制发挥作用。第二，他展示了竞争如何阻止任何个人追求高于市场设置的价格。第三，他明确了社会不断变化的愿望如何引导生产者增加生产有需求的产品，并减少生产需求不再的产品。

重要的是，亚当·斯密指明了，市场体制是一个自我调节的过程。市场保持充分的竞争，其美妙的结果就是市场能够自我保护。不论是价格还是利润，抑或是工资，如果这些偏离了由成本决定的"自然"水平，那么就会有力量将它们拉回正常水平。因此，一个奇特的矛盾体出现了：竞争激烈的市场为个人提供了最大限度的经济自由，同时又对经济活动进行最严格的监督。你可以对计划委员会的裁决提出上诉，也可以赢得大臣的赦免。但充分竞争的市场所带来的压力并非来自具体的个人或组织，因此也就不存在上诉或赦免。经济自由要比看上去的更加虚幻。你当然可以随心所欲，但是如果任性地做出违背市场的行为，那么自由的代价就是毁灭。

市场体制与资本主义的兴起

市场体制真的如亚当·斯密那部伟大的著作说的那样有效吗？本书剩下的大部分内容都将专门致力于回答这个问题。亚当·斯密的模型对市场体制的前景进行了非常精彩的描述，那么我们将追踪这套体制的成长以及内部秩序。事实上，我们经受了商业周期和经济萧条的打击，巨型的商业公司和工会已经取代了制针厂和童工。这些都足以证明，只依靠亚当·斯密模型本身，肯定无法为我们认清经济发展的历史提供可靠的指引。但是，我们的经济蓬勃发展，即便有着各种问题仍然团结一致，这也证明了亚当·斯密的理论蕴含了重要的真理核心。

让我们回溯西方社会的历史，看看亚当·斯密的预言有多少成真又有多少落空，以及造成这种结果的原因。《国富论》出版的时候，资本主义现代的工业姿态还没有体现出来。毕竟，直到半个世纪后，德国才正式废除农奴制。甚至在亚当·斯密所在的英国，市场社会的发展程度还无法让资本主义获得完全的法律和政治地位。例如，直到1813年颁布于中世纪的《工匠法令》被废止，让亚当·斯密大感不满的行会控制才最终消失。同样在法国，直到1789年大革命以前，萌芽中的资本家一直被大量层层密布的管控所束缚。很多规矩和法令试图实现生产标准化，就连法国的纺织业生产者生产布料都规定了具体要织几根线。如果漠视这些法律，就可能被披枷示众——首先是惩罚布商，然后是制造商。

进入18世纪，我们发现走向市场社会的伟大革命仍未完成。或者更确切地说，我们发现货币化和商业进程将近完成，但法律和社会组织架构尚未能完全适应，反过来使得向市场社会演变的进程不够顺遂。在可以看到亚当·斯密笔下神奇的市场机制全面发挥作用之前，我们将不得不先观察资本主义如何冲破前资本主义、重商主义时代的限制。

未来愿景

市场社会并不是一夜之间出现的。花费了数百年的时间，市场社会才得以稳固下来，成为占支配地位的经济社会组织形式。而且，推动市场社会发展的巨大引擎——机器的发明以及机器支持下的大规模生产，仅出现在"萌芽"时期的末尾，这表明技术变革本身在社会领域中是要具备的先决条件。关于这一点，我们将在下个章节中详细探讨。在本章内容中，我们的重点一直都是新社会组织形式的萌芽和出现过程。相比一个已经建立了清晰社会关系的时代，这一时期理解起来更加困难。

给理解这一时期造成困难的还有一部分原因。大部分新事物在创造的过程中，也破坏了一些旧事物，例如认为赚钱充满罪恶的宗教信仰就被彻底打破了。已有的社会结构陷入混乱和崩坏，"市场社会"作为一个新兴的相互关联的整体随之出现。这一过程很难看到我们所理解的各种字面意义上的和谐。因此，与多少稳定的"时期"相比，历史演变更加难以把握和理解。直到工业革命爆发，变革才能够克服所有我们能想象到的干扰，成为一种常态。你是否认为，在我们所处的这个时代，日益普及的自动化生产可能带来类似的挑战？我们将带着这个问题进入下一个章节。

关键概念和关键词

封建主义	1.欧洲封建主义内部出现强大的变革力量，并逐渐引入市场社会的结构。这些力量主要是： ·行商为封建生活引入贸易、金钱和逐利精神发挥了重要作用。 ·城市化进程是经济活动的源头，也是新的以贸易为中心的权力基石所在。 ·十字军东征作为一股力量既破坏了封建生活，也引入了新的思想。 ·支持贸易的统一民族国家崛起。 ·地理大发现的刺激，并为欧洲带来了大量黄金。 ·出现了新的宗教思想，相比天主教更加认同商业活动。 ·庄园体制下的赋税货币化。
经济生活	2.由于这些力量，我们看到经济开始从社会生活中分离出来。生产和分配过程不再与流行的宗教、社会、政治习惯和惯例混为一谈，而是开始在自己内部形成截然不同的生活领域。

圈地运动	3.随着经济生活的兴起，我们看到了深刻的社会转型。农民或农奴不再受土地束缚，成为自由流动的劳动力。行会匠师不再受行会规矩的束缚，而是成为独立企业家；拥有土地的封建领主成为现代意义上的地主。转型的过程非常漫长，且通常充满暴力，复杂的圈地运动尤其如此。
生产要素	4.自由劳动者、资本家和地主出现，全都在市场上出售服务以获取土地、资本和劳动，这使得谈论"生产要素"成为可能。这里有两层含义：生产过程中可以区分的因素，即物理意义上的土地、资本和劳动；作为进入市场的不同群体或阶级，工人、土地所有者和资本家之间的社会关系。
有偿劳动	5.新社会关系中的核心是有偿劳动。在工资-劳动关系中，工人付出劳动时间而获得工资，并且整个产品的所有权归属于雇主-资本家。
资本主义的财富	6.资本主义的出现改变了对财富的概念：从用于炫耀或显示声望，转变为必须投放市场并出售的商品。商品必须出售才能换取财富，为经济体制注入了前所未有的紧迫性。
逐利动机	7.作为这一变革过程的一部分，我们发现社会的各个层面都出现了逐利动机。这种逐利动机不是受贪婪所驱使（尽管人性的贪婪可能已经存在了数百年），而是货币化社会中所有人在各个方面都必须努力奋斗，争取更高的收入以满足经济上生存的需要。

亚当·斯密的《国富论》	8. 随着新的经济社会出现，人们开始对市场社会的机制产生新的兴趣。早期的经济学家之中，最伟大的是《国富论》的作者亚当·斯密。本质上更像一名思想家的亚当·斯密，有力而广泛地探究关于"完全自由"社会（由自由缔约主体构成的社会）的含义。
增长	9. 亚当·斯密在《国富论》中描述了经济社会的两种属性。首先是增长趋势。亚当·斯密指出，日益精细的劳动分工提升了劳动生产率，其结果就是社会整体财富的增长。生产效率的提高，来源于资本家为追求更高利润对固定设备的投资。
自我调节	10. 亚当·斯密还描述了市场机制。在这种机制下，竞争扮演着关键性角色，防止人们对购买者任意开价。市场机制还揭示了，商品的需求变化会调整商品的生产以满足需求。因此，亚当·斯密的著作最为重要的内容，是论证了充满竞争的市场具有自我调节的天性，其中"看不见的手"通过自私和私人手段带来了对社会有用的结果。

问题

1. 商人的哪些活动对封建生活有这么大的破坏性？当今的商业活动是否也是导致社会压力的原因？

2. 为什么有偿劳动完全无法和封建制度兼容？

3. 当今世界上的欠发达国家通常看上去就像古代或中世纪的国家，至少从贫困程度和发展停滞方面看如此。讨论一下，如果有的话，本章内容所提到的变革力量与这些地区的现代化有什么相关性。是否有新的变革力量？

4. 就人均收入而言，排在世界前列的国家是美国、德国和斯堪的纳维亚国家。富裕程度稍差的西方国家是希腊和葡萄牙。你认为这能否证明韦伯和托尼的理论，即新教伦理对经济增长的重要性？如果将日本或迅速发展的中国和印度加入考虑范围，结论会改变吗？

5. 欧洲的货币化和商业化进程通常伴随着暴力。你认为，美国南北战争结束了奴隶制，南方半封建种植园体制被取代，这是否可以视为美国类似转型的一部分？

6. 在美国，经济生活是明显独立于社会和政治生活之外的吗？

7. 你认为大多数美国人都遵循逐利动机吗？你知道有谁出于经济考虑而改变住所，或者是改变职业？你知道有谁即使收入减少也决意改变工作时间？

8. 贪婪的历史肯定和人类的历史一样久远。我们可以说资本主义的起源同样久远吗？

9.描述一下亚当·斯密所谓的"看不见的手"是何含义。什么样的机制,使自私的利益与成功的社会供给相兼容,事实上是使前者成为后者的代理?

10.你能看出亚当·斯密的增长模型和市场模型之间的关系吗?如果市场力量不起作用,增长模型会起作用吗?

第四章

工业革命

THE
MAKING OF
ECONOMIC
SOCIETY

在对经济史的考察中，我们几乎完全集中在经济活动的两个主要潮流上：农业和商业。但是，从最早的时候开始，就已经存在第三种经济财富的重要来源——工业，我们故意对这一点忽略不谈。与农业和商业相反，工业制造并没有在经济社会本身留下重要的烙印。作为农民、农奴、商人或行会人士，这些经济舞台中的演员直接代表了时代的基本活动，但工业界的人却并非如此。17世纪末之前的漫长岁月中，都没有像"工厂工人"——实际上就是工业"无产阶级"这样一种存在。随着亚当·斯密制针厂的问世，这个概念才开始出现。

"工业资本家"也不存在。过去，大多数赚钱的人都是通过交易、运输或借贷而不是通过制造来赚钱。15世纪的建筑师、音乐家和朝臣莱昂·巴蒂斯塔·阿尔贝蒂（Leon Battista Alberti）所列举的最佳致富方式不仅有趣，而且更具启发性。它们是：（1）批发贸易；（2）寻宝；（3）讨好有钱人成为继承人；（4）高利贷；（5）出租牧场、马匹等。一位17世纪的评论员在这些方式之后又增加了皇家服务、兵役和炼金术。这两个清单上都明显没有制造业。[1]制造业仅在斯密时代前后才进入经济领域。

在古希腊，德摩斯梯尼[2]有一套盔甲和一个小型"工厂"。在德摩斯梯尼时代很久以前的古埃及，我们甚至发现了服装生产"工厂"里工人的出勤记录。但是很明显，这种生产形式对当时经济结构形成的重要性远不如农业或商业重要。一方面，典型的制造业规模都很小。注意，"制造"（manufacture）一词（来自拉丁文的*manus*——"手"，和*facere*——"制造"）意味着一种手工技术而不是机器技术。例如，德摩斯梯尼的企业雇用的工人不超过50名。事实上，那时偶尔也会有相当大的制造业务。早在公元2世纪，罗马一家砖厂就雇用了46名工头；到了17世纪，拥有数百名工人的企业已经为人所知。但是，此类经营只是例外，并非常态。例如，在1660年，法国的一个铁匠每年仅需要用不超过3吨的生铁来生产剑、镰刀或艺术餐具。同样，正如我们所见，大多数行会的活动规模很小。直到1843年，普鲁士的一次人口普查显示，每100名匠师中只有67名工人。[3]过去，就像今天在东方和近东一样，大多数"工业"都是在小商店的后院或昏暗的酒窖、集市后面的棚屋或分散的工人住所中进行的，由某个负责组织的"资本家"向其供应原材料。

[1] Werner Sombart, *The Quintessence of Capitalism*（New York：Dutton, 1915），34—35.

[2] 德摩斯梯尼（Demosthenes，前384—前322），古雅典雄辩家、政治家。——译者注

[3] M. M. Postan and H. J. Habakkuk, general editors, *Cambridge Economic History of Europe*, 2nd ed.（Cambridge：Cambridge University Press, 1966），II, 34；John U. Nef, *Cultural Foundations of Industrial Civilization*（New York：Harper, Torchbooks, 1960），131；R. H. Tawney, *Equality*, 4th ed.（London：Macmillan, 1952），59.

重大转折点

技术变革的步伐

除了工业规模小以外，时代的另一方面也推迟了工业制造在社会中的出现。这就是对工业技术的发展缺乏任何持久的兴趣。在整个上古时代和中世纪，社会的创造力很少是针对制造技术的系统改进。这表明时代对生产技术缺乏兴趣，以至于像马项圈这样简单而重要的发明不得不等到中世纪才得以实现。有能力运用宏伟的建筑技术的古埃及人、古希腊人和古罗马人根本不关心日常生产本身的技术。[1]甚至在文艺复兴和改革时期，工业技术的思想也几乎没有引起认真的思考。除了达·芬奇，他那智慧的脑子里充满了奇思妙想和各种各样的发明。直到17世纪，欧洲严肃的思想家们对基本生产技术一无所知，也毫无兴趣。

这种普遍的冷漠有充分的理由：在前市场的社会中，任何大规模工业生产所必需的经济基础是完全缺乏的。在由农民、奴隶和农奴的劳动维持的经济中，资金流很小并且经济生活的潮流（除了战争和自然灾害）每年都相对不变，有谁会梦想一个雪崩般的商品生产过程呢？在这种没有货币化的静态环境下，大规模工业生产的想法是不可想象的。

所有这些原因都导致工业化的进展十分缓慢。一个问题是，公元1200年的欧洲是否比公元前200年的欧洲技术要先进得多？水力在工业中的广泛使用直到15世纪才出现，此后又过了一个世纪，风车才成为一种利用自然能源的普遍手段。机械钟的历史可以追溯到13世纪，但在不到200年的时间里这项技术便发生了许多重大改进，被用于航海、测量或

---

[1] E. M. Jope, "Agricultural Implements," in *History of Technology*, ed. Charles J. Singer et al. (New York: Oxford University Press, 1956), II, 553. 但是采矿技术，特别是银矿和铜矿的开采技术有了重大的改进 。

度量仪器。金属活字印刷直到1450年才出现，是大众传播不可或缺的先驱者。

简言之，尽管有大量高度组织化的生产，特别是在13世纪的佛兰德布料工业和意大利北部城镇，但直到16世纪末，我们才能够看出工业技术普遍兴起的最初迹象。即使在那时，也不可能预见到有一天工业将成为生产组织的主导形式。事实上，晚至18世纪，当制造业作为一种社会努力的形式已经在整个经济中占据相当大比重的时候，人们普遍的看法依然是制造业本身并不具有任何支配性，且是次要的。当然，农业是国家自身显而易见的基础。贸易在为国家带来黄金的情况下被认为是有用的。工业充其量被视为其他行业的帮手，为贸易商提供出口货物，或为农民的农产品提供二级市场。[1]

是什么让制造业最终占据了压倒性的地位？

是一系列错综复杂的事件导致了我们称之为工业革命的爆发。如同商业革命和重商主义时代一样，在这场革命之前，二者已经为工业时代做好了不可或缺的准备，要想在几页内阐释促成工业技术最终爆发的诸多原因是不可能的。然而，即便我们不能详细地追溯这一过程，如果我们现在将目光转向1750年左右的英国，我们至少可以了解到它的动力和背后的主要推动力量。在英国，工业制造作为一种主要的经济活动形式，第一次开始推动巨大的社会变革。

1750年的英国

为什么工业革命首先发生在英国而不是欧洲大陆？为什么制针厂吸

---

[1] 在18世纪中期，法国医生弗朗索瓦·魁奈（François Quesnay）提出了一种解释，这是经济生产和分配（重农主义）最初的系统性解释之一。他认为只有农民才是净财富的生产者，制造商的作用尽管不可小觑，但他们属于"不结果的"（非财富生产的）阶级。

引了斯密的注意？要回答这些问题，我们必须研究18世纪英国不同于欧洲大多数其他国家的背景因素。

第一个因素很简单，就是英国相对富裕。事实上，一个世纪的成功探索、奴隶贸易、海盗行为、战争和商业活动使其成为世界上最富有的民族。更重要的是，英国的财富不仅积累在少数贵族身上，而且还积累在商业资产阶级的中上层。因此，英国是最早发展工业经济（尽管规模很小）的国家之一：一个"大众"消费市场。因此，需求压力的上升激发了对新技术的探索。非常典型的是，艺术和制造商促进协会（本身就是时代孕育的产物）为一台机器提供了奖励，该机器可以一次纺出6根棉线，从而使纺纱工的效率和产量能够跟上技术更先进的织布工。正是这件事，至少在一定程度上，催生了阿克赖特（Arkwright）珍妮纺纱机的发明，我们在后文中很快就会谈到。

第二，英国是封建社会向商业社会转型最成功和最彻底的舞台。圈地的过程是一个重要的线索，表明了一个历史性的变化，使英国明显有别于欧洲大陆。在英国，贵族们很早就与商业达成了和解（而且更多的是从商业中获利）。尽管到1700年，"旧的"有地权贵和拥有财富的"新贵"之间仍然存在着尖锐的利益冲突，但英国的统治秩序果断地选择了适应而不是抵制市场经济的要求。[1]

第三，英国是科学和工程学发源的唯一热土。著名的皇家学会成立于1660年，由牛顿担任早期会长，是许多令人兴奋的知识创新的摇篮。事实上，对各种小工具、机器和设备的普遍兴趣很快就发展为一种温和的国民痴迷：当时的时尚期刊《绅士杂志》（*Gentlemen's Magazine*）在1729年宣布今后将让读者"了解每一项发明"——这个目标很快就因为发明的层出不穷而变得不可能完成。同样重要的是，英国有地贵族对科

---

[1] 参见 Barrington Moore, *Social Origins of Dictatorship and Democracy*（Boston：Beacon Press, 1966），Chap. 1.

学耕作的热情：英国地主对轮作和化肥表现出兴趣，而法国贵族则会认为这些都有损他们的面子。

还有许多其他的背景原因，有些是偶然的，就像英国天然坐拥的巨大的煤炭和铁矿石资源一样；另一些则是有目的的，就像国家专利制度的发展一样，有意地试图刺激和保护发明行为本身。[1]随着革命的到来，它也在自我发展。新技术（尤其是纺织业）在全球范围内完全摧毁了手工艺竞争，从而极大地增加了自己的市场。最终使这些因素发挥作用的是一群"新人"（New Men）的活力，他们抓住了历史的潜在机遇，让自己名利双收。

"新人"的崛起

例如，约翰·威尔金森（John Wilkinson）就是"新人"的代表人物之一。威尔金森是一位保守老派的小型钢铁生产商的儿子，他对自己企业的技术潜力十分着迷。他的发明有十几样，包括一台轧钢机、一台蒸汽车床、一种制造铁管的工艺，以及一种精确加工汽缸的设计。特别是，他认为用来制作铁器的老式皮制风箱本身效率不高，所以他决定制作铁制风箱。"每个人都嘲笑我，"威尔金森后来写道，"但是我成功了，并用蒸汽机给铁风箱鼓风，人们都尖叫道：'谁能想得到呢？'"

威尔金森对发明应用怀有满腔热情，获得了在制造上的成功；所

---

[1] 在《第一次工业革命》（*The First Industrial Revolution*, Cambridge： Cambridge University Press, 1965 paperback ed.）一书中，菲莉斯·迪恩（Phyllis Deane）把英国工业制度的肇端归因于某些不同的原因：人口增加，更好的食品生产技术，外国贸易的繁荣，交通的巨大改进。毫无疑问，这些也是工业革命不可或缺的要素。我这里提及迪恩的书，是为了提醒学生不要误以为针对非常复杂的历史转型只有一种"正确的"解释方式。针对工业革命的另一个杰出解释参见David Landes, *Prometheus Unbound*（Cambridge： Cambridge University Press, 1969）； 另外一种有趣的解释参见 Joel Mokyr, *The Lever of Riches： Technological Creativity and Economic Progress*（New York： Oxford University Press, 1990）.

有东西都必须由铁制成：管道、桥梁甚至轮船。当一艘铁板船成功下水后，他在给一位朋友的信中写道："它满足了我所有的期望，在1 000个人中，对此持怀疑态度的有999个人，这个事实说服了他们。它会昙花一现，然后成为哥伦布立的蛋[1]。" [2]

但威尔金森只是这些"新人"中的其中一个。最有名的当然是亚当·斯密所熟知的詹姆斯·瓦特（James Watt），他和马修·博尔顿（Matthew Boulton）一起成立了第一家蒸汽机制造公司。瓦特是一位建筑师、造船师和航海仪器制造商的儿子。13岁时，他就已经开始制作机器模型，到青年时代便已经是一个很有成就的工匠了。他计划在格拉斯哥（Glasgow）定居，但铁匠行会反对他制造精密仪器——封建主义的最后残余与瓦特之间发生了一场具有讽刺意味的个人冲突，这个人比任何其他人都更有可能创造出摧毁行会组织的发明。不管怎样，瓦特随后在大学里找到了一个避难所，1764年，他把注意力转向了纽科门（Newcomen）发明的一种早期的、令人极不满意的蒸汽机。瓦特以自己谨慎而系统的方式试验蒸汽压力、汽缸设计和阀门，直到1796年，他改进出一种真正彻底的、（按当时的标准）功率非常强大的发动机。有趣的是，如果不是威尔金森完善了活塞-气缸配合的方式，瓦特的发动机就不可能做得这么好。在此之前，气缸和活塞是由木头制成的，很快就会磨损。值得一提的是，威尔金森购买了第一台蒸汽机，将其用于除抽水以外的其他用途——带动著名的铁制风箱。

---

[1] 1492年，哥伦布发现了新大陆。从海上回来，他成了西班牙人民心目中的英雄。可是有些贵族瞧不起他，他们用鼻子一哼，说："哼，这有什么稀罕？只要坐船出海，谁都会到那块陆地的。"一次宴会上，哥伦布又听见有人在讥笑他了。哥伦布听了，沉默了好一会儿，忽然从盘子里拿个鸡蛋，并提出一个古怪的问题："女士们，先生们，谁能把这个鸡蛋竖起来？"众人反复尝试都做不到。只见哥伦布不慌不忙，把鸡蛋的一头在桌上轻轻一敲，敲破了一点儿壳，鸡蛋就稳稳地直立在桌子上了。"本来就没有什么可稀罕的，"哥伦布说，"可是你们为什么做不到呢？"——译者注

[2] Paul Mantoux, *The Industrial Revolution in the Eighteenth Century*, 2nd ed. (Chicago：University of ChicagoPress, 1983), 308.

　　然而，瓦特并非无所不能。新发动机必须被生产和销售，制造发动机的工厂必须得到资金和组织。瓦特起初与另一位钢铁大亨约翰·罗巴克（John Roebuck）建立了合作关系，但不久就宣告失败。之后瓦特时来运转。马修·博尔顿已经是一个富有且非常成功的纽扣及带扣生产商，他接手了罗巴克与瓦特的合约，于是当时最伟大的技术和商业头脑的结合体诞生了。

　　即使在那时，这家公司也没有立即兴旺发达。发展公司的费用非常高昂，这家新公司在最初的12年里始终负债。但从一开始，人们就表现出了很高的兴趣。到了1781年，博尔顿可以宣称伦敦、伯明翰和曼彻斯特的人都为"蒸汽工厂"陷入了疯狂；到了1786年，世界上最大的面粉厂把两台蒸汽机装到50对磨石上，整个伦敦都见证了这一奇迹。

　　蒸汽机是工业革命最伟大的发明，但绝不是其唯一的支柱。同样重要的是一组纺织发明，其中最著名的是阿克赖特的珍妮纺纱机，或称水力纺纱机，之所以这样命名是为了将它与其他手工多轴纺纱机区别开来。[1]

　　阿克赖特的事业本身就很有趣。他曾是一名理发师，在曼彻斯特织布区附近做生意。一次，在从别人的闲谈中他了解到当时人们迫切需要一台机器，使农舍里的纺织工的生产效率能够跟上技术更先进的织布工。阿克赖特的运气不错，他接触到了一个叫约翰·凯伊（John Kay）的钟表匠，阿克赖特雇后者来改进一台机器，而凯伊之前已经开始与另一个发明家雇主一起在做这件事。此后发生的事情并不清楚：凯伊因被指控偷窃和挪用公款而离开了公司，1769年，阿克赖特便成为珍妮纺纱机的"唯一的发明者"。

　　如今阿克赖特找到了两个富有的针织品商塞缪尔·内德（Samuel

---

[1] 从根本上，水力纺纱机能够纺出更加牢固的棉线。因此，人们首次有可能用棉线取代亚麻线去做经线（承受纺织中大部分拉力的垂直线）和纬线。直到阿克赖特发明珍妮机，"棉布"才完全用棉花制造。这种新布料比原来的布料要高级得多，立刻激起了巨大的需求。

Need）和杰迪代亚·斯特拉特（Jedediah Strutt），他们同意和阿克赖特一起办企业，生产水力纺纱机。1771年，这家企业建立了自己的纺织厂。一夜之间他们获得了成功；到1779年，企业拥有几千个纱锭，300多名工人，日夜不停地运转。在不到几年的时间里，阿克赖特便为自己积累了巨大的财富，并为英国建立了一个更为庞大的纺织工业。"啊，读者，"卡莱尔（Carlyle）在回顾阿克赖特的职业生涯时写道，"所谓历史现象，就是那个面颊肥大、大腹便便、坚持不懈、极富创造力的理发师！……正是这个人让英国成为纺织强国。"[1]

工业企业家

有趣的是，当我们考察这些"新人"的职业生涯时，可以得出一些关于他们的总结。这是一个全新的阶层，由经济地位重要的人物组成。彼得·奥尼恩斯（Peter Onions）是搅拌工艺的发明者之一，他最初只是一个默默无闻的工头；阿克赖特是一个理发师；钢铁先驱本杰明·亨茨曼（Benjamin Huntsman）最初是钟表制造商；发明自动螺旋机的亨利·莫兹莱（Henry Maudslay）是伍尔维奇兵工厂（Woolwich Arsenal）一位聪明的年轻机修工。这些伟大的工业先驱中没有一个人拥有高贵的出身；除了少数例外（如马修·博尔顿），甚至没有人拥有货币资本。在农业领域，新的科学农耕的革命性方法得益于贵族的资助和领导，特别是著名的杰思罗·塔尔爵士（Sir Jethro Tull）和汤森勋爵（Lord Townshend）；但在工业领域，走在前面的却是出身卑微的人。

这需要一个足够灵活的社会制度允许这些名不见经传的"冒险家"崛起。直到我们看到释放和利用社会中下层有才华的人的能量所导致的催化作用，我们才开始为前述经济和政治革命的巨大解放作用赞叹。在

---

[1] Mantoux, *The Industrial Revolution in the Eighteenth Century*, 225.

中世纪的等级制度中，这些"新人"的辉煌事业本是不可想象的。此外，这些"新人"是英国自身独特的经济准备的产物。当然，他们也是需求增长和时代技术好奇心的受益者。除此之外，许多小制造商之前就是小业主，只是在圈地运动后期被收购了，于是决定将自己微薄的资本投入有前景的制造领域。

新富

这些"新人"中有许多人发了财。其中一些人，如博尔顿和瓦特，他们的需求是很小的。尽管他们拥有一项铁皮专利，但二人对发动机的收费仅为机器和安装的基本成本加上消费者节省燃料费用的1/3。另一些人，比如伟大的瓷器业创始人约西亚·韦奇伍德（Josiah Wedgwood），实际上，他在原则上拒绝申请专利。但对大多数"新人"而言，他们并没有表现出如此优良的情怀。阿克赖特退休时已然是一个百万富翁，过着奢华的生活；亨茨曼、威尔金森和塞缪尔·沃克（Samuel Walker，他最初是个钉匠，窃取了铸钢的秘诀）仍孜孜不倦地聚敛着财富。[1]事实上，威尔金森的钢铁业已经发展成一个轻量型的工业国，但其信用比德国和意大利的许多公国还要强大。它甚至铸造出了自己的货币，它的铜币和银币（刻有铁匠约翰·威尔金森的肖像和铭文）在1787年至1808年间被广泛使用。

除了贪得无厌之外，经济史学家保尔·芒图（Paul Mantoux）还将这些制造商的形象描述为：

> 暴虐、冷酷，有时甚至是残忍：他们的热情和贪婪都源自暴发户的本性。他们因酗酒臭名昭著，毫不关心女雇员的尊

---

[1] 与制造商相反，那些发明家的经营大都不太成功。其中许多人没有像瓦特那样幸运地遇到博尔顿，而是在穷困潦倒中死去，无人在意；或是徒劳地控诉自己的发明被窃取、版税未被支付或索赔无人理会。

严。他们为自己新近获得的财富感到骄傲，他们拥有仆人和马车，在城镇和乡村的豪宅里过着奢靡的生活。[1]

因此，亚当·斯密虽然认识到这些新富的作用，却对商人和制造商"卑鄙的贪婪、垄断精神"持怀疑态度，并警告说"他们既不是，也不应该是人类的统治者"[2]，这就不足为奇了。

不管这些人的个人特征是否令人愉悦，但都会在一个关键的品质前变得无足轻重：他们都对扩张、增长、为投资而投资有着强烈的兴趣。他们都与技术进步联系在一起，没有一个与生产的实际过程脱离。莫兹莱的一位雇员曾这样评论："看他熟练地操作任何一种工具是一种乐事，他最擅长用的是一把18英寸（0.46米）的锉刀。"[3]瓦特孜孜不倦地试验他的机器；韦奇伍德戴着木质假肢蹒跚地走进他的工厂，无论看到谁工作不认真，都会潦草地写下"这在约西亚·韦奇伍德看来是不行的"；理查德·阿克赖特坐在一辆由四匹马驾驶的驿马车里，在英国崎岖不平的道路上颠簸着，一边旅行，一边继续通信，为了增加商业利益而不知疲倦。

1788年，一位参观英国一家印花布厂的法国访问者写道："和我们在一起的这个人，一个富有到可以建立和经营这样一家工厂的人，是不愿意留在与他的财富不相称的地位上的。"[4]对新兴的英国工业资本家而言，这是一种完全陌生的态度。他的工作就是自己的尊严和奖赏，而由工作带来的财富却被置之不理。博斯韦尔在索霍区（Soho）观看那里展示的瓦特和博尔顿的伟大的发动机时，宣称他永远不会忘记博尔顿说这句话时的表情："先生，我在这里出售全世界都渴望拥有的——

---

[1] Mantoux, *The Industrial Revolution in the Eighteenth Century*, 397.

[2] Adam Smith, *The Wealth of Nations*（New York： Modern Library, 1937），460.

[3] Lewis Mumford, *Technics and Civilization*（New York： Harcourt, 1934），210.

[4] Mantoux, *The Industrial Revolution in the Eighteenth Century*, 404.

能量。"[1]

这些"新人"总而言之是企业家（entrepreneur）——组织者。他们带来了一种新的能量，这种能量是永不枯竭的。在经济意义上，如果不是在政治意义上，他们理应被称为"革命者"，因为他们带来的变革是全面的、彻底的、不可逆转的。

工业和社会影响

首要也是最为显著的变化因素是新兴工业化行业的产量急剧上涨。1701年，用于纺织的原棉进口量为100万磅；1750年为300万磅；1781年为500万磅。这是一个可观的增长率，但后来纺织技术使其增速突然爆发。到1784年，这个数字超过了1 100万磅；到1789年，这个数字又增加到3倍，到1799年，增加到了4 300万磅；到1800年达到了5 600万磅；到1802年增加到了6 000万磅。[2]新技术渗透到的其他领域也是如此。煤炭产量在40年间增长了10倍，生铁产量从1788年的6.8万吨跃升到1839年的134.7万吨。[3]

工业革命的第一个影响是经济领域中新的工业部门的生产速度大大加快，我们在经历"工业革命"的每个国家中都能看到这种影响。例如，在法国，工业技术的影响直到1815年左右才显现出来；1845年，法国生铁产量增长了5倍；煤炭产量增长了7倍；进口率增长了10倍。[4]

工业革命本身并没有立即对整体产量增长产生可比的杠杆作用。工业部门规模很小；惊人的增长速度只是发生在工业革命的杠杆作用率先

---

[1] H. R. Fox Bourne, *English Merchants*（London：1866），119.

[2] Mantoux, *The Industrial Revolution in the Eighteenth Century*, 258.

[3] J. L. Hammond and B. Hammond, *The Rise of Modern Industry*（New York：Harcourt, 1937），160.

[4] A. Dunham, *The Industrial Revolution in France, 1815-48*（New York：Exposition Press, 1955），432.

起作用，且成效最为显著的那些行业中，绝不是映射到每一个行业中。然而，至关重要的是，工业革命首先引发了技术进步，最终才实现大规模、持续增长。我们必须在本章末尾更仔细地研究这个过程。

工厂的崛起

但首先，我们必须注意英国工业革命的另一个直接而明显的结果。我们可以把它描述为一个从本质上的商业和农业社会向工业制造成为组织经济生活的主导模式的转变。工业革命的特点是工厂迅速崛起，上升至社会和经济生活的中心。1850年以后，工厂不仅是英国的主要经济机构，而且还是塑造其政治、社会问题和日常生活特征的经济机构，正如几个世纪前庄园或行会的作用一样。

今天，我们很难认识到当时工厂兴起所造成的变化的速度和性质。直到18世纪中叶，格拉斯哥、纽卡斯尔和朗达山谷的大部分还都是荒地或农田，1727年的曼彻斯特尚被丹尼尔·笛福（Daniel Defoe）描述为"一个小村庄"。而40年后，该地区已拥有100家综合工厂和完整的机器业、锻造业、皮革业和化工业集群。一座现代化的工业城市已经建成。

到了18世纪80年代，新环境的形状已经清晰可见。1784年，一位法国矿物学家在访问英国时写道：

> 滑轮发出吱吱作响、刺耳的声音，锤击声不绝于耳，人们不知疲倦地让所有机器保持着运转，这景象既有趣又新鲜……夜空充满了火光，当我们远远地观望时，这边是一团燃烧的煤，那边是从高炉里蹿出的火焰，当我们听到沉重的锤子敲击铁砧的回音和抽气机的尖锐呼啸时，我们不知道眼前所见的是一座正在喷发的火山，还是我们奇迹般地穿越到了火神的洞穴……[1]

[1] Mantoux, *The Industrial Revolution in the Eighteenth Century*, 313.

工厂不仅提供了一种新的景观，而且提供了一个新的、不和谐的社会环境。在我们当今这个时代，我们已经习惯了城市的工业生活，以至于忘记了从农场到城市的转型是多么困难。对农民来说，这种转变需要付出剧烈的调整。他们的速度不再由自己说了算，而是要根据机器的速度工作。淡季不再由天气决定，而是由市场状况决定。这片土地，不管它的收成多么惨淡，也不再是近在咫尺的永恒的食物来源，而只是工业区里拥挤而贫瘠的土地。

英国的劳工们仍然更习惯于农村的生活方式，而无法适应城市的生活方式，他们害怕和憎恨机器的出现，这是不足为奇的。在工业革命的早期，工人们确实攻击过入侵的机械大军，焚烧和毁坏工厂。例如，在18世纪后期，当第一家纺织厂建成时，整个村庄都奋起反抗，而不是去纺织厂里工作。卢德分子们以一位虚拟的人物"卢德将军"作为自己的领袖，对工业主义进行了激烈的抵制，但无果而终。1813年，一次大规模的审讯最终导致许多人被判以绞刑和流放，这场运动也随之落幕了。[1]

劳动条件

工厂本身的出现令人憎恶，而工厂内部的条件更令人厌恶。例如，童工是司空见惯的，有时一个孩子4岁就要开始务工；工人们一般是披星戴月，从早工作到晚；各种虐待比比皆是。1832年，一个国会的委员会受命调查情况，从一名工厂监工那里得到了这样的证词。

问：在生意旺季，这些女孩早晨几点钟来工厂上班？

答：旺季大约有6个星期，在这段时间里，她们凌晨3点上班，到晚上10点半或将近半夜下班。

---

[1] 然而，即便在今天，我们仍然用"卢德分子"这个词描述"抵制"机器威胁的企图。

问： 在这19个小时的劳动中，她们可以休息几次？

答： 一刻钟的早餐，半小时的晚餐，一刻钟喝水。

问： 这些时间会被占用让她们去清洗机器吗？

答： 她们通常不得不做她们称之为"干燥"（dry down）的事情；有时这需要花整个早餐或喝水的时间。

问： 你是不是很难叫醒孩子们去从事这种过度劳动？

答： 是的，天还很早，我们就得把熟睡的孩子们抱起来摇醒她们。

问： 他们中有人因为这种劳动发生什么事故吗？

答： 是的，我的大女儿……齿轮卡住了她的食指指甲，把她的指关节下面都拧断了。

问： 她的那根手指保住了吗？

答： 在第二节处切断了。

问： 那期间她的工资发了吗？

答： 事故一旦发生，工资就全部停发。[1]

那是一个残酷的时代。漫长的工作时间，布满灰尘的工厂和不绝于耳的噪声，甚至连最基本的安全防范措施都缺乏，所有这些因素叠加在一起，令早期的工业资本主义臭名昭著，在世界上许多人的心目中，这种名声一直没有恢复。更糟糕的是，大多数工人在辛苦一整天后要返回的是贫民窟。在曼彻斯特，人们的预期寿命只有17岁，这一数字反映了那时的儿童死亡率高达50%以上。当我们读到政府专员在1839年所做的关于格拉斯哥一个被称作"狭巷"（wynd）的工人区的报告时，我们对这个数字就丝毫不感到惊讶了。

---

[1] R. H. Tawney, A. E. Bland, and P. A. Brown, *English Economic History, Selected Documents*（London： Bell, 1914）, 510.

狭巷……居住着大约15 000—30 000人。这个地区由许多狭窄的街道和正方形庭院组成，每个庭院中间都有一个粪堆。虽然这些地方的外表令人厌恶，但里面承载的污秽和苦难依然令我猝不及防。在我们晚上到访的一些卧室里，我们发现地板上躺着一大群人。通常情况下，15到20个男人和女人们挤在一起，他们有的穿着衣服，有的赤身裸体。那里几乎没有任何家具，唯一能使这些糟糕的地方看起来像住宅的东西是炉火。偷窃和卖淫是这些人的主要收入来源。[1]

早期资本主义与社会公正

毫无疑问，巨大的社会苦难给这个时代打下了烙印。但是，当回顾工业资本主义的诞生年代时，我们应该牢记几个事实：

1.贫穷是否代表了广大平民生活的恶化，这是值得怀疑的。

至少在英国的一些行业，工业化带来了直接的好处。韦奇伍德（一个格外友善的雇主，这是真的）过去常常告诉他的雇员，问问他们的父母当初所了解的英国是什么样的，并比较他们目前的状况。阿克赖特工厂的一天12小时工作时长比曼彻斯特以前的标准有所改善，缩短了2个小时。此外，现有的贫困绝对不是新近出现的。从贺加斯（Hogarth）的铜版画作品中我们可以了解到，早在工业革命之前，"杜松子酒巷"就已经展现出这番悲惨的景象。正如19世纪中叶的一位改革者所写的那样，看到那些工厂里受苦受难的孩子，许多人会义愤填膺，认为"山坡上自由嬉戏；绿草如茵，上面点缀着亮晶晶的蝴蝶花和雏菊；鸟儿叽叽喳喳，蜜蜂嗡嗡鸣叫着……如果是这幅景象那该是多么令人愉快啊……

---

[1] 引自 F. Engels, *The Condition of the Working Class in England*（New York：Macmillan, 1958），46.

（但是）我们看到的却是，孩子们在泥泞的小屋里或路边的沟渠里因饥饿而死亡"。[1]

2. 早期工业资本主义遭受的许多严厉批评与其说是源自经济，不如说是来自政治。

伴随着资本主义兴起的是政治批评优势地位的深层次变化，这种变化确实对资本主义做出了贡献。民主、社会公正、个人"权利"的新思想使这个时代里人们的头脑具有批判性，在这种氛围里，任何经济体系都会遭受责难。

诚然，把资本主义推向高峰的政治运动不是工人阶级运动，而是中产阶级、资产阶级运动；英国和法国新兴的制造商们除了关心自己的权利和特权外，几乎没有什么社会良知。然而，他们发起的政治自由主义运动的势头已经超出了其本身的狭隘局限。到了19世纪的前25年，新工厂-贫民窟环境中工人阶级的状况，如此一览无遗地暴露在公众视野中，已经开始引发公众的同情。

因此，工业革命的意外后果之一是政治观念的急剧调整。在创造工业工人阶级和工业环境的过程中，革命为政治赋予了新的经济框架。[2]卡尔·马克思和弗里德里希·恩格斯在1848年提到，"所有历史"都是阶级斗争的历史，但在工业环境形成之后，阶级斗争就表现得如此赤裸裸和公开化，这是从未有过的。

同样重要的是，政治自由主义的兴起不仅引发了对现行秩序的敌对情绪，而且启动了缓慢的改良进程。从一开始，改革运动就与资本主义相伴相生。在1802年，法律规定贫苦学徒每天工作不能超过12小时，

---

[1] Friedrich Hayek, ed., *Capitalism and the Historians* (Chicago： University of Chicago Press, 1954), 180.
[2] 有关自发性工人运动的激动人心的描述参见E. P. Thompson, *The Making of the English Working Class* (New York： Pantheon, 1964).

并且禁止从事夜间工作；1819年，棉纺厂被禁止雇用9岁以下的儿童；1833年，法律规定18岁以下的工人（占所有纺织工人的75%）每周工作时长是48—69小时，并建立了政府对工厂的检查制度；1842年，法律禁止煤矿雇用10岁以下的儿童；1847年，法律规定儿童和妇女每天只能工作10小时（后来提高到10.5小时）。

改革的性质本身就是对时代条件的雄辩证明，而改革遭到强烈反对并经常在被发现违反的时候才被执行，这一事实证明了当时占主导地位的态度。然而，资本主义与封建主义不同，它从一开始就受到民主的矫正力量的约束。卡尔·马克思使用19世纪30年代的材料勾勒出了一张肮脏的资本主义经济进程的讽刺画卷，但他却忽略了（或故意不理会）这种稳定增长的补偿性力量。

3. 我们最后提出的是工业革命最重要的影响：它对经济福祉的长期杠杆作用。

工业革命的最终影响是带来大规模的生活水平的提高，这是世界上从未有过的。

这种影响并非一夜发生的。1840年，根据阿诺德·汤因比爵士（Arnold Toynbee, Sr.）的计算，一个普通劳动者的工资为每周8先令，比他购买生活必需品所需的工资少6先令。[1]他通过把子女或妻子（或二者）送进工厂工作来弥补赤字。正如我们所指出的，如果某些行业的工人阶级从工业化的早期影响中获得了好处，那么另一些人的生活水平则在1795年左右下降了。例如，一个国会委员会发现，生活在19世纪30年代初期的手工织布工用他的工资购买的供给品可能是晚期的3倍多。虽然并非所有贸易都遭受了同等的损失，但工业革命的第一次爆发带来的苦难是势不可当的，而其好处却没有立即显现出来。

---

[1] Arnold Toynbee, *The Industrial Revolution*（Boston：Beacon Press, 1956），113.

然而，到了1870年，人们开始感受到了工业革命的长期影响。当时生活必需品的价格已经涨到了15先令，但一周的收入也节节攀升，达到甚至超过了这个数字。工作时长也缩短了。在贾罗（Jarrow）造船厂和纽卡斯尔化工厂，工人每周的工作时间从61小时减少到了54小时；即使是在因超长工时而臭名昭著的纺织厂，每周工作时间也减少到了"只有"57小时。虽然这与一个富足的社会还相距甚远，更不用说是一个"富裕"的社会了，但困境已经被扭转了。

理论视野中的工业革命

我们非常简要地回顾了工业资本主义兴起的显著历史特征。现在，我们必须反思我们目睹的巨大经济和社会变革，并提出一个相关的经济问题：工业化进程如何提高物质福祉？要回答这个问题，我们必须转向经济理论，系统地阐明我们已经从斯密的《国富论》中获得的洞见。

我们的第一个问题是一个社会的经济福祉要想有所提高的必要条件是什么。答案并不复杂。如果我们要享受更好的物质福祉，一般来说，我们必须生产更多的产品。尤其是在工业革命之前的欧洲，很多地方都处于勉强维持生存的阶段。这样的一个社会要想提高民众的生活水平，首先必须有更多的产出。尽管在这种社会中，领主与农奴、资本家与童工之间存在着种种分配不公，但在这个时代的卑鄙背后隐藏着的却是一个无可辩驳的现实：产出完全不足。根本就没有足够的产出满足人们的需求，如果缩小分配不均能够减轻时代的道德耻辱，也不会对基本经济福祉的大幅改善产生多大的作用。即使假设剥夺了富人的收入份额后，城市工人的工资和农民的收入可以翻番——这在今天仍然是一个极其不切实际的假设，农村和城市生活的主要特征依然是贫困。

在强调将增加产出作为经济改善的先决条件的基础上，我们必须附加一个唯一重要的条件。如果一个国家的人口增长速度甚至比其产出的增长速度还要快，那么总体的生活水平将不会提高。要改善个人福祉，商品和服务的生产速度必须比人口增长的速度快。

一个社会如何提高其人均产出呢？

在这里我们无法对这个问题进行全面的剖析，但是只要我们稍微看一下制针厂和对英国工业革命的研究，就可以增加我们对这个问题的理解。显然，提高产出的关键在于利用工业资本的杠杆作用提高社会中的劳动生产力。我们对增长的分析性理解必须从进一步研究资本所拥有的这种特殊能力开始。

资本与生产率

我们经常使用"资本"这个词，但还没有给它下定义。我们可以看到，从根本上讲，资本是能够增强个人从事经济上有用的工作的能力的东西。一块未经打磨的石头是穴居人的资本，穴居人可以用它作为狩猎工具。锄头是农民的资本；道路系统是现代工业社会居民的资本。知识也是资本，事实上，它也许是社会资本存量中最宝贵的部分。

然而，当经济学家谈到资本时，他们通常将其含义限定于资本商品，即社会为加快生产过程而生产的工具、设备、机器和建筑物的存量。[1]所有这些资本商品对生产过程都有一个共同的影响：它们都是为了使人类劳动更具生产力。大卫·李嘉图（David Ricardo）是19世纪早期的经济学家，他的经济思想影响了一个世纪，他曾写道："资本是一个国家用于生产的财富的一部分，由食物、衣服、工具、原材料、机器

---

[1] 资本这个词还有另外一个含义，即把赚取工资的工人与资本家联系在一起的社会关系，资本家拥有资本商品（工厂），而工人则在工厂里就业。资本作为一种社会关系确立了资本家与工人在互惠交易中的特权。马克思首先提出资本的这种含义，如果我们把资本主义界定为一个特定的社会历史时期，那么这也许是资本最重要的含义。但是在本书中，我们局限于常规的经济学用法，资本就是指资本商品。

组成，是劳动过程的必要要素。"[1]资本商品使工人在一小时（或一周、一年）内生产的商品比他在没有资本的帮助下生产的商品要多。因此，资本可以提高人均生产率，即在一定时间内个人的产出；它是制针厂延伸到所有产出部门的经验。例如，一个典型的使用动力驱动的机械设备的现代工人一周工作40个小时，其产出超过了20世纪初6个使用较简单的工具，一周工作70个小时的工人。换言之，一个现代工人一天的产出将比其1900年的同行整整一周的产出还要多，这并不是因为现代工人工作更努力，而是因为他操控着价值数千美元的资本设备，而不是像1900年那样，一个工人能使用的资本设备的价值仅为几百美元。[2]

为什么资本能使劳动更具生产力？

最重要的原因是，资本商品使人们能够使用杠杆和轮子，利用冷热、燃烧和膨胀等原理和装置，而这些原理和装置是人们徒手所不能做到的。资本商品赋予人们机械和物理化学的，超越人类维度的能力。资本极大地增强了肌肉的力量；它们改进了控制力；它们体现了智慧；使男人和女人获得超越肉体和骨骼的耐力和适应力。在利用资本的过程中，人类利用自然世界增强自身的脆弱能力。

资本与专业化

生产增加的另一个原因是资本促进了劳动的专业化。我们再一次引用斯密的实例。一组人一起工作，每个人把精力集中于一项他所擅长的工作，以及同样数量的人，每个人从事多项工作，相比之下前者通常可以产出更多。当然，汽车生产线是个不错的例子，在这条生产线中，

---

[1] David Ricardo, *On the Principles of Political Economy and Taxation*, ed. Piero Sraffa（Cambridge：Cambridge University Press, 1981）.

[2] 这里我们需要一个重要的限定句。几乎没有什么商品在长达一个世纪的时期内仍然保持不变。我们考察了自1900年以后没有变化过的商品——钉子？针？砖块？但我们找不到可靠的相关统计数据。因此，这些数字只是生产率提高的"猜测数据"。

1 000名工人合作生产的汽车产量远远超过每个人单独造一辆汽车所能达到的产量。当然，汽车装配线在架空输送带、库存零件、配备电力系统的庞大工厂等方面耗费了大量资金。虽然并非所有的劳动专业化都依赖于资本，但对专业化最有效的大规模工业经营而言，资本通常是必需的。

在下一章中，我们将在现代工业发展的背景下重新考虑这些重要问题。当我们还在讨论工业自身崛起的基本问题时，有一个根本性的问题需要考虑：资本最初是如何制造出来的，社会如何产生其增长所需的资本设备。

资本与储蓄

这个问题使我们第一次认识到一种关系，无论是从历史的角度还是从后来的理论优势角度，我们在经济学研究中将多次遇到这种关系。我们称这种关系为资本的实物创造与我们称之为储蓄的不可避免的先行行为之间的关系。

当我们想到储蓄时，我们通常会用金融术语来描述它；也就是说，作为一种不花费部分收入的决定。然而，在这一金融行为的背后，隐藏着一个"真实"行为，我们现在必须清楚地理解：当我们存钱的时候，我们同时也放弃使用我们本来可以购买的一定数量的商品和服务。可以肯定的是，我们的储蓄代表了对商品和服务的索取权，一种我们在未来可能会行使的索取权。然而，在我们实施所有权之前，我们已经释放了原本用来满足我们眼前需要的资源。当斯密的制针商"积累"时，他故意不让自己享受更高的生活水平，如果把利润花在放荡的生活上，他本来是可以享受的。社会依靠这些被释放出来的资源——本来可能用于生产丝绸和马车的闲置的劳动力和资本，建立起了自己的资本，或者，用更专业的语言来说，社会实施了投资行为。注意，在经济学中，投资意味着将劳动和其他投入用于资本商品的创造中。这并不意味着把钱投入股票和债券，尽管这样做或许会导致或有助于资本建设的进程。经济学家把赚钱投资的过程称为金融投资，以区别于对资本商品的真实投资。

储蓄与投资

储蓄和投资的行为是密不可分的：储蓄是从消费中释放资源；投资是利用这些资源制造资本。实际上，从社会的角度来看，储蓄和投资只是一枚硬币的两面。为什么我们要在经济对话中把它们分开？原因是执行储蓄职能和投资职能的人，特别是在现代社会中，是不同的人。那些释放社会资源的人往往与那些为投资目的而收集这些资源的人是不同的。尽管如此，我们可以看到，每一项资本建设行动，无论是谁执行的，都要求将资源用于投资这一目的。

这并不意味着投资必然导致消费的减少。一个富裕的社会并不会因为其正常的、经常性的储蓄而感到开支上的"拮据"，斯密的制造商们也并不以其节俭的生活方式闻名。更重要的是，一个社会如果存在未充分利用的要素，那么就可以把闲置的资源投入资本建设中，而不必减少其消费支出。只要社会没有利用这些新使用的资源来制造消费品，那么它其实就仍然在储蓄。然而，这是一个关键点，当一个社会的资源被充分利用的时候，例如在战争期间，社会只有通过削减消费才能增加资本的支出。换言之，在充分就业的情况下，消费支出和资本支出是具有竞争性的；当存在失业时，消费支出和资本支出可以同时增加。

我们现在可以看到，一个经济体的投资速度，也就是说，资本商品存量每年增加的规模，取决于它的储蓄能力。如果它的生活水平已经接近于生存的边际，它将无法把大量劳动力从消费转移到资本建设。无论它多么迫切地希望获得更多的工具，无论这些工具将是多么高效，它的投资水平也不能超过这一点：其剩余消费活动不再足以维持生存。在另一个极端，如果一个社会达到了小康生活水平，它或许能够放弃当前大量的消费，以提供未来的消费。因此，它的增长将是迅速的。无论增长是快是慢，投资的数量永远不能超过未用于其他目的（主要是消费）的资源和人力的数量，这是一个严格的经济现实。

早期资本主义的增长

这似乎意味着，在经济薄弱的情况下，其增长的过程必然非常缓慢，事实也是如此。正如前文所述，在将近3/4个世纪之后，新的工业化进程为英国带来的生产率的提高才足以让人感觉到整个工人群体生活的普遍改善。在欠发达国家，正如我们将在第十章中看到的那样，情形与此类似或甚至更加迟缓。增长最多是一个渐进和累积的现象，而不是立竿见影的现象；在因为贫困致使最初的储蓄水平低下的地方，发展的速度也较慢。

如果考察19世纪早期英国储蓄增加的实际社会环境，我们或许可以更好地评价增长速度的总体决定因素。

谁进行了储蓄？谁放弃了消费？小康农场主和制造商（尽管喜好卖弄排场）肯定是重要的储蓄者，他们把大量资金用于更新的资本投资。然而，储蓄者不仅包括制造商和贵族，还有另外一个阶级——产业工人。产业工人获得的工资很低，做出了巨大的牺牲——并非自愿的，远远不是，但结果是一样的。一些资源本可用于工人消费，却用于建立未来的工业基础。

我们还可以看到一些或许是更加重要的事情。那就是，英国必须压制工人阶级的消费水平，以便把生产性努力转移到资本商品的积累。从历史现实的角度来看，"压制"在很大程度上是由市场力量来完成的——当然还要借助自由的力量，资本家和政府为了上层阶级的利益暂时地抵制劳动者的需求。但是，抛开社会不平等，严酷事实仍然存在，如果工业领域的工资上升很多，那么巨大的消费品需求将使英国经济偏离资本建设而转向满足现时需求。这必将改进英国工人的当前福祉（尽管人均消费的增加可能很小）。然而，这也将延迟社会总生产能力能够实现巨大总产出的时间。

处于工业化过程中的每一个社会都必须面临这种痛苦的选择，无论是资本主义还是社会主义。满足今天的需要还是用作建造明天的资本，是发展中社会必须做出的决策。

增长的激励

这里还有最后一个问题。我们已经对增长的机制有所了解，但是还没有回答这个问题：这些机制是如何产生的？为了创造社会所需资本，社会是如何重新配置生产要素的？

这一疑问再次涉及本书开头划分出的三种经济社会类型：传统、命令与市场。

并且它也通向了一些非常重要的结论。

第一种类型是显而易见的：以传统为纽带的社会不易增长。在这种社会里，没有直接的社会手段去引导必要的要素进行重新配置。但更糟的是，经常存在一些强大的社会及宗教羁绊阻碍必要的职业转换。

然而，命令型社会的情况非常不同。我们已经看到了命令作为现代工业化的力量被明显地使用。至少在一个国家的一个时期——苏联，命令是农业社会急剧转型到工业社会的主要机制，并且在许多其他的集体主义经济中，命令也被用于推动这种转型，只是结果不同罢了。

命令也是欧洲工业化初期所采用的主要手段之一。在国家指挥下组建船坞和兵工厂，建造皇家宫殿和庄园，建立挂毯和陶瓷工厂，这些都为重商主义时代创造工业部门提供了一种非常重要的组织动力。几年前，巴巴拉·沃德（Barbara Ward）在《印度与西方》（*India and the West*）一书中写道："一个发展中社会必须在某个时刻开始储蓄，即使那个时刻它仍然贫穷。马克思生活的英国维多利亚时代就是这种增长的早期痛苦阶段，但不幸的是这被认为是一种永恒的情况。在任何经济中它都是一个困难的阶段——如此困难以至于大多数社会只能通过不可抗力来度过这个阶段……没有人问拥入曼彻斯特贫民窟的英国劳工是否想储蓄……从西伯利亚原始大草原来到斯维尔德洛夫斯克（Sverdlovsk）和马格尼托哥尔斯克（Magnitogorsk）的苏联工人对他们的工作规模或条件没有发言权。"[1]

作为资本形成机制的市场

命令绝不是西方最终工业化的主要力量。相反，让人们制造资本设备的组织力量是市场。

市场是如何导致这种惊人的转型的？它通过货币奖赏的诱惑来实现这一目的。正是对利润的希望诱使制造商生产更多的资本商品。正是更高工资（有时是只要有工资）的吸引力引导工人进入这些新的工厂。正是价格上升或下跌的信号，促进或抑制各种特定资本商品的生产。这就是斯密的市场机制，与他的增长模型融合在一起。

接下来我们会问，是什么展示了巨大的利润前景以促使企业家用储蓄去冒险投资于新的资本商品？答案又带我们绕回到了本章的焦点，因为它主要在于构成工业革命核心的那些技术创新。正是制针的机器，使制针工业有了赢利和扩张的可能性。

不是每一项发明都能为其先行推动者带来财富，也并非每一个新产品都能找到现成的市场。在技术进步的路途上，发明太多太快，许多企

---

[1] From Barbara Ward, *India and the West*（New York： W. W. Norton, 1964），113.

业满怀希望地成立，但6个月之后便倒闭了。回顾一下，资本积累的漫长进程始于18世纪末，首先使英国兴起，然后使美国工业实现长期飞跃，毫无疑问，这种推动力在于持续的发明和创新，其成功地展示了人类控制的自然的新面貌。蒸汽机、便宜且高效率的纺纱织布技术、铁及后来钢的首次大规模生产——这些都是工业科学的伟大突破，它们开辟了大规模资本积累的道路。在伟大的发明指明了进步路线之后，二次改进和辅助发明便起着重要的支持作用。在成本削减方面有所创新的企业家获得了市场上的成本优势，从而相应地获得了更高的利润。除此之外，当某个行业领先者获得某种技术优势时，竞争很快迫使该行业其他人都尽最快速度追赶上来。大多数降低成本的发明都涉及在生产过程中增加机器——这反过来又促进了资本形成。

　　资本主义从整体上看的确是一台空前的资本积累机器。从它的发展过程中可以看出，资本主义是历史上第一个把经济增长融入日常生活的经济制度。如马克思和恩格斯在《共产党宣言》中所写的："资产阶级在其不到一百年时间里创造的生产力，比过去所有世代创造的全部生产力还要多，还要大。"这种赞颂是真实的，并且更有意义的是，这种赞颂来自资本主义社会秩序的两个主要敌人。

关键概念和关键词

工业革命	1. 工业革命是历史上的一个伟大转型时期，在此期间，制造业和工业活动变成主要的社会生产形式。
	2. 工业革命在18世纪中后期开始于英国（尽管其根源要深远得多）。
	工业革命之所以发生在那个年代的英国，是由于： ·英国是一个富裕的贸易国家，具有成熟发展的中产阶级。 ·英国的贵族比欧洲大陆的贵族更具有商业头脑。 ·英国是当时盛行的科学研究的发源地，"绅士农场主"对农业创新也颇有兴趣。 ·英国相对开放的社会结构允许"新人"（如瓦特和威尔金森）的出现，他们给制造业带来了新的社会能量的迸发。 ·还有许多其他一些原因，这里不一一列举。工业革命是多方面的、复杂的一连串事件。
产出	3. 工业革命导致了社会中最重要的变化。
	·它导致了一个缓慢的但是累积性的产出增加，最终使工业社会摆脱了古老的贫困。 ·它使工厂（以及工业贫民窟）成为工作和生活的新环境。 ·它导致了新型的社会虐待，但也大大加深了人们对经济条件的普遍认知。
资本建设	4. 工业革命本质上是一个资本建设过程（机器、建筑物、运河、铁路），因此大大提高了劳动生产率。

生产率	5.资本普遍提高生产率,因为它使人们的身体及技术能力比在手工劳动时更强大。它还使人们可以对劳动进行组合并专业化,就像在现代工厂的生产线上那样。
储蓄	6.资本建设要求储蓄。只有在社会有机会使用在正常情况下用于满足消费需要的资源的情况下,才能够形成资本。储蓄会释放这些资源;投资则使用这些资源。
投资	7.社会用于资本形成的资源或人力不能超过其他用途上释放出来的数量(或可得的闲置资源的数量)。一般情况下,储蓄约束了投资的速度。贫穷的社会很难放弃消费,从而很难积累足够的资源用于投资。
投资	8.投资所必需的储蓄来自农业、制造业或其他来源。在贫穷的国家,它还必须经常来自对工人或农民的榨取:不让他们使用所有的国家经济潜力去满足其消费需要。
消费	9.在贫穷的国家,储蓄通常是一种非自愿的过程。今天的许多发展中国家,试图通过命令机构来实现资本形成,但整体上都不太成功。在工业革命中,资本形成也有一部分是通过命令来实现的,但主要是依靠市场制度。工业革命中许多杰出的发明创造带来了巨大利润,从而导致巨大的资本积累。

问　题

1. 我们发现一个有趣的现象：在依靠奴隶劳动的国家，农业和制造业中的技术改进一般都很缓慢。为什么会这样，你能说出一个原因吗？

2. 对于当今的欠发达国家，如果要发生新的"工业革命"，你认为哪些力量是必不可少的？那里的工业革命会类似于英国18世纪发生的工业革命吗？

3. 英国的工业化有一个显著特征是越来越多的人对新的工厂无产阶级表达了强烈的政治同情。你认为它是任何地方工业化的伴随物，还是早期资本主义的特定产物？

4. 资本如何帮助人类提高生产率？联系以下各种劳动来讨论这一问题：农场劳动、办公室助理、教学、政府行政管理。

5. 当通用汽车将10亿美元用于一项新投资（比如建造新工厂、仓库、办公楼）时，谁提供了所需的储蓄？股东？工人？公众？汽车购买者？

6. 据估计，1992年美国私人资本结构及设备的价值大约为18万亿美元。假如一半的价值在一场灾祸中损失了，这对美国的生产率会产生怎样的影响？对美国的平均福利会有什么影响？如何修复这种破坏？

7. 所有的投资都需要储蓄吗？为什么？

8. 美国当今的资本建设是由市场单独引导的吗？政府积累资本吗？公共资本和私人资本一样改进了生产率吗？

9. 建造一所学校是"投资"吗？建造一所医院呢，一座体育馆呢，住宅项目呢，研究实验室呢？你认为投资与消费的大体区别是什么？

第五章

工业技术的影响

**THE
MAKING OF
ECONOMIC
SOCIETY**

在本章我们要进入一个新的经济史时期。前面已经详细分析了过去，只是偶尔窥探一眼所遇问题的后期回响。现在我们开始将焦点转向现代。我们已经到达离当今最近的经济史阶段。同时，我们的地理焦点也有所改变。随着经济史迈入19世纪中叶，事件的动力中心开始转向美国。现在我们不仅开始进入现代世界，而且我们之后感兴趣的那些经济趋势，直接把我们带入自己所处的社会。

　　这一章的主题是什么呢？从本质上看，它仍然继续着工业革命那一章开始的主题——技术对经济社会的影响。回顾历史，我们会发现，标志着工业革命的层出不穷的发明在任何意义上都不能作为历史事件的结束。相反，它只是变化过程的开端，并持续加速至今。

　　我们可以把这一个持续的过程分为3个或4个阶段。第一次工业革命主要集中于新的纺织机器、煤炭生产及铁制造的改进方法、革命性的农业技术，以及蒸汽机。随即而来的是19世纪中叶发生的第二次工业革命：集中于钢、铁路和轮船运输、农业机械，以及化学制品的集群式工业发明。20世纪早期出现了第三次发明浪潮：电力、汽车和汽油发动机。第二次世界大战带来了第四次技术突破浪潮，涉及电子、航空和原子能。有人将今天的信息及计算机技术爆炸视为第五次技术革命，或许是最为重要的革命。

我们很难去夸大，也许也不可能夸大这种持续进步的影响。本来正飞速发展，却又正在放缓；本来正处前沿，却又正显得落伍；本来是最实用的发明，却又再次陷入最抽象的理论发现。在生产过程中，科学技术的累积性应用是19、20世纪伟大的变化。因此，最初的工业革命堪称人类历史上一次间断式跳跃，其重要性好比在从前的狩猎社会上建立了第一个定居牧场。我们已经注意到，新技术在工厂里给人们带来了新的工作场所，但是新技术的影响之大远远不止于此。无比强大的运输和交通能力，效率高得多的庄稼收割工具，将电力用于起重、搬运、锻造、捆绑、切割的能力大大提高——所有这些结合起来，不折不扣地重塑了人类环境，并且这绝不是一个完全良性的环境。

一项发明的影响

在本书中，我们只考察工业技术侵入现代社会的某些经济后果。然而，如果我们近距离地追溯1个多世纪以前引入的一个单项发明的反响，可以有助于我们更深入地洞察那一渗透过程。

因此，让我们顺便造访一下1867年的巴黎世界博览会，许多好奇的参观者聚集到一个有趣的展台前：那里正展示一台小型发动机，汽油和空气被引入一个燃烧室，然后被一个火花塞点燃。随后引起的爆炸推动一个活塞；活塞令一个轮子旋转起来。每四次上下行程只有一个做功行程，并且这台机器需要一个巨大的飞轮以保持其运动是有规律的。但是，正如历史学家阿兰·内文斯（Allan Nevins）所写的，这台机器的影响"好比在人们已经习惯点亮冒烟蜡烛的房间里，突然出现了电灯泡"[1]。这就是世界上的第一台内燃机。

　　内燃机是德国的N. A.瓦特博士发明的,不久之后便在美国被广泛使用,成为司空见惯的技术。在调整到用汽油驱动之后,内燃机变成了一个理想的固定发电站,虽然直至今天汽油仍然是令人厌烦的煤油加工副产品。内文斯写道:"每一个寻求变革的农场、商店和饲料加工厂,很快就开始采用突突作响的单缸发动机,用它们抽水、锯木、磨面粉,以及处理其他琐碎的工作。"[2]到1900年,美国有18 500多台内燃机;在1893年芝加哥世界博览会上,最强大的内燃机模型只有35马力[3],但在7年后的巴黎世界博览会上,它的最大功率达到了1 000马力。

　　在物质进步的基本要求方面,内燃机作为一种非凡的手段,增加、散播并赋予了灵活性:动力。新式发动机很快带来了更加惊人的改进。1886年,马萨诸塞州奇科皮区(Chicopee)的查尔斯・E.杜里埃(Charles E. Duryea)已经证明,与自推动公路车辆相比较,汽油机是一种比蒸汽机更有前景的动力来源。1892年,杜里埃和他的兄弟就生产出了第一辆采用汽油动力的"汽车",一个比较弱小易碎的玩具。1893年,他们的模型汽车有所改良,到了1896年,杜里埃兄弟实际上卖掉了13辆汽车。同年,一个名叫亨利・福特(Henry Ford)的32岁机械师卖掉了他的第一辆"四轮车"。汽车工业的历史从此拉开了帷幕。

美国的汽车化

　　汽车产业的增长非常明显。1905年,美国只有121家公司制造汽

[1] Allan Nevins, *Ford: the Times, the Man, the Company* (New York: Scribner's, 1954), I , 96.

[2] Allan Nevins, *Study in Power, John D. Rockefeller* (New York: Scribner's, 1953), II , 109.

[3] 1米制马力约为735.50瓦。——编者注

车，整个行业雇员只有1万人。到了1923年，汽车工厂增加到2 471家，使汽车产业成为美国最大的产业。1960年，汽车产业的年薪总额已经非常之大，相当于美国1890年的国民收入。不仅如此，汽车产业还成为钢板、锌、铅、橡胶和皮革等材料最大的消耗者。美国生产的每3个收音机中就有1个销往汽车产业。汽车产业每年消耗250亿英镑的化工品。它是美国工程人才的第二大雇主，只稍逊于国防。汽车产业的专利占美国所有专利的1/6，并在所有消费者开支中占了1/10。到了20世纪80年代，据估计每7个工作岗位中大约有1个岗位直接或间接与汽车有关，每6家企业中大约有1家是汽车企业——不仅是工厂，还包括维修店、车库、加油站，以及交通警察局。

即便这一连串的数据令人印象深刻，也还是不能完全穷尽内燃机及其车用装置的影响。到了2001年，9 600万美国家庭拥有1.51亿辆客车；每2个家庭就有1个家庭拥有两辆或更多辆汽车。结果，大约5万个城镇在没有铁路或水路交通的情况下实现了繁荣，这在以往是不可能的。至少有7/10的工人的居住地不再局限于与工作地点步行的路程内，他们大都开车上班。在极端程度上，我们整个经济已经"被移动起来"——整个经济都是在汽车轮子上运行的。如果由于某个奇怪事件导致大群汽车无法行驶——比如汽油由于分子性质自然变化而不能燃烧了，对整个社会而言，后果将是严重的和灾难性的，就像中世纪的大饥荒一样。[1]难怪1974年和1979年阿拉伯国家的石油禁运竟然撼动了整个工业化世界！

---

[1] 经济学家肯尼思·博尔丁（Kenneth Boulding）曾设想，如果外星球的智慧生物到访美国，他们最初的印象可能是，这里主导的生命形态是一群披着坚硬外壳、内脏柔软的生物。他们由轮子驱动，虽然如果不把自己包进自然的骨骼中，他们也能够缓缓地自行运动。

技术的普遍影响

我们详细阐述了汽车的影响，以强调技术的经济后果，但这些也许不是技术最重要的终极后果。人类的发明能力也具有极大的破坏性力量，当今世界在许多方面都面临这样的威胁。在技术进步的同时，我们也制造了有毒物质并不小心喷洒到空气和水里，向大气层释放巨大的热量，当然还有掌握了原子核裂变所导致的爆炸能力，这些使所有物种（包括人类自身）都受到了威胁。

在后文中，当我们转向美国当前所面临的问题的时候，我们会再次考察这些问题中的若干问题。在这里，我们只研究人类逐渐增加的技术能力的普遍影响，暂时把这些非常宏大的问题搁置一旁，以便我们将焦点集中于技术悄然影响经济制度的方式。让我们考察其中的某些影响。

城市化

第一个影响是社会的城市化水平大大提高。技术极大地提高了农民养活非农业人口的能力。结果，社会逐渐呈现出了城市而不是农村所有特有的面貌和问题。1790年，全美人口超过2 500人的城镇只有24个，这24个城镇的总人口只占全国总人口的6％。到了1860年，392个较大城市的人口占全国总人口的20％；140年以后，美国80％以上的人生活在276个巨大的"标准的或统一的都市区"。要不是中间有政府驻地，从波士顿到华盛顿的地带，实际上已经形成了一个广泛蔓延的"城市"。工业技术完全重塑了人类环境，它在很大规模上给城市生活带来了巨大的便利，另一方面也带来了所有严重的问题。

相互依赖性

第二个影响是工业技术的稳定增长大大降低了普通市民的经济自立

程度。如第一章所述，现代社会的"无支持的"居民其实是极端脆弱的，他们要依赖于其他上千人的工作来维持生存。关于这一问题，现在也可以追溯到持续性工业革命的影响。技术不仅从土地上释放出人力，使人口向城市集中，而且大大提高了工作的专业化性质。不像19世纪早期，人们必须从事各种业务——农民可以自己完成许多必要任务；现在，一般的工厂工人或办公室职员都要接受培训和雇用，仅仅做复杂得令人震惊的社会运行中的一小部分工作。技术大大提高了现代社会的经济相互依赖性，并使经济问题的解决取决于不断扩大的、微妙联系在一起的活动网络的顺利协调。

社会学效应

第三个影响是工业技术的扩张从根本上改变了工作本身的特征。在人类历史的大部分时期，工作是一种紧张的体力活动，主要是独自或以小团队形式在户外进行，要求高度灵巧地把人力与多变的自然环境相匹配，这种劳动最终生产出的产品是非常明确的，就像田地里的稻谷或织布机上的布匹一样。

工业革命深刻地改变了这些工作的属性。现在的工作包含越来越多的重复运动，尽管在一整天劳动之后会让人感到疲惫不堪，但这种运动实际上只涉及劳动者的一小部分肌肉能力。现在不需要符合自然变化的判断和敏锐，只需要重复固定不变的单项任务的能力。工人在本质上不再是在大自然中独自劳动，而是在巨大的工棚里与同事们一起完成任务。最彻底的是，现在没有了"他们的"产品，对于那些从工厂里出来的产品，他们再也不能确定哪些是自己的贡献，更不用说评价自己所做的贡献了：

> 我在一个小型传送带上工作。它可以绕圈转动，我们称之为"旋转木马"。我负责组装前座椅上用的Z字形弹簧。传送带上每隔2英尺（0.61米）就有一个平台，上面放着制造座椅弹簧

的零件。当平台转到我这里的时候，我用夹枪把几个部件夹到一起，然后放回平台，它又转到另一些人那里，他们把更多的东西夹在一起……我唯一的工作就是操作这个夹枪。每隔两秒钟可以向弹簧中装入6个或8个夹子，我走几步就可以做完这项工作。然后，我又重新开始……[1]

这是不足为奇的，工作特征的这种变化具有深刻的社会反响，我们在后文中将重新谈到这一点。这里我们只需要关注持续性工业革命导致的两个更为直接的"经济"影响。

大规模生产

在对新技术的描述中，第一个影响已经是不言而喻的。那就是提供持续产能的新方法，即所谓的大规模生产，远远超过了亚当·斯密制针厂只依靠劳动分工时的生产率。

历史学家阿兰·内文斯描述了早期福特装配线上大规模生产技术的样态：

这些主要的装配线是如何与零部件生产及供应线保持协调一致的？仅拿这个底盘来说，每天每个零件都必须装备1 000至4 000个，而且必须是在正确的位置，在正确的时刻，不能有丝毫的差错，否则整个机制都会停止运行……车间主管必须了解每小时零部件的生产量以及库存量。只要出现短缺的危险，补缺者（shortage chaser）——所有汽车厂里的一个熟悉身影，就会匆忙赶到那个部门。计数员和检验员会向他汇报。在亲自核

---

[1] Charles R. Walker and Robert H. Guest, *The Man on the Assembly Line* （Cambridge，MA：Harvard University Press，1952），46.

实任何不利消息之后，他会调来相关的工头维修故障。他每天制作3次各种各样的打印报告，并交到工厂的信息交流中心，同时在那里的办公室的黑板上用粉笔写出结果，以反映每个生产部门及每个装配部门的情况。[1]

这种系统化运行本身导致生产率高得惊人。每一项操作都会得到分析，然后解析为最简单的要素，让稳定的流水线从固定不动的工人面前经过，工作毫不松懈，但易于管理。这种系统化的结果便是装配一辆汽车所需的总工时急剧减少，只在一年内，装配一台发动机所需的时间从600分钟下降到226分钟，装配一个底盘所需的时间从12小时28分钟降到1小时33分钟。一个拿着秒表的工作人员会观测3分钟的装配过程，即工人装配连杆和活塞的简单操作过程。如果把这项工作分解为3项工作，只需原有的一半工人即可完成相同的产出。[2]今天，工作的这种程序化通常被称作"福特制"（Fordism）。它正逐渐没落，但依然存在。

大规模生产的经济

但是我们这里感兴趣的不是大规模生产的技术成功，而是其经济结果：生产规模的增加可导致成本大幅度降低。即使大规模生产所需的机器极其昂贵，大幅度的产出增加也能使单位产出成本大幅降低。

例如，想象一个小工厂每天用10名工人和一个小型设备生产1 000件商品。假定每个工人的工资为50美元，每件商品的原材料采购成本为50美分，日常管理费用——租金、车间维护、办公人员薪水、设备损耗等日常耗费为500美元。每天的总生产成本为1 500美元（500美元薪水、500美元材料成本、500美元日常管理费用）。除以1 000个单位产

---

[1] Nevins, *Ford*, II, 507.

[2] Ibid., 504, 506.

出，最终单位成本为1.5美元。

现在想象一下使用大规模生产技术的情况。工资成本上升到1 000美元，由于更大的工厂和设备，日常管理费用上升到每天5 000美元。但是大规模生产可以使产量增加100倍。总的生产成本为56 000美元（1 000美元工资成本，5 000美元日常管理费用，再加上50 000美元材料成本）。除以100 000个单位产出，最终单位成本下降到56美分。尽管总开支增加超过30倍，但单位成本约降到只有原来的1/3。

对经济学家所称的大规模生产经济，或简称规模经济，这个例子并非牵强附会。如表5-1所示，大规模生产技术实际上使福特汽车的产量增加超过了100倍，而单位成本却下降了7/8。

表5-1　福特汽车的销量和价格，1907—1917年

年份	福特汽车单位产品销量	典型车型（旅行车）的价格（美元）	
1907—1908	6 398	2 800	K型车
1908—1909	10 607	850	T型车
1909—1910	18 664	950	
1910—1911	34 528	780	
1911—1912	78 440	690	
1912—1913	168 304	600	
1913—1914	248 307	550	
1914—1915	221 805（10个月）	490	
1915—1916	472 350	440	
1916—1917	730 041	360	

资料来源：Nevins, *Ford: the Times, the Man, the Company*, 644,646—647

工业过程的动力以及这些强大的大规模生产经济，绝不会停滞不前。这种技术成功地在市场系统中装入了一个非常重要的新元件：规模。

不难看出为什么。如果某个企业由于熟练的管理、改进的产品、位置上的优势或任何其他原因，果断地先于竞争者扩大规模，那么大规模生产的经济将使它进一步领先。更大的规模通常意味着更低的成本，至

少对刚刚兴起的扩张中的产业来说是这样。更低的成本意味着更大的利润。更大的利润意味着进一步扩大规模的能力。大规模制造的技术产生了这样一种情形，有改变整个竞争含义的危险。作为一种机制，竞争本来可以阻止任何单个企业独占市场，但它现在变成一种相反的力量，使最大最有效率的生产者控制的市场份额越来越大。[1]

工业变化的推动者

伟大的企业家

在本章最后研究市场制度演进的时候，我们将进一步阐述大规模生产的经济。然而，我们再看看这种内在增长发生的实际历史背景也许是有益的。本章所描述的经济变化过程，不是在真空中发生的。它们是某种社会"范式"和某种商业环境共同作用的结果，这些范式和环境大大加速和支持了工业扩张的过程，就像18世纪末英国"新人"对初始工业化过程的影响一样。

在19世纪末的美国，变化的推动者恰恰是一个世纪以前那些工业祖先的后裔。像阿克赖特和瓦特一样，在美国最伟大的企业家当中，有许多人虽然出身卑微，但为了取得商业成功而不屈不挠地奋斗。钢铁领域的卡内基（Carnegie）、铁路领域的哈里曼（Harriman）、石油领域的洛克菲勒（Rockefeller）、焦炭领域的弗里克（Frick）、肉类加工领域的阿莫尔（Armour）和斯威夫特（Swift）、农业机械领域的麦考

---

[1] 在一本重要的书《看得见的手：美国工商企业的管理革命》[*The Visible Hand*: *The Managerial Revolution in American Business* (Cambridge, MA: Harvard University Press, 1977)] 中，钱德勒（Alfred D. Chandler）深入地考察了为什么一些产业（如汽车）倾向于产生大企业，而其他产业（如家具）却没有这一趋势。他证明，关键因素在于降低成本的大规模生产技术，这种技术并非在所有产业都能得到发展，同样重要的大规模分销技术，也不是在每一个产业都可以实现的。

密克（McCormick）——不一而足。诚然，典型的商人与霍瑞修·爱尔杰（Horatio Alger）笔下的这些商业英雄是截然不同的。在回顾19世纪末商界领袖们的事业生涯时，陶西格（F. W. Taussig）等经济史学家发现，一般而言，企业家并不是贫穷的、勤奋的移民小青年，他们的父辈通常家世优渥且自己经商。一般的商人很少能做得像卡内基或洛克菲勒那样成功。

产业领头羊

几乎每一个行业至少会出现一个"产业领头羊"，他们凭借自己的个性和能力主导这一领域。尽管很少有人实现超级的经济成功，但升至"百万富翁阶层"的人数却非常多。据估计，1880年美国有100个百万富翁，但是到了1916年，这一数字上升到了4万。

19世纪的商界领袖与一个世纪以前的商界领袖之间存在着有趣而重要的差异。美国的产业领头羊一般都不是依靠自己的发明或工程技术的那些人。随着大规模生产的发展，工程技术变成了领取薪水的生产专家和二级工厂经理的职业领域。现在需要的是在指导产业战略、建立或打破联盟、选择发展突破口或监管整个流程供应链等方面十分了解的人。这些伟大的企业家越来越关心融资、竞争及销售战略，而不是生产本身的冷技术。

于是，我们必须关注这一时期企业的策略和氛围。马修·约瑟夫森（Matthew Josephson）曾经称这个时代伟大的生意人为"强盗资本家"（the robber barons）——现已成为一个约定俗成的短语。实际上从许多方面看，他们类似于中世纪时代的掠夺型领主。例如，在1860年，加利福尼亚的一小群企业家在克里斯·亨廷顿（Collis Huntington）的指挥下，做出了令人吃惊的壮举，他们成功地建造了一条铁路，穿过此前无路可通的落基山脉（Rockies）和喜艾拉山脉

（Sierras）。在得知亨廷顿及其合伙人将因此垄断控制通往加利福尼亚的所有铁路交通之后，国会授权建造了三条竞争性的铁路线。但是，这些立法者没有看透那些狡诈的先驱。在自己的铁路完工之前，他们就秘密购买了竞争性路线的许可证；当发现第二条线路更加难以买断的时候，他们干脆直接建造，不顾一切地把铁路伸入对方领域，直到对方被迫屈服。后来买断第三条路线不是什么大阴谋，他们首先就把它阻断在一个至关重要的山口。最后只剩一个竞争性的交通资源：太平洋邮递轮船公司。这家公司的老板杰伊·古尔德（Jay Gould）也是一个著名的强盗资本家。古尔德在得到了好处之后，同意取消圣弗朗西斯科这一货物港口。现在，如果不通过亨廷顿集团控制的运输路线，就无法让货物横跨美国进入南加利福尼亚。算上他们控制的一些较小的分支线路，总共有19条铁路全部在亨廷顿集团的掌控之中。难怪对加利福尼亚的居民来说，这种一元化的铁路系统像"章鱼"一样，其平均运费率在美国是最高的。

无所不在的托拉斯

利用经济势力建立垄断地位不仅仅发生在铁路行业。在威士忌和糖、烟草和养牛、铁钉、钢环、电器、马口铁、火柴和肉等各个行业，都存在类似于加利福尼亚居民所说的那种"章鱼"。19世纪90年代末的一位评论家曾这样说过："美国公民为牛奶托拉斯的利润而生，为棺材托拉斯的利润而死。"

如果说这些强盗资本家是在剥削消费者（甚至欺骗更多的人成为公司股东），那么，他们相互间的规模竞争也是非常无情的。例如，在阿尔巴尼（Albany）和萨斯奎汉纳（Susquehanna）铁路公司的金融控制斗争中，詹姆斯·菲斯克（James Fisk）和J. P.摩根都感觉自己只拥有一条铁路的一端很不舒服。就像其封建时代的原型一样，他们通过决斗来解决这一纠纷，在铁路两端分别装配上火车头，然后全速冲向对方——在决斗之后失败的一方仍然没有放弃，只不过退出了竞争，临走时把铁轨和高架桥砸得粉碎。与此类似，建立了中央太平洋铁路公司的亨廷顿集团，雇用戴维·科尔顿（David Colton）将军去经营一个子公司，这位将军写信给他的老板：

> 我已经学会了一件事。除了我们五个人之外，我们没有真正的朋友。我们不能依靠其他人，因此都必须温厚，团结，坚持我们自己的计划。

于是，科尔顿将军骗了朋友几百万美元。

这种海盗行为同时伴随着另外一个明显的时代标志：经济学家托斯丹·凡勃伦（Thorstein Veblen）所称的炫耀性消费。镀金时代（Gilded Age）的一个痛改前非的人物在回忆录中曾这样描述：宴会上，雪茄用钱包着以享受吸入财富的极度快感；一条戴着价值15 000美元的钻石项圈的狗在人们面前招摇过市；一个婴儿躺在一个价值10 000美元的摇篮中，旁边有4个医生看护，并且他们会定期张贴告示，描述宝宝（极好的）健康状况；纽约第五大道的豪华城堡里摆满了神话般的和近似神话般的工艺品；富人们搜罗囊中羞涩的欧洲皇室家族当女婿。

那是个喧哗，有时透着残酷的时代，但也始终是一个充满活力的时代。然而，我们目前的任务不在于叙述其多姿多彩的社会历史，而在于理解其更深层次的经济后果。如果我们不将强盗资本家的社会形态及其经营所处的环境考虑在内，就不可能仔细思考我们所关注的那个时期。敢于冒险、咄咄逼人、永不知足、一心求胜，这些伟大的企业家是加速这一进程的天然推动者，当时的技术则为这一进程铺平了道路。但是，对于强人与不断复杂化的机器相结合所导致的这些变化，我们的分析才刚刚开始。以上，我们主要考察了大规模生产的直接技术效应；现在必须探究其更广泛的经济效应。

市场结构的变化

我们可以对这些效应进行非常简单的描述。在富于冒险精神的企业家的驱动力，以及大规模生产的自动送料趋势的共同作用下，市场结构内部开始出现剧烈的变化。生产系统的最初特征主要表现为大量的小企业，现在逐渐被另一种系统取而代之：生产越来越集中于数量相对少、规模非常大、实力非常强的企业。

对这种经济稍加留意就会发现当时转型的剧烈程度是很高的。例如，到1900年，虽然纺织厂的数量仍然可观，但是已经比19世纪80年代减少了1/3；同期，农业工具制造商的数量减少了3/5，毛皮制造商的数量减少了3/4。1900年，机车行业由两家公司控制，与1860年19家企业的格局形成对比。从事饼干行业的原来是一大群小公司，后来在世纪交接之际，一个生产商便独自拥有该行业90%的产能。同时，在钢铁行业，庞大的美国钢铁公司单独生产的钢产量便占据了美国钢产量的半壁江山。在石油行业，美国标准石油公司提供了美国石油产量的80%至90%。而在烟草领域，美国烟草公司控制了香烟产量的75%以及雪茄产量的25%。同样的控制在美国糖业公司、美国冶炼公司、联合制鞋机械公司等数十家企业中也可见一斑。

从整体上看，这种变化更加显著。在19世纪之初，根据麦隆·W.瓦特金斯（Myron W. Watkins）的计算，没有哪一家工厂可以单独控制制造业产出的10%。而到了1904年，78家企业控制了本行业总产出的50%以上，控制60%以上的有57家企业，控制80%以上的有28家企业。这种集中化程度因行业的不同而有所差异——例如，在印刷和出版行业根本没有明显的集中，而铜或橡胶行业却是一种高度集中化的市场结构。但是这并不影响总体上的变化。在1896年，除铁路以外，美国价值上千万美元的公司不超过12家。到了1904年，这种大公司有300多家，组合的资本超过了70亿美元。这些巨型企业共同控制了美国工业资本的2/5以上，影响了美国重要产业的4/5。[1]

显然，在市场结构中，类似于某种重要变革的事情已经发生了，这不仅仅发生在美国，而且在所有资本主义国家都是如此。让我们更仔细地考察一下导致这种重要革命的事件的经过。

大企业的兴起

竞争的变化

企业规模增大趋势的最初影响是意料之外的。这种趋势没有削弱市场结构的竞争性程度，而是扩展和加剧了竞争。在19世纪早期的农业、手工业、小工厂经济中，"市场"主要是一些小规模的本地市场，由于交通运输成本很高，每个市场与下一个市场之间是相互孤立的，而且每个市场都由当地生产商供应，这些生产商没有手段也没有动机在全国范围内侵入其他市场。

大规模生产的兴起从根本上改变了这种割裂的市场结构及其内部的竞争类型。由于运河和铁路打开了农村市场，以及新的制造技术大大地增加了产出，市场体系的本地局限性质发生了改变。一个统一的相互连接的市场逐渐把整个国家连在一起，当地供应商微弱的半垄断地位受到了来自遥远的城市大工厂产品的冲击。

随后，第二轮发展很快出现了。由于新的生产技术获得了驱动力，有侵略性的资本家的典型特点是不仅生产，而且过量地生产。"自信的企业家们争先恐后地利用每一次短暂的价格上涨，每一次海关税则的

---

[1] John Moody, *The Truth About Trusts* (Chicago： Moody, 1904)。也可参见 Ralph Nelson, *Merger Movements in American Industry, 1895—1956* (Princeton, NJ： National Bureau of Economic Research, 1959)。

预付款，以及铁路打开的每一个新兴市场，推动了移民浪潮。"托马斯·考奇仁（Thomas Cochran）和威廉·米勒（William Miller）曾这样描述这些工业化时代的历史："他们无休止地扩张工厂，并大力推行机械化，每个人都想争得最大份额的额外红利。"[1]

这种竞争的结果便是导致产出明显扩张，但同时也导致竞争性质发生了重要变化。现在的竞争不仅范围更广，而且也更为昂贵。随着工厂的规模越来越大，设备越来越复杂，工商企业的"固定费用"也增加了——借贷资本的利息、资本资产折旧、行政管理人员开支、土地租金，以及日常管理费用都普遍提高。例如，在19世纪80年代，固定成本平均为铁路运营总成本的2/3。不管销售情况是好是坏，这些成本倾向于保持大致不变。与支付给劳动者的工资不同，工资在工人被解雇之后便会下降，但这些固定花费的支出流是无法轻易削减的。最终的结果是，企业规模越大，竞争导致销量下降的风险就越大，经济的健康程度就越脆弱。

时代的沸腾喧嚣，加上技术对投资规模的稳定增长导致竞争进一步加剧。成长中的巨型企业越来越多，竞争也越来越激烈，铁路对抗铁路，钢厂和钢厂厮杀，每个企业都想获取尽可能多的市场份额，以确保能补偿其固定开支。结果便是大型生产商之间的割喉竞争取代了更加有限的小企业小市场世界中的本地竞争。例如，1869年，纽约到芝加哥的铁路运输100英担（5.08吨）稻谷的费用从2月4日的1.8美元猛跌到20天后的40美分，7月份又重新上升到1.88美元，然后，在8月份又爆发一场"战争"，重新跌回25美分。在油、煤、钢和铜等行业，企业努力争夺所需的市场以实现赢利生产，从而导致类似的价格战屡屡发生。所有这些竞争毫无疑问对消费者是有利的，因为竞争总是使消费者受益，但是对参与竞争的企业来说，这意味着破产的威胁，而且是数百万美元规模的破产。

---

[1] Thomas Cochran and William Miller, *The Age of Enterprise*. rev. ed.（New York：Harper, Torchbooks. 1961）. 139.

竞争的局限

在这些环境下，不难理解经济发展的下一个阶段：商界巨头们决定不相互竞争。

但是它们如何避免竞争呢？因为根据普通法的规定，联合一家竞争者去固定价格或生产计划的合约是无效的，似乎除了自愿合作再没有其他选择了：行业协会、"君子协定"或"联营"（pool）、划分市场的非正式谈判。到了19世纪初，1个索具联营，1个威士忌联营，1个煤联营，1个食盐联营，以及无数的铁轨联营建立了起来，所有这些都是为了将个体生产者从拼命竞争的互助自杀性博弈中解脱出来。但是没什么用。这种市场瓜分协议在经济景气的时期还好，而当光景不好的日子来临，联营便瓦解了。随着销售下滑，降价的诱惑是难以抗拒的，于是从前那种毁灭性的竞争博弈又开始了。

当时的强盗资本家伦理导致了这些困难。"对一个饥肠辘辘的人来说，如果可以抓到面包怎么可能会不去抓呢？"伟大的铁路巨头詹姆斯·希尔（James J.Hill）曾这样说过，"同样，一条饥饿的铁路也不会维持费率不变。"[1]典型的情况是，铁路巨头召开会议制订共同的运费计划，但是，一条铁路的总裁在短暂的休会期间会悄悄溜走，给公司打电报告知新的费率，以便可以率先降价（他的电报被意外截获，所以当集团再次开会时，大家也不得不承认小偷之间没有永远的荣誉）。

托拉斯、合并与增长

在19世纪80年代，一种更有效的控制方法出现了。1879年，新标准石油公司的律师塞缪尔·多德（Samuel Dodd）针对经常破坏石油产业的灾难性竞争提出了一个极好的调解方法。他发明了一种托拉斯的思

---

[1] Cochran and Miller. *The Age of Enterprise*, 141.

想。希望加入标准石油托拉斯的股东要将其实际股份交给新托拉斯的董事会。他们将放弃对公司的运营控制，但可以得到托拉斯的信托证书，凭借这种证书，他们有权得到与其股份相当的利润份额。通过这种方式，标准石油的董事们有效地控制了所有的联合公司，而从前的股东也完全可以分享利润。

最终，如后文所述，托拉斯被宣布为非法。在那之前，这些行业还创造了更加有效的方法。1888年，新泽西州立法机关通过了一部法律，允许该州的公司购买另一家公司的股票。而在此前，在美国其他任何地方注册的公司都无法享受这种特权。结果导致了公司合并的迅速出现——两个公司联合为一个更大的新公司。仅在制造业和采掘业，1895年就有43起合并（涉及4 100万美元的公司资产）；1896年有26起合并；1897年有69起合并。1898年有303起合并——最终在1899年达到了1 208起合并的巅峰，组合了大约22.6亿美元的公司资产。[1]20世纪20年代出现了更大的合并浪潮。1895年至1929年，总共有大约200亿美元的工业公司财富被并入了更大的企业。

在这一点上，我们必须注意某种重要的发展，它完全值得用一整章来描述。这就是公司作为一种组织生产的适应性极强的法律形式，在刺激经济增长方面起着重要的作用。不同于个人所有权或合伙制，公司是完全独立于所有者而存在的，不会由于所有者的死亡而消亡，并且能够以"它"自己的名义签订具有法律约束力的合约。更进一步，公司通过使所有者的义务受限于所购买股票的价值，从而保护了资本家，使其免于无限损失的责任。许多文章完全正确地分析了公司的滥用，但重要的是要承认，在鼓励资本积累和创造组织手段去监督和引导资本进入生产领域的过程中，这种明智的法律创新是多么有价值。

---

[1] Susan B. Carter, ed. *Historical Statistics of the United States*: *Colonial Times to 1970*（New York, Cambridge University Press）, Ser. V, 30—31, on CD—Rom.

控股公司是另一种限制竞争的有效手段。新泽西州在通过允许其州的公司相互持股的一项法案之后，现在还允许其州的公司在任何州开展业务。法律也为核心公司可以直接购买附属企业的控制性股票份额，从而实现控制它们的目的奠定了基础。1911年，当标准石油联合体被最终解散的时候，新泽西州的标准石油已经用这种方法直接控制了70多家公司，间接控制了30多家公司。

然而，我们不要认为这仅仅是朝向托拉斯化及合并的一种运动，托拉斯化及合并导致了能够限制——或消除——竞争的巨型企业。同样，或许更加重要的是企业内部增长的过程。福特、通用汽车、通用电气、美国电话电报公司、杜邦和卡内基钢铁（后来成为美国钢铁的核心）都实现了巨大的增长，因为它们的市场持续扩张，它们够快、有能力、高效、有进取心，足以增长得比其任何竞争者都要快。所有这些企业在发展的过程中都吞并了一些小企业，大多数企业从停止竞争的协议中获益。然而，它们在各自行业内逐渐兴起并达到某种支配性地位，最终不是由于以上这些事实，而是由于企业领导层的活力，以及使巨大规模变得可能且有利的生产技术。

垄断资本主义的威胁

企业规模首次对政府单位的规模构成了挑战。到19世纪末，一些企业单位已经远远超过其所在州的政府规模。查尔斯·威廉·埃利奥特（Charles William Eliot）在1888年指出，一家总部在波士顿的铁路公司，不仅雇员人数是马萨诸塞州联邦政府雇员人数的3倍，作为由此政府创立的公司，其总收入是政府收入的近6倍。如果与美国参议院普霍委员会（Pujo Committee）不到25年之后的发现相比较，当初这家铁路公司的规模相当小。该委员会指出，摩根银行界在112家公司里拥有341个董事席位，这些公司的总财富超过新英格兰州所有不动产及个人财产总值的3倍。托拉斯化的过程不仅侵蚀了市场的竞争结构，庞大的金融控制帝国的出现也形成了某种带有不祥预兆的政治问题。如伍德罗·威尔逊（Woodrow Wilson）所宣称的：“如果垄断持续存在，那么它将会一直掌控政府。我不指望垄断会自我约束。如果美国有些人强大到足以拥有政府，那么他们就会这样做。”[1]

反托拉斯法的兴起

不出意料，巨型企业的趋势遭到社会各界的激烈反对。自19世纪80年代开始，各州一直在努力通过立法来解散压榨公民的托拉斯。路易斯安那州起诉棉籽油托拉斯，纽约州起诉糖业托拉斯；俄亥俄州起诉石油托拉斯——但是收效甚微。当一个州（如纽约州）取缔托拉斯时，其他州寻求从该托拉斯总部的搬迁中获取利益，实际上是在邀请这些托拉斯到自己的州建立企业。当最高法院规定，公司作为“人”在没有“正当法律程序”的情况下不能被剥夺财产时，各州的管制几乎完全失效了。

情况很快明朗，如果各州继续这样做，联邦政府将不得不采取行动。1890年，资深参议员谢尔曼（Sherman）曾表示：“单靠国会可以对付托拉斯，如果我们不愿意或无法解决这个问题，那么每个生产领域很快都将出现一个托拉斯，每件生活必需品都会有一个人制定固定价格。”[2]

结果是，谢尔曼反托拉斯法案（Sherman Antitrust Act）出台了，从表面上看，它是对该问题的一种有效的解决方法。“贸易限制的每一种合约、联合……或共谋”被宣布为非法。违法者将被处以巨额罚款和判处监禁，如能证明自己由于不公平价格操纵而遭受经济损害的人，将得到3倍的赔偿。

的确，依照谢尔曼反托拉斯法案，许多托拉斯遭到了起诉；在1911

---

[1] Richard Hofstadter，*The Age of Reform*（New York：Knopf，1955），231.
[2] Cochran and Miller，*The Age of Enterprise*，171.

年的一次著名诉讼中，伟大的标准石油托拉斯被勒令解散了。然而，尽管一些托拉斯分崩离析了，但是谢尔曼反托拉斯法案还是非常弱小。因违法缴纳的罚款太少以至于达不到惩治效果，再者，征收到的罚金非常少：直到富兰克林·罗斯福的时代，美国司法部反托拉斯局还只有100万美元用于调查和控制数十亿美元的经济事务。事实上，在谢尔曼反托拉斯法案存在的50年时间里，在该法案下被起诉的违法行为只有252起。随后，在19世纪90年代和20世纪初，流行的司法主张大都不赞同这一法案。最高法院较早地给予了谢尔曼反托拉斯法案重击，在美国食糖提炼公司诉讼案中，认定制造业不属于"商业"（commerce），因此该公司购买四个最大竞争者的控制性股票不能被视作"贸易限制的"行为。在这种流行思潮中，企业的集中现象几乎没有放缓就不足为奇了。如当时的一位幽默讽刺家所描绘的："有些东西在外行看来像一堵石头墙，但在公司律师眼中恰恰是凯旋门。"

谢尔曼反托拉斯法案的这些脆弱性导致了1914年更多法案的出台：克莱顿反托拉斯法案（Clayton Antitrust Act），主要是禁止特定类型的价格歧视，以及通过收购竞争性公司股票而进行的合并；以及联邦贸易委员会，其主要任务是界定和阻止"不公平的"商业操作。这些法案并非没有效果。然而，破坏整个反托拉斯运动的，是一个至关重要的、破坏性的事实。反托拉斯的本质目的，在于为面临被巨型企业垄断的市场重建竞争条件。但与这种趋势相反，反托拉斯立法的威慑力仅限于昔日竞争者的完全组合（combination）所导致的垄断化过程。对更加基本的情况——相对小企业来说，大企业在资金、推销和研究等方面都有决定性优势——它无药可施。尽管反托拉斯努力把枪口对准共谋或合并，但它无力反对内部自发增长的事实。

伯利和米恩斯的研究

因此，增长仍然没有停止。贯穿20世纪前25年中的大部分时期，最大的公司不仅获得了增长，而且比小竞争者的增长速度要快得多。如阿道夫·伯利（Adolf Berle）和加德纳·米恩斯（Gardiner Means）在1932年的著名研究中所指出的，在1909年至1928年间，200家最大的非金融公司的总资产比所有非金融公司的总资产的增长速度要快40％。[1]展望未来，伯利和米恩斯得出如下结论：

> 大公司的这种快速增长对未来意味着什么？让我们根据近些年来的增长趋势做个预测。如果大公司和所有公司的财富都以1909年至1929年这20年间的平均年增长率再持续增长20年，那么，到了1950年，所有公司活动的70％将由前200家公司经营。如果以1924年至1929年间更快的增长率再维持20年，那么85％的公司财富将由前200家巨型企业掌握……如果从现在开始到1950年，大公司以及国家财富的这种显著增长是有效的，那么到这一时期结束的时候，国家财富的一半将掌控在大公司手中。[2]

其实，这两位作者要警告的是，如果过去的趋势持续不受限制，那么可以预测在360年内，美国所有的公司财富将融入一个巨型企业，它的期望寿命将与罗马帝国一样。

伯利和米恩斯的预言成真了吗？在后文中，我们将回到这一重大问题上来。在此之前，我们必须考察一个极其重要的事件，即所谓的大萧条。如后文所述，这次事件从根本上改变了我们对经济的理解，包括技术对经济运行的影响的看法。

---

[1] Adolf Berle and Gardiner Means, *The Modern Corporation and Private Property*（New York：Macmillan, 1948），36.

[2] 同上，40—41.

技术作为社会过程

写这一章时，我们想知道多少读者有从过去瞬移到现代的感觉。直到现在，我们一直在考察这种缓慢转型，从基本上以农业为基础的社会，转变为以贸易为基础的社会，再到早期的工业社会。我们看到——回想一下！ ——所谓工厂的工作场所以及不用牲畜拉而用发动机驱动的交通工具出现了； 继而又出现了没有声音、看不见能量的电线。我们制造了一种这样的环境： 在其中，我们感觉自己如同去陌生地带观光的游客，进入了一个并不完全与自己所处的世界相像但又非常熟悉的世界。它就是我们祖祖辈辈一直走过来的世界。

那种旅行的感觉将伴随着我们逐步走进现代生活。然而，现在另外一个问题肯定让读者大吃一惊：技术不是经济史的推动力吗？ 它不是改变了我们所生活的内部和外部世界的压力来源吗？ 除此之外，技术变革不是这个故事——构成本书目的的最重要的历史故事——的关键所在吗？

我们认为你可能已经感觉到了这一问题的答案。但是，思考答案的过程将有助于理解为什么仅技术自己不足以构成我们探寻的历史形成及历史创造的要素。

既然我们质疑你能否找出无可争辩的技术变革能力背后的力量，我们也怀疑你是否知道去哪里找。首先，最初的力量形成必然存在于起初带来技术变化（今天看来是非常简单的水平）的发展。除了逐渐掌握的自然环境本身，那个力量是什么？ 闪电使早期的穴居人知道了火；最初是好奇，后来由于好奇和偶然的机会，穴居人发现燧石也能产生火花，并能点燃干树叶，于是穴居人开始控制火。同样，早期的人类知道某些动物可以被驯化，但是直到中世纪，有些富于想象力的人制造了一种U形项圈，可以使马在拉东西时不会窒息。

从远古的试错中逐渐出现了一些知识主体，它们首先导致了可以对自然进行一定程度的控制。毫不奇怪的是，这些对自然的掌握的最初主张中，有许多已经变成了教条式的程序，这些程序常常成为推动控制程度超越某个极限的障碍：不论是非洲还是北美，孤立部落的技术不会从他们最初的发展中改变，直到作为展品保存在博物馆为止。因此，技术并非天生就是动态的。它需要一种社会环境，可以鼓励而不是禁止人们背离"经实践检验的真理"。当社会不再是古老方式的保护者，而是寻求做事新方法的支持者时，技术进步就出现了。

那个社会是什么样的？我们看到，随着经济安排的出现，社会物质需求的生产和分配方式从传统和命令的附属转向市场的引导和刺激。

正是经济社会的形成提供了激励和指导，使探索、试验和冒险成为可能，这种技术迎合了市场体系、商业世界和资本主义青年时代的需要。

关键概念和关键词

技术进步	1.工业革命带来的不是别的,正是持续的技术进步浪潮以及经济增长。
	2.在研究这些工业发现的影响时,我们必须拓宽眼界,而不是局限于生产率(尽管这毫无疑问是一个最重要的结果)。工业化带来:
城市化	·城市化大大增加。
	·社会内部个人的经济相互依赖程度累积性地增加。
社会效应	·新的工作氛围和工作特征,包括令人厌烦的问题: 枯燥无味的工业劳动(疏远)。
大规模生产 规模经济	3.新技术也导致了生产和竞争特征的变化。生产逐渐变成高度一体化的部件加工过程,使商品的大规模生产成为可能。大规模生产所需的大量资本数额导致巨大的规模经济。
破坏性竞争	4.随着大规模生产的出现,竞争的性质也变成一种破坏性力量。
	规模经济导致这样的情形:主导性企业能够以低于所有竞争者的价格销售商品,从而占领市场。
强盗资本家	5.商界领袖的有野心的"强盗资本家"时代,进一步刺激了新技术的潜在动力。

集中	6. 有野心的企业家精神与工业技术典型的规模经济结合起来，导致了19世纪末20世纪初许多市场上的经济力量的集中。
合并	7. 具有大规模资本设备的大企业的出现，导致相关企业面临非常危险的割喉竞争。于是便出现了联营、托拉斯、控股公司及合并等平息竞争性斗争的各种尝试。
反托拉斯	8. 随着巨大的托拉斯和联合企业的势力增强，出现了一种"抵消性的"政治努力反托拉斯立法，最终以谢尔曼反托拉斯法案（1890）、克莱顿反托拉斯法案（1914）以及后来使合并更加困难的多次修订达到顶峰。
内在增长	9. 在这些法律中，没有哪一部法律能禁止或干预内在增长。于是，大企业继续扩张。伯利和米恩斯在1932年的著名调查中预测，如果前200家非金融公司保持现有的增长速度，那么它们不久就会实际拥有整个国家的经济。

问 题

1. 描述以下发明的社会及经济影响：打字机、喷气式飞机、电视、青霉素。你认为每一项发明的社会影响更大还是经济影响更大？

2. 哲学家卡尔·雅斯贝斯（Karl Jaspers）声称现代技术带来了一种"极大的不愉快"。 你认同吗？你认为在工厂工作是不愉快的吗？在保险公司之类的庞大组织的办公室工作呢？你认为工业工作的性质能从根本上改变吗？

3. 假设你有一家企业，你雇用了5名工人，工资为4美元/小时；进一步假定日常管理费用为100美元/天，每件商品所需材料成本为1美元。如果让5名工人全天工作，每天8小时，生产了10件商品，那么，你的平均单位产出成本是多少？如果生产了100件呢？1 000件呢？

4. 一家工厂每周支付400美元薪水和100美元的日常管理费用，生产了100单位产品，另一家工厂每周支付80 000美元薪水和100 000美元日常管理费用，生产50 000单位产品，哪一家工厂的成本更低？

5. 你如何解释大规模生产的经济？为什么某些行业（如香烟制造）看起来更受益于规模经济，而另一些企业（如理发）却似乎不存在规模经济？

6. 为什么沉重的日常管理费用导致了割喉竞争？这种竞争带来了什么危险？

7. 假定国会决定鼓励回到19世纪中期的竞争状态。商业界必将发生什么变化？你认为这可以通过立法来实现吗？

8. 比较这些情形：农民销售小麦作物，汽车公司主管销售汽车"作物"。在产品定价的时候，每一种情况下承受的主要影响力量是什么？

第六章

大萧条

在上一章，我们集中分析了发展中的工业经济的几个重要方面——生产率飞速提高、大规模生产的影响以及日益密集的市场结构。然而，我们只是在回顾历史的时候顺便提及技术最为突出的一种效应，即技术对经济增长过程的巨大刺激作用。那个问题现在开始引人注目。

在工业革命以前，欧洲普通人的福祉原本是一个极不规则的水平剖面图，在某些年头甚至某几个世纪里是上升的，但在其他时期里是下降的，也许整体上略向上倾斜，但在人均可用的商品和服务产出方面所展现出的肯定并非逐年稳定增加的情形。即使伴随着最初新技术的采用，生活水平也并没有立即改进。在19世纪的第三个25年（1850年至1875年），资本和技术积累开始展现其潜在的力量。在几乎每一个工业化国家，特别是在美国，经济福祉剖面图开始显示出稳定的即便是不规则的改进，这已经成为现代经济时代的标志性特征。

增长的路径

图6-1显示了美国经济增长的总体路径，在19世纪70年代这一增长

过程非常活跃，到了1929年这一过程达到一个高峰，我们在后文中很快就会重新回顾这个时期。如果我们穿过这个不规则上扬的图画一条直线表示平均增长率，同时把好年份与坏年份综合起来，那么我们就会发现增速大约为3.5%（剔除所有价格变化），这意味着产出总量大约每隔20年翻一番。由于人口数量也翻了一番，尽管更慢，人均份额在这种高速增长的商品总量中显然增长得更慢。我们可以粗略地估计人们以每年约1.5%至2%的速度改进福利，这听起来似乎不是很快，但事实上，他们的实际收入每隔40年就翻一番。[1]毫无疑问，这个时期从整体上堪称一段空前进步和改善的时期。然后，非常奇怪，这一时期结束于市场制度历史上的最大灾难——几乎宣告资本主义末日的一场灾难，以我们必须了解的方式永远改变市场制度的一场灾难。

---

[1] 注意，图6-1显示的是根据GDP计算的总福祉，把人均GDP等同于人均福祉。GDP是经济学家词典里的一个术语，表示国内生产总值，大多数美国人都知道这个词（但也许不清楚这个词的含义）。国内生产总值是一国一年所生产的所有最终产品和服务的市场价值。“最终”一词意味着不包括每件商品的市场价值，而只是包括那些已经完工的（或最终的）商品的市场价值。例如，政府统计员会把当年生产的所有汽车的市场价值（销售价格）纳入GDP中，但是不包括汽车公司购买的车轮、油漆、车内装饰、橡胶等的价值。最终商品汽车的销售价格包括这些“中间”商品，因此，如果在汽车价值之上再把这些中间商品也计入GDP便是一种重复计算。

经济学家把最终商品区分为四个类别。第一类是家庭购买的消费商品和服务——食品、衣服和电影票等。第二类是企业购买的资本商品——企业在工厂、设备和追加存货等方面的投资。第三类是地方、州及联邦政府购买的商品和服务——警察服务、教育、公路、国防成本等。最后一类是在国内生产后销往国外的商品，减去在国外生产后销往国内的商品——出口减去进口。这四类产出构成了总的国内生产总值。人均GDP等于总产值除以人口。注意：GDP中不包括社会保障、失业保险和福利等“转移支付”的成本。这是因为这些支付不直接来自生产。它们只不过是把来自生产的收入进行再分配。

最后要注意的一点是，直到几年前，美国还用GNP——国民生产总值，而不是GDP来衡量总产出。货币价值上的这种差异很小。GDP计算了在美国国内发生的所有产出的价值，而不论这些价值是由美国公司创造的，还是由外资公司创造的。GNP不考虑产出的地点，只考虑其所有权性质，位于法国的美资公司的产出是纳入GNP的，但不纳入GDP中，当前，GDP比GNP的使用更为广泛。

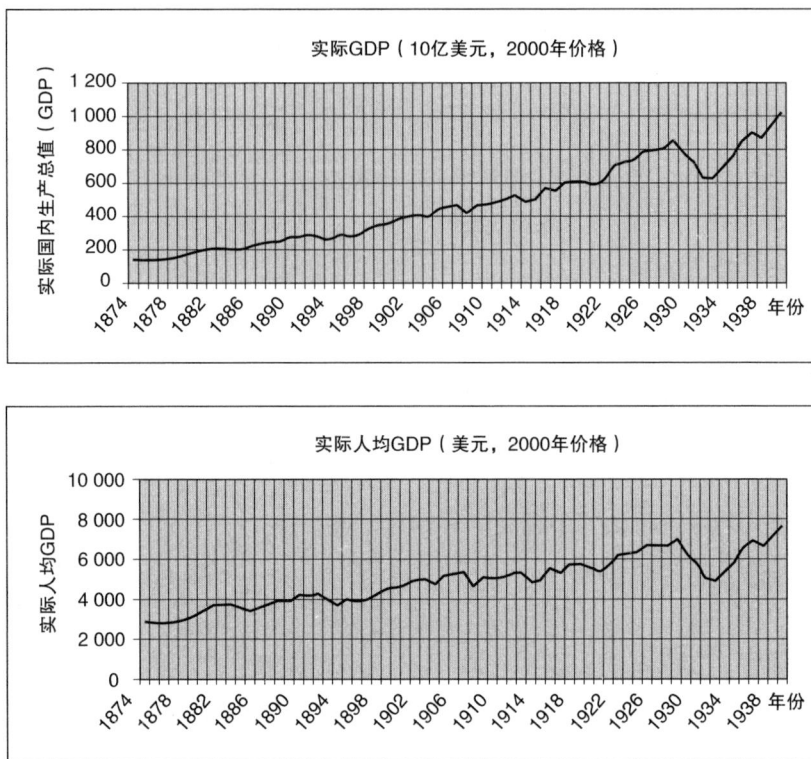

实际GDP（10亿美元，2000年价格）

实际人均GDP（美元，2000年价格）

图6-1　实际GDP与实际人均GDP（2000年价格）

资料来源：Statistical Abstract of the United States

1929年的美国

今天，美国比以往任何时候都更接近于最终战胜贫困。周围的救济院逐渐减少。然而还没有实现这一目标，但如果有机会……借助上帝之手，美国将消除贫困，我们会很快看到这一天的到来。

以上是赫伯特·胡佛（Herbert Hoover）总统在1928年11月的讲话，而且确实，到了1929年，美国经济已经显示出非比寻常的进步。国家人口从1900年的7 600万增加到了逾1.21亿，白人的平均寿命增加了10年，非白人的平均寿命则增加了13年。为了保持、养活和维持增长的人口，美国两个新城市的人口增长到超过100万，5个城市的人口达到50万，近1 500万农村人口变成城市居民。同时，为4 800万人提供了就业岗位——1929年节约了3.2%的劳动力。再者，在制造业中，这些在职人员平均每周工作时间从1900年的约60小时下降到44小时。平均时薪增长了一倍多，而消费品价格的上涨却远远滞后，结果实际工资上涨了大约10%至20%。因此，不足为奇，1929年美国社会的整体氛围是非常乐观的，胡佛总统的官方演讲只不过反映了整个国家当时弥漫的一种非正式的情绪。

股票市场繁荣

当然，几乎没有美国人察觉到一场重要的经济灾难即将来临。相反，大多数人关心的是美国经济的另外一个景象，一个极其引人瞩目的景象。这就是股票市场的繁荣——1929年之前的这场繁荣把大约1 000万人拉入了"市场"，股民们开心地看着自己的钱毫不费力地、轻而易举地增长。正如20世纪20年代社会历史学家弗雷德里克·刘易斯·艾伦（Frederick Lewis Allen）所描述的：

> 富人的司机一边开车，一边收听伯利恒钢铁公司（Bethlehem Steel）的最新消息；因为他持有该公司的50只股票，利润达20点。证券经纪人办公室的窗户清洁工，停下手边的活儿注视着股票行情收报机，因为他正考虑把自己辛苦攒下的积蓄换成席梦思公司（Simmons）的股票。爱德华·勒费夫尔（一个伶牙俐齿的市场报告员，这时要公布重大的个人消息）正跟别人谈论某个经纪人的贴身男仆最近在市场上赚了将近25万美元；一个受过培训的护士，在病人出于感激给了她一些小

费之后把这些小费投入股市，结果赚了3万美元；还有在离最近的铁路也有30英里的怀俄明州牧场，牧场主一天就买了或卖了1 000只股票。[1]

当然，这肯定是投机行为，因此风险也是对等的。从1921年开始，如果有人每年投入1 000美元购买一组代表性的股票，那么他的股票价值在1925年就会超过6 000美元，1926年会接近9 000美元，1927年超过11 000美元，1928年将达到难以置信的20 000美元——比今天价格水平上的10万美元还要多。这只不过是刚刚开始：在1929年的6月和7月，工业股票平均上涨幅度与它们在1928年的全年涨幅基本齐平，而1928年成为股市空前上涨的一年。到了 1929年8月，夏季3个月井喷式上涨已经大大超过了1928年全年的涨幅。仅仅在那3个月里，购买了西屋电气公司（Westinghouse）100只股票的投资者便几乎赚了一倍；哪怕是购买了涨幅缓慢的美国电话电报公司股票的人，其财富也比以前多了1/3。看来每个人只需要去乞讨或借钱来炒股便能发家致富。

大崩盘

是什么戳破了泡沫？没有人确切知道最终应归咎于哪个事件。繁荣中断的时候，就仿佛庞大的水坝突然决堤了。两年多的疯狂导致股价飙升，随后股价又集中在几周内难以置信地暴跌。1929年10月29日，星期二，雪崩般的抛售压垮了交易。有时候，根本就没有购买股票的出价——只有抛售。一家备受追捧的投资信托公司高盛集团（Goldman Sachs）仅在这一天就几乎损失了报价的一半。在交易所收盘的时候（滞后的股票行情收报机，比实际市场交易延长了痛苦的2个半小时），16 410 000只股票被抛售，这在当时来说是一个空前的数字。在这一

---

[1] Frederick Lewis Allen，*Only Yesterday*（New York：Bantam，1946），349.

天，之前一整年的价值上涨被归零。几周之后，300亿美元的财富蒸发了。数以百万计的曾经数着账面收益，自认为富裕了的人此时才发现自己一夜返贫。

在"群体疯狂"中，大崩盘是非常精彩的一章。首先，它看起来与任何更重要的事情没有联系。事实上，在崩盘后的最初几周经常有信心恢复的信号：那时人们总爱说"基本面良好"，然而事实并非如此。可怕的崩盘导致了更可怕的萧条。

大萧条

弗雷德里克·刘易斯·艾伦曾这样写道：

> 奇怪的是，大萧条是一种无形的现象。如果你近距离观察便会注意到，街上的行人比前些年要少，许多店铺无人租赁，乞讨者随处可见，你也许总是能看到等待领取救济的人，还有城镇边缘成片的"胡佛村"（无家可归者居住的一片片油纸帐篷）；铁路上的火车变短了，卧铺车厢也更少了；许多工厂的烟囱不再冒烟。然而除此之外，几乎什么也看不到。许多人坐在家里，尽量让自己保持暖和。[1]

对临时的观察者来说，无论萧条多么不可见，它都绝对不是凭空想象的。首先，国内生产总值——对国家总产出的度量——从1929年到1933年下降了几乎一半。在每2美元价值的最终产品中，将近有1美元直接消失了。结果，失业率急剧上升。1929年失业人数达到了150万人。到1933年，该数字上升了8倍，最终在全部劳动力中，每4个人当中就有1个人没有工作。就整个国家来看，住宅建设下降了90%；几乎没有建

---

[1] Frederick Lewis Allen, *The Big Change*（New York：Harper，1952），248.

住宅。银行倒闭导致900万储蓄存款账户的损失。85 000家企业破产倒闭。据国家劳工部的报告,在宾夕法尼亚州,1932年锯木厂的工资下降到每小时5美分,砖瓦制造业的工资下降到每小时6美分,总承包行业的工资下降到每小时7.5美分。在田纳西州,工厂女工所得工资十分微薄,每周工作50小时只能得到2.39美元。在肯塔基州,矿工只能吃奶牛吃的野草;在西弗吉尼亚州,人们开始抢夺商店里的食品。[1]

萧条的原因:投机

这场悲剧是如何产生的?

当然,一个直接的、突如其来的原因是吞噬整个经济的投机热。这种狂热并未局限于华尔街。在整个美国,一种快速致富的哲学已经摧毁了企业和银行业的正常警惕性。最具不确定性的外国债券被银行热切地(有时候是残忍地)塞入投资者手中,或者更荒唐的是,装进了他们自己的投资组合。[2]再者,投资信托公司和控股公司的庞大金字塔结构在企业运行基础的顶层建起了一栋纸牌屋。例如,Georgia Power & Light Company 被 Seaboard Public Service Corporation 控股,后者被 Middle West Utilities Company 控股,后者又被 Insull Utility Investments,Inc.控股,后者又被 Corporation Securities Company of Chicago 控股(而这家公司又反过来被Insull Utility Investments控股,估计最终是它控制)。在这些公司当中只有一家公司——Georgia Power——实际地生产电力。其他的公司只生产利润和投机机会。这个

---

[1] Arthur Schlesinger, Jr. , *The Crisis of the Old Order* (Boston: Houghton Mifflin, 1957),249—250.

[2] 从渎职的角度看,其中许多交易令人憎恶。例如,国家城市银行经营有价证券的分行给了秘鲁总统的儿子450 000美元,因为他帮忙联系了一笔5 000万美元的债券发行,然后该银行把这些债券卖往秘鲁。总统儿子的“服务”几乎完整地包括不阻碍该交易的一项协议。当然,这些债券最终违约了。[John K. Galbraith, *The Great Crash*, *1929* (Boston: Houghton Mifflin, 1955), 186]

Insull帝国只是拥有美国的公用事业运营工厂75%股权的12个控股公司的其中之一。

所有这些操纵活动都为萧条铺好了道路。当股票市场最终崩溃的时候，一起倒塌的还有它极其脆弱的信用结构。完全靠借钱购买有价证券的个人投资者，把股票卖掉脱身，以偿还经纪人的债务。购买了可疑外国债券的银行和金融机构突然破产了。同时，混合着可怕的恐慌，货币当局实行的政策无意间进一步弱化了银行系统，大大延长了萧条期。[1]

农场的脆弱性

由于受到不稳固的、投机的金融上层建筑的束缚，我们在这种经济的脆弱性中判定了大萧条的一个原因——或者更具体地说，一个因华尔街崩盘而导致如此多企业活动被拖垮的原因。然而，这并没有穷尽有关萧条的所有解释。毕竟与从前的那些投机灾难相比，没有哪一次比这次崩盘更糟糕的了。为什么它会久拖不决，成为根深蒂固的顽疾？

这一问题将我们的注意力从1929年的巨大灾难转向崩溃前几年的整体经济状况。如上所述，20世纪前25年是一个空前扩张的时期。然而，如果是这样，那么在产出和收入总体数字上升的背后存在隐藏的问题吗？

毫无疑问，确实存在着这样一个非常令人不安的部门。这就是农业部门，特别是最重要的粮食问题。整个20世纪20年代，农场主是美国经济的"病人"。每年都有更多的农场主成为佃农，到了1929年，美国10个农场主中就有4个不再是独立的经营者。与城市居民相比，农场主的福利水平一年不如一年。在1910年，每个农场工人的收入还不到非农场工人的40%；到了1930年，这一比例甚至降到30%以下。

---

[1] 参见 Milton Friedman and Anna Schwartz, *The Great Contraction*（Princeton. NJ: Princeton University Press, 1965）。

毫无疑问，农场的部分问题是因为历史遗留困难。现在又有了新的困扰，干旱、强大的铁路和仓库联合体的剥削，以及农场主自身的土地投机倾向，共同导致了农场主成为美国经济中众所周知的病态的一员。再者，美国农场主一向对土地粗心大意，对农业生态漠不关心。当面对一个普通的个体农场主时，你可能会说他之所以贫穷是因为他的生产效率低。在1910年至1930年间，农场的生产率稍有提高，但是与农场外的其他行业相比依然相形见绌。对美国大多数农业生产者来说，困扰看起来在于种植或养殖的产量不足以使他们过上体面的生活。

缺乏弹性的需求

然而，如果把农业看作一个整体，答案可能截然不同。假定农业生产率与整个国家的生产率水平是齐头并进的，那么整个农业收入就会上升吗？答案是令人不安的。总体而言，农产品的需求完全不同于工业品的需求。在制造业领域，当生产率上升且成本下降的时候，工业品更加低廉的价格将吸引巨大的新市场，如福特汽车。但是，农产品却不是这样。当食品价格下跌的时候，人们对食品的实际消费不会大幅度增加。总体农业产出的增加导致了更低廉的农产品价格，但并不会给农民带来更多的现金收入。面临所谓的"缺乏弹性"的需求——对价格变化的反应不成比例的一种需求，在面对大量产出时销售者的处境更为艰难。

这正是20世纪20年代所发生的事。从1915年到1920年，农场主的日子比较好过，因为第一次世界大战大大增加了对农产品的需求。农产品价格上升了，农场主的现金收入也上升了；事实上，他们的收入增长了一倍多。然而，当欧洲农场在战后恢复生产时，美国农场主的农作物完全滞销了。尽管农产品的价格急剧下降（1920年至1921年的一年时间里就下降了40%），但是购买量却没有做出对等的回应。于是，农场主的现金收入与价格一样急剧下降。同时，他们的税收却提高了大约70%，抵押付款和生活成本总体上增长了大约一倍。尽管这种情况在20世纪20

年代后期有所改善，但是仍不足以使农场主回到过去的繁荣景象。

这里存在一个经济学和历史学上的教训。如果农场主可以组成一个只有少数销售者的垄断产业，如同钢铁或汽车产业那样，那么农业收入的下降可能就会得到遏止。在产品需求缺乏弹性的情况下，较少的生产者能够弄明白共同削减产出的意义。他们会默契地或以其他方式统一行动，将产量控制在市场可以吸收的数量并实现合理的价格，而不是向一个没有需求的市场倾销产品。然而，20世纪30年代的个体农场主远远不是我们所想象的垄断者。当农作物的价格下降的时候，个体农场主减少产出不会带来任何好处。相反，在这种高度竞争的情况下，农场主的最佳选择就是在情况变得更糟之前赶紧尽可能多地卖掉产品，因此在无意间使情况更加恶化。

究其核心，农业部门的问题是，在这种特殊的情况下市场机制无法导致满意的结果。[1]如果不是因为另外一种发展，问题也许不会这么严重：在农业保持停滞不前的时候，制造业却突飞猛进地增长。然而，制造业的增长受到了侵蚀，因为美国市场的1/5——农业部门——不能使产量的增长与购买力增长相匹配。因为农场主的购买力滞后，对拖拉机、汽车、汽油和电动马达，以及工业消费品的需求普遍降低了。于是，农场的脆弱性便预示着整个经济的脆弱性，美国整个低阶层的购买力跟不上全国工业生产发展的步伐。

----

[1] 从理论上看，相对其他追求来说，如果某种商品的生产者补偿不足，那么有一种对策可以解决这一问题：生产者将离开这种补偿不足的行业去寻找更有利的职业。美国农民也的确尝试过这种方法。据估计，每一个城市工人去农场工作就有20个农民离开土地去城市找工作。不幸的是，这种对策奏效的速度不够快。尽管农业部门的相对规模平稳下降，但其绝对数量的下降并不显著。从1910年到1930年，大约1 000万农民仍然"被固定在"农场，他们当中也许有一半的人除了勉强维生之外几乎不能对国民产出有所贡献。

工厂的脆弱性

20世纪20年代的大多数经济学家可能赞同农场的潜在问题有其根源所在。然而，如果我们说另一种潜在问题存在于工厂或矿山，也许很少会有人赞同。在20世纪20年代，大多数人的目光锁定在工业部门的一个方面——生产，这里当然不存在可抱怨的理由。

如果更近距离地考察，我们就会发现在这个大概是经济中最活跃的部门里也存在非常严重的迹象。当生产稳定增长的时候，就业却没有稳定增长。例如，在制造业，1929年的实物产出比1920年高出49%，然而就业却没有变化。在采矿业，产出上升了43%；就业却下降了约12%。在交通运输业和公共事业领域，产出更高——交通运输业略微高一点，公共事业中的电力产出特别高，而就业实际上却下降了。

尽管就业在某些部门下降了，但是在建筑、贸易及金融、服务行业和政府等部门，总就业却显著增加了。然而，所有这些吸纳就业的产业都有一个共同特征：它们都相对缺乏技术进步。换句话说，就业下降的所有产业都是以快速技术进步为特征的。对经济整体上升趋势的压制来自科技替代的逆流，是技术变化的一种负面力量，而技术变化正推动经济系统强力运转。

技术与就业

在考虑技术的时候，我们就在探究它可能会对就业产生何种影响，并且这种探究从未停歇。更恰当地说，当我们在前文详细分析了工业技术增加产出的能力时，我们就已经含蓄地假设技术对就业的影响是正面的。然而，不难看出，技术并不总是有利于就业。当一项新发明创造了一个新产业（如汽车产业）的时候，技术显然具有巨大的就业创造效应。即便在这种情况下，也存在一个逆流，虽然这个逆流很小，因为增长的汽车产业挤占了原来的四轮马车产业。当我们转向不能创造新需求，而仅仅是使现有产业生产率得以提高的发明时，技术变化的最初影响显然会导致严重的失业。

被技术进步取代的工人也许最终会被重新吸收，特别是在经济快速增长的情况下。我们在本章后面的部分将重新回到这一问题，但现在要进一步考察的是，20世纪20年代快速的技术变化对"替代工业"的影响。我们在这里观察到了一个有趣的事实。随着生产急剧上升和就业的急剧下降，每小时的人均产出在快速增加；事实上，1920年至1929年间，交通运输业的每小时人均产出增加了30%以上，采矿业的每小时人均产出增加了40%以上，制造业的每小时人均产出则增加了60%以上。这种更高的每小时产量原本意味着工资的大幅度上升或价格的急剧下降。然而，事实并非如此。只有加入工会的铁路部门的工资率上升了（大约5%）。在采矿业，时薪下降了近20%；在制造业，工资保持稳定。由于工人每周的工作时间也减少了，所以在这些产业，工人的平均年收入远远落后于生产率提高的步伐。在采矿业，平均年收入从1 700美元下降到1 481美元。在交通运输和制造业，年收入在1920年至1922年间持续下降，直到1928年和1929年才恢复到1920年的水平。

因此，得益于更高生产率的收益并没有以更高工资的形式流向产业工人。它们以更低价格的形式流向工人了吗？是的，在某种程度上是这样的。在1920年至1929年间，生活总成本下降了大约15%。如前文所述，这种生活成本的下降部分得益于食品价格的下降。从1920年的战后顶点到1921年，非食品商品的价格锐减，此后到1929年，它们下降了大约15%，但是这种下降不足以将来自产业技术的所有收益分配出去。这个观点是从何而来的呢？因为大型制造业公司的利润在1920年至1929年间飙升。从1916年到1925年，这些公司平均每年获利约7.3亿美元；从1926年到1929年，它们平均每年获利约为14亿美元。其实，1929年的利润相当于1920年的3倍。

收入分配不公

我们可以根据以上发现总结出工资和利润的趋势，从而揭示自1929年开始击败经济增长的这种突发的脆弱性的一个更为深层次的原因：收入分配方式不当使体系易于受到经济冲击的影响。

这并不意味着美国经济无法产生足够的购买力去购买自己的产品。一个经济体总是能创造出足够的潜在购买力去购买它所生产的产品。

然而，源自生产的收入支付存在着非常严重的分配不公。并非所有来自生产的收益都流入了有购买意愿的人手中。其实，支付给低收入劳动者阶层的收入是可以转为购买力的，因为工人倾向于迅速花掉自己的工资。然而，以利润、商业利息或非常高的个人补偿为形式的收入或许不会很快地转变为购买力。利润或更高收入可能变为储蓄。它们也许最终会回流，形成源源不断的大量的购买力需求，但是，储蓄收入不会自动地通过消费支出这条路线回流。相反，针对这种收入必须寻找一条不同的路线——投资和资本建设的路线。

当我们回溯1929年的经济时，现在可以看出什么或许是经济脆弱性最深层次的原因：事实上收入报酬并没有足量地流向那些实实在在要花钱的人。我们已经明白为什么有无限消费欲望的农场主和工人却没有购买力。现在，我们必须通过搞明白不能成功地把生产率的收益分配给低收入群体如何增加了那些潜在不花钱者的收入，从而将这幅图景完成。

我们在此看到的是一种非同寻常的、持续恶化的收入集中。到了1929年，15 000个家庭或个人处于全国金字塔的顶点，每户或每人拥有100 000美元以上的收入，大概相当于金字塔底层500万至600万户家庭的收入（参见表6-1）。这里涉及的不仅仅是道德公平问题。这种不寻常的收入集中意味着20世纪20年代的繁荣——对大多数美国人来说，它是一种迄今为止无与伦比的繁荣，事实上掩盖了某种极其严峻的、具有潜在脆弱性的经济形势。因为，如果检查美国的持续推动力，那么这种不平衡的购买力分配就是一个严重的问题。只要高利润、薪水和红利继续返回收入流当中，一切都没问题。但是如果它们没有回到收入流中，情况会怎么样呢？

表6-1　美国顶层收入

顶层1%和5%的总人口所得总收入的百分比[1]

年份	顶层1%（％）	顶层5%（％）
1919	12.2	24.3
1923	13.1	27.1
1929	18.9	33.5

资料来源：Susan B. Carter, ed., *Historical Statistics of the United States*: *Colonial Times to 1970*（New York: Cambridge University Press）

资本形成的关键作用

该问题引领我们来到决定市场社会中活动水平的一个重要关系：社会想要制造的储蓄与有利投资机会之间的关系。只有从总体上把握市场社会的这个核心经济问题，我们才能解释大萧条的主要事件。

事实上，对于储蓄和投资之间的关系，我们已经讨论了一半。在有关工业革命的那一章里，我们把储蓄视为资本形成不可或缺的前提条件。现在我们必须结合下一步的增长过程来继续深化这一理解。如果没有足够大的资本支出去吸收储蓄，就不能推动经济向前发展。如果储蓄对于投资是必不可少的，那么投资对繁荣而言也是极其重要的。

其实，由于投资支出是储蓄返回收入流的一种方式，所以我们可以理解，追加资本设备存量的速度将对整个经济福祉产生深刻的影响。当用于投资的支出迟缓的时候，我们面临的就是不景气的境况。当用于资

---

[1] 表中显示的是"可支配收入变量"，即税后收入和资本收益所得。

本形成方面的开支加速的时候，经济会重新景气起来。换句话说，资本形成率是繁荣或衰退的关键。

但是这并没有告诉我们资本支出率为什么是波动的。然而，只要稍微思考一下就可以把答案弄个水落石出。消费支出一般而言是一个可靠的、稳定的过程。大多数消费品很快就会被消耗掉，必须更新换代。维持既定生活水平的愿望不会受到突发性转换或变化的影响。作为消费者，我们在相当大的程度上都是一种习惯性生物。

投资与利润预期

而资本支出就并非如此。与消费品不同，大多数资本商品是耐用的，因此更新换代的时间容易被推迟。还有一点与消费品相反，资本商品的购买不是出于习惯或个人享受；购买资本商品的动机在于期望它们在投入使用时能带来利润。我们经常听到一个新商店、一台新机器和多余的产出都必须"赚回成本"。新的投资可以增加产出，但多出的产出必须带来有利可图的销售。如果出于某种原因不能产生预期的利润，那么投资将不会发生。

从以上分析可以看出，预期利润（可能高于也可能低于某个时刻所实现的实际利润）对资本形成率具有至关重要的影响。但是为什么——这是最后一个问题，显然也是一个关键问题——对新的投资商品就没有了利润预期呢？

要想寻求这个问题的答案，我们首先要回到20世纪30年代初的出发点。一个原因可能是大崩盘之类的投机崩溃摧毁了人们的信心，或削弱了健全的财政状况，从而导致了一段时期的紧缩，而金融事务却仍然有序地进行。另一个原因可能是，成本上升和货币问题阻碍了繁荣：银行也许放贷过度，用于新资本项目的货币突然紧缩了。还有一个原因也许在于收入分配不公可能导致了消费支出的滞后，就如同20世纪20年代末期那样，从而抑制了工厂的扩张。人口增长或家庭形成的速度可能下降了，从而导致对住房需求的下降。或者，也许是繁荣的自然死亡——繁荣所基于的技术进步浪潮或许逐渐衰退，建立大规模产业所需的巨大投资可能已经完成，而具有同等资本吸引力的第二波浪潮没有及时兴起，取代技术进步的浪潮。

投资下降的效应

正如我们所看到的，这些原因中的许多因素都可能导致大萧条时期资本形成过程的中断。大崩盘（它本身就严重打击了信心和银行及控股公司的偿债能力）、农业部门的脆弱性、技术升级换代的滞后，以及收入分配不公共同导致经济增长实际上的停滞。表6-2中有关美国国内私人投资总额——私人资本形成的恰当术语——的数额讲述了自身黯淡的故事。

表6-2 美国国内私人投资总额

年份	居民非农场建设	其他建设	生产者的耐用设备	库存变化
	10亿当前美元计			
1929	3.8	5.0	5.6	1.7
1932	0.7	1.2	1.5	−2.5

资料来源：Susan B. Carter, ed., *Historical Statistics of the United States: Colonial Times to 1970*（New York: Cambridge University Press）

因此，大萧条从本质上看是资本形成率的一种巨大的、长时期的崩溃。席卷了住宅、制造业工厂及设备、商业建筑和存货积累等各个行业，整个经济几乎陷入瘫痪。在1929年至1933年间，投资商品产出的实际价值——扣除价格变化补助之后，缩减了88%。尽管资本商品产业在1929年的雇员人数只占总劳动力的1/10，但是到了1933年，总失业人数中的1/3要归咎于这些关键性产业的萎缩。这是导致萧条的一个重要原因。

乘数效应

然而，问题不止于此。当由于投资不足导致储蓄不能恢复有效的购买力时，购买力下降会开始蔓延。如果一个钢铁工人由于建筑业的衰退而被解雇，他肯定会最大限度地削减家庭开支。这又反过来令生产钢铁工人日常消费品的企业的收入出现进一步的损失。又会有其他一些人将失去工作或减少收入。如此以往，便出现了一种滚雪球效应，或者使用恰当的术语，称其为乘数效应（multiplier effect）。

这有助于我们理解大萧条的机制。随着20世纪30年代初资本支出的下降，它们也拖垮了消费支出——由于乘数效应，其下降幅度比投资支出的下降幅度更大。从1929年到1933年，消费从790亿美元下降到490亿美元，几乎是投资绝对量下降的两倍。消费下降反过来又进一步降低了资本支出流。

诚然，这一过程也会以相反的方向运行。当资本支出重新开始上涨的时候，消费支出一般也会以更大的数量上升。例如，1949年杜鲁门总统在一次广播讲话中指出，10亿美元的新公共支出将增加315 000人的初始收入，同时也将进一步增加超过70万人的收入。无论在扩张过程中还是在紧缩过程中，经济活动都存在一种典型的累积模式：成功孕育进一步的成功，失败导致进一步的失败。

我们对经济波动理论的简短阐述就到此为止。然而，我们所得到的理解令我们明白大萧条不仅仅是一种历史现象，更是市场社会特有问题的一个例证。我们已经知道，市场社会20世纪20年代的运转失常如何为大萧条铺平道路。在下一章我们将追寻20世纪30年代的经济挣扎，考察美国经济是如何努力摆脱最深的、最具破坏性的、史无前例的萧条的。

来自大萧条的教训

我们上一章主要讨论技术变化，其间我们必须寻找出经济学的作用，来到了这一章，现在我们必须找出什么的作用？我们的建议是：另一种经济学。迄今为止，经济学分析的是社会安排，人类通过这种安排可以为其生存最重要的经济活动——集体生存的保障带来秩序。在那种背景下，经济学分析的是截然不同的方式，在这些方式里传统、命令和市场机制产生了不同的结果，并随着时间的推移伴随着不同程度的成功和失败。

令人吃惊的是，在这一章中经济学不再适合寻求社会富足的不同模式的更替。相反，在萧条时期里经济学集中于社会瓦解过程而不是秩序，集中于衰退而不是前进。

但是，关于萧条的这一章如同关于技术的前一章一样，也许会使注意力实际上偏离我们理解经济史的演进动力这个更大的目标。考察技术的焦点不在于发明本身，而在于导致技术发现和改进的社会态度及雄心的变化。同样，作为聚焦于萧条年代经济史的学生，我们的关键任务不在于考察它所造成的破坏，而在于理解导致人类及机器能力深入而持久未充分利用的过程，而在不久之前这种能力却得到了深入而持久的扩张。正如我们在下一章将看到的，在大崩溃之前两个世纪曾经运行得极为精彩的系统为何在这一时期的运行中出现了经济失灵，在寻找这种原因的过程中，经济学将发现一个极其重要的新焦点。

从史无前例的经济崩溃的悲剧中可能得出怎样的建设性结论呢？答案是对资本主义经济如何运转——有时运转失灵，逐渐获得了新的理解。这就是后面几章我们要讨论的主题，它与我们当今的时代息息相关，伴随着又一次的历史性衰退，全球经济兴起了。

关键概念和关键词

增长	1.在1929年以前的100年里,明显的经济事实是经济增长的长期趋势——这一趋势使美国的人均收入大约每40年翻一番,并且为美国带来的这种繁荣在1929年达到空前的顶峰。
萧条	2.随着大萧条的到来,这种长期增长的趋势最终灾难性地停止了——将近十年。导致大萧条的原因是多方面的:
信用结构	·投机性的、不稳固的信用结构,被1929年的股市崩盘和不恰当的货币政策摧毁了。
收入分配	·农场购买力的平稳下降,缺乏弹性的农产品需求令其雪上加霜。
技术性失业	·技术性失业的一个巨大逆流。 ·糟糕的并进一步恶化的收入分配。
资本形成	3.这些因素共同造成了巨大的资本形成崩溃。在1929年至1933年间,投资(按实际价格计算)下降了88%。
国民收入	4.投资下降是国民收入下降的主要原因,因为投资是储蓄返回到国民支出流的途径。当投资不能使储蓄返回支出流的时候,衰退便开始了。
投资支出	5.因此投资是决定繁荣水平的关键要素。然而,投资也是非常易变的要素,因为投资支出依赖于期望利润。当预期不乐观的时候,不会产生新的资本形成。
乘数效应	6.投资支出相对较小的下降将蔓延至整个经济。这就叫作乘数效应。

问题

1.结合你当前了解的经济知识讨论大萧条形成的原因。你认为有可能出现第二次大萧条吗？

2.在你认识的家庭中，有多少人在为资本形成，也就是说出于投资目的而不是出于消费目的，而提供商品和服务的公司工作？

3.假设你在经商并打算建立一家工厂来生产一种有前景的新产品，比如说某种铅笔，它的耐用性是当前市场上的铅笔的2倍。什么样的发展可能会使你放弃这项投资？与你对当前形势的了解相比，你的最终决策在多大程度上会依赖于你对未来的预期？

4.你存入银行的货币如何重新回到某些人手中成为他的收入？你为一家新成立的企业所投入的货币呢？你投入保险的货币呢？

5.如果你的（或你父母的）收入突然下降了一半，你的开支将减少多少？什么类型的企业会因为你的开支下降而受到冲击？他们接下来会减少开支吗？

6.为什么投资对繁荣水平是至关重要的？

第七章

公共部门的兴起

**THE
MAKING OF
ECONOMIC
SOCIETY**

这个国家需要行动起来，现在就行动起来。……我们必须采取行动，迅速地采取行动。

上述文字摘录自美国总统富兰克林·德拉诺·罗斯福在1933年3月4日的就职演说。虽然如今我们很难体会，但当时社会环境紧张又令人绝望：在就职典礼开始前的几个小时，美国的所有银行都关门了。与此同时，货币体系正处于崩溃的边缘，将近1 300万美国人面临失业。上一年在华盛顿举行的15 000名退伍军人大游行被催泪瓦斯、坦克和刺刀驱散。在农场，抵押贷款解除方巧妙地展示了圈套，有力地阻止了那些可能考虑竞标止赎土地的保险公司或银行。与此同时，一群商界领袖在参议院财政委员会面前表现出一种令人沮丧的无能感。一家大型铁路公司的总裁说："战胜大萧条的唯一方法是先触底，然后慢慢重建。"纽约最大的银行之一的行长表示："我没有解决方案。"美国钢铁公司总裁说："我没有补救办法。"众多专家催促道："最重要的事情是必须先平衡预算。"[1]这场危机是深刻而真实的。我们怀疑美国历史上没有比这

[1] Arthur Schlesinger, Jr., *The Crisis of the Old Order* (Boston： Houghton Mifflin, 1957)，457—458.

一次更接近经济崩溃和社会暴力。

罗斯福新政

新任总统的反应是迅速而有力的。亚瑟·施莱辛格写道，在罗斯福就职后的3个月内，"与任何已知的美国历史不一样，国会和国家服从于总统的一连串的想法和提案"。这就是著名的百日新政。这一天，或有心或无意，奠定了政府与私人经济之间新模式的基础，这种模式标志着美国资本主义的重大变革。

在这次变革中，公共部门开始作为经济中的主要力量出现，政府权力在市场体系内的范围和作用空前扩大。本章我们将会追踪从新政初期到20世纪70年代至80年代的政府权力扩张；在下一章中，我们将追溯欧洲的类似情况。此后，我们将探讨美国面临的较新问题和挑战。但在考虑当代问题之前，我们需要从这个标志着20世纪中叶资本主义在所有工业化国家的巨大变革中有所收获。

接下来让我们在百日新政的主要措施中追溯其总体轮廓。总体上来说，大约15项主要法案获得通过：1.《紧急银行法》，该法案允许银行在政府监管下复业；[1]2. 建立"公民保护团"，至少可以吸收部分年轻的失业者；3.《联邦紧急救济法》，向各州和城市提供救济款物；4.《紧急农场抵押法》，它在7个月内向农民提供的贷款金额是前4年所有联邦贷款的4倍之多；5.《田纳西河流域管理法》，设立了全新的政府企业；6.《格拉斯-斯蒂格尔银行法》，禁止商业银行进行股票和债券相关投资，保障客户存款；7. 第一部《证券法》，旨在抑制股票投机和公司操纵股价。

这只是新政的开端，远非完结。社会保障、住房立法、国家复兴

---

[1] 这项措施未经众议院批准就通过了，这一事实多少透露出了这个时代的绝望。

法案、公共事业控股公司的解散，以及联邦住房管理局的建立都尚未到来。保护工会权利的《瓦格纳法案》也是如此。事实上，直到1938年《公平劳动标准法案》的通过，新政才得以完成。《公平劳动标准法案》确立了最低工资和最长工时，并禁止州际贸易雇用童工。

虽然全面了解这些重要法案的每一项内容超出了本书的范畴，但是我们可以通过总结新政在应对已有的经济史问题上取得的成就，来获得对新政的总体认知。我们将看到新政标志着市场经济自身发展的真正改变。随着它的出现，我们开始追踪一种新型资本主义的演变，它在许多重要方面与我们已经研究过的资本主义不同。如果我们要把对一般经济史的研究带到当代社会，就必须理解这种演变的本质。

干预市场

在经济严重困难的最初几年，干预工业和农业的主要形式是限制供应。根据1933年通过的《国家工业复兴法》的规定，企业被允许覆盖面很大的价格和生产协议（作为交换，企业要接受提高最低收入的工资协议）。换句话说，这是在通过部分寡头垄断合法化来实现经济复苏。寡头垄断是指权力集中在少数人手中，并非像集中垄断一样集中于一人手中。

《国家工业复兴法》受到了极热情的欢迎，在它的指导下详细制定了将近800个行业规范。然而，随着30年代初低迷的市场在一定程度上恢复了秩序，新的抱怨出现了。许多行业中的小生产商声称这些法规更有利于行业巨头。到1935年最高法院宣布该法案违宪时，问题已经很明显：不是竞争太激烈，而是竞争太少。

大力实施反垄断法标志着政策出现了根本性的转变，我们在第五章中提到过这一发展。虽然角度完全不同，但目标大致相同：让市场运转。

政府能在多大程度上让市场运转？答案远未弄清楚。一方面是寡头垄断的强大力量，另一方面是纯粹竞争带来的自毁效应（例如在农业上），政府的市场塑造力量并不够充分。即使如此，意图使用政府权力使市场更好地运作，标志着资本主义哲学演变的新篇章。

在这种新哲学中，自由放任主义不再必然构成政府与经济之间的最佳关系。相反，人们认识到不同类型的市场将从与政府的不同关系中受益。这些不同关系中包括自由放任主义，它仍是指导很多规则和政策的总则。

新的干预措施

事实上，早在19世纪后期，我们已经看到了对后一种观点的认可，当时反垄断被批准为政府干预形式，来让市场更好地运作。这种认可在新政理念下得到了扩大。例如，政府被认为有必要干预会产生负面外部效应的市场，比如会产生有毒废物或空气污染的特定制造业（如钢铁等）。人们还达成一种共识，要求公司充分告知其客户有关所售产品的信息，无论这些产品是药品还是股票和债券。公平贸易委员会和证券交易委员会正是为了达到这些目的而成立的。在二战后的几年里，大众普遍认为政府应该对市场（例如航空业）和一旦失败可能造成严重破坏的产品（如汽车和轮胎）执行安全标准，以及政府应确保暴露于危险工作流程中的雇员最低的健康安全标准。

干预程度和干预方式仍然存在争议。要让市场更好地运作，方法不止一种。但纠正市场缺陷的善意尝试，最终可能成为烦琐的官僚干预。因此，新政的遗产并不是一张让政府可以随心所欲监管的空白支票。相反，这是一种认知，即当市场不受干预时，它并不总是为公众利益服务；而政府是民主政体解决其经济活动和非经济价值之间不可避免的紧张关系的唯一手段。

银行业的历史弯路

重新定义政府和市场之间的关系是新政期间资本主义结构开始改变

的第一种方式。第二种方式是一种新的观念，即政府应如何行使其对货币数量的权力。要做到这一点，我们必须回溯过去。

各国政府在其境内一直拥有一项独特的特权：只有它们有权制造货币。最初是用存放在皇家金库的贵金属来铸造硬币。然而，从早期开始，这种垄断特权就受到富有的商业银行家的侵犯，他们把自己的钱借给其他商人，有时甚至是借给君主。威胁政府垄断权的不仅是这种放贷。商人自己并不总是拥有这些出借的资金，而是通过书面票据代替硬币或贵金属。但因为他们的财富如此之多，他们的威望如此之高，这些书面票据的价值就"跟黄金一样"，变成了非政府发行的货币。

真正的银行业，正如我们所知，直到18世纪才开始普及。但实际上人们对它的理解不够充分，因此亚当·斯密在1776年发表的《国富论》中加入关于银行如何运作的解释：

> 当任何特定国家的人民对某位银行家的财富、正直和谨慎有足够的信心，相信他可以随时兑付票据时，这些票据就具有了和黄金、白银一样的货币价值，因为人们相信这种货币可以随时兑换。[1]

国有银行的兴起

私人银行业务的增长必然削弱了政府发行货币的专权。同样不足为奇的是，这一至高无上的权力在19世纪逐渐恢复，当时各国政府建立了国家银行，私人银行必须在国家银行中存放自己的准备金。通过这种方式，国家银行能对私人银行发行票据（现在称为银行票据）的能力进行一定程度的控制。不同银行发行的票据不同，不存在统一的美元钞票或

---

[1] Adam Smith, *The Wealth of Nations*（New York： The Modern Library, 1937）, 277.

其他纸币。[1]

在美国，建立国有银行的努力在很长一段时间内都没有成功，这主要是由于各州不愿意中央对货币集权。直到1913年，美国银行业才随着美国联邦储备系统的创立而发展成了目前的形式，由全国理事会和12家联邦储备银行组成。所有重要银行都必须将自己的储备金存放在其所在地区的储备银行。

因此，美联储能够控制整个银行系统的货币数量。通过控制存款储备金的比例，这个系统能够控制其成员银行的放贷能力；通过控制美联储向其成员银行收取的利率，也可以控制成员银行的放贷能力，因为成员银行时不时需要向美联储结款支付透支部分。因此，美联储成为美国负责货币流通的"君主"。

货币政策

我们对银行业历史的简要回顾使我们现在能够了解到货币政策是如何成为公共部门资本主义的另一种新工具的，并且不只局限于美国，在全世界所有发达经济体都是如此。

在大萧条之前，国家调控货币供应主要通过使银行的借贷能力与其客户的借贷需求相匹配。例如在圣诞节期间，银行的客户总是需要用钱，因此美联储通常会降低利率，以帮助供给与需求相匹配。在危机期间，如经济衰退或投机狂潮，美联储同样试图使货币"宽松"或"紧缩"，这取决于理事会对哪种政策最能帮助整个银行系统渡过危机的判断。

然而在我们所谓中央银行的早期，货币政策的其中一个目标并没有得到实践。美联储并没有试图扩张或收缩银行体系放贷能力来加速或减

---

[1] 如果你看一美元钞票，你会发现上面写着："此票据对所有公共和私人债务都是法定货币。"没有一家私有银行可能做出这样的声明。

缓整体经济增长速度。商业周期节奏引发了人们的热议和广大兴趣，但没有人想到利用银行政策来对抗经济的自然运行。[1]

新政的新政策

那是在新政时期发生的大胆改变。[2]从未有任何引人注目的声明宣布货币政策从被动转为主动。相反，在大萧条的压力下，美联储理事和罗斯福政府的许多领导人开始阐明新的目标：货币政策的中心目标是帮助恢复经济的增长。

这听起来可能不是一个特别大胆的政策，但与新政前盛行的观点相比已经非常大胆。例如，在20世纪30年代初，当经济直线下降，失业率惊人地上升时，美联储理事会通过提高利率来减缓货币供应的增长！同样地，在1931年，当理事会担心美国资本可能会外流时，它前所未有地大幅提高利率以将资金留在美国。[3]以被动理念来衡量，这种试图扭转"自然"进程的新政的确是大胆的。

公共支出成为新力量

最后，我们转向第三点，这也是我们正在研究的最重要的变化。公共支出从国家支出中小而被动的部分，上升为一个更大的、有时具有战略性的地位，旨在刺激经济，类似于私人投资支出。

---

[1] 参见 Ben S, Bernanke, *Essays on the Great Depression*, Princeton：Princeton University Press, 2000。

[2] 我们可能会注意到新政引入的主要改革之一是为银行存款提供联邦保险，由联邦存款保险公司（FDIC）承保。这可能是现代资本主义中最稳定的力量，它给个人提供保证：即使银行破产，他们也不会失去自己的钱。

[3] 我们可以注意到，不像其他国家的国有银行那样明确地处在政府指导下，美联储是作为一个独立的机构而建立的。美联储的理事会由总统选出，但总统或国会无权制定或改变美联储的政策。因此，当美联储对经济前景的看法与行政或立法部门不同时，就会出现相当多的摩擦，这并不令人意外。

奇怪的是，罗斯福政府刚上任时并不知道这一点，商界也不知道。事实上，包括经济学家在内的几乎所有人都认为，解决大萧条的唯一处方是平衡政府收支预算。

但有些紧急情况是不能拖延的，即使它们会使收支预算不平衡。许多失业者实际上处于饿死的边缘，私人、国家和地方慈善机构的资源已经所剩无几。罗斯福总统与他的前任不同，他认为接受联邦救济不会使失业者"士气受挫"，就像接受联邦贷款的复兴金融公司不会使企业"士气低落"一样。上任第一年的5月，罗斯福就成立了一个救济组织；一年后，近1/7的美国人得到救济。在9个州，1/5的家庭，以及在某个州1/3的家庭都依赖于公共救济。每个家庭平均每月补助金不到25美元，因此这种救济除了使这些不幸的家庭免于饿死之外，并没有起到多大的额外作用。但它确实提供了一个经济基础，无论这个基础多么薄弱。

救济的直接目的是人道主义。但不久之后，人们又想到救济开支的其他可能性用途。很快，大量的救济开支被用于各种各样的公共工程：学校、道路、公园、医院、贫民窟拆迁，甚至还有联邦美术、戏剧和写作项目。

然而，随着公共工程项目的发展，联邦政府的财政状况开始恶化，到20世纪30年代中期，联邦政府每年有20亿到30亿美元的长期赤字。赤字意味着借款。因此，政府花费的税款（不仅用于公共救济，也用于农业补贴、退伍军人奖金、公共住房和对各州的救助等）超过税收收入时，它便向个人、公司和商业银行发行政府债券。每年国家债务总额随着未偿债券总额增长。1929年，国家债务总额为169亿美元。到1935年已经上升到287亿美元，而且每年都在稳步上升：1937年达到360亿美元，1939年达到400亿美元，1940年达到420亿美元。

经济没有反应

起初，联邦政府的巨额开支被商界和银行界谨慎地接受为必要的权宜之计。然而，没过多久，即便是在政府内部，不断增加的赤字也引起了相当大的担忧。政府支出经常超过税收收入的现象被解释为"政府注资刺激经济"：政府注入燃料，以期带动停滞的私人支出，之后将不再需要政府进一步的注入。因此，数十亿美元的政府支出被寄希望于能推动商业部门支出和就业的螺旋式增长。

但螺旋式增长并没有出现。1933年后，在政府支出的带动下，消费支出开始上升，但私人资本支出却落后了。虽然私人资本支出在1933年之后也有所改善，但直到1938年仍比1929年低40%。

为什么私人投资没有增长？部分原因在于被用于解决大萧条的政府赤字，反而把企业吓得陷入经济瘫痪，从而延长了大萧条时间。再加上新政的改革立法，企业对政府新出现的大规模经济活动失去了以往的信心。企业高管在不断变化的经济和政治环境中感到不安，没有心情为未来做大胆的计划。总体展望强调的是谨慎而不是希望，周期而不是增长，以及安全胜于收益。此外，在心理因素的背后，还有现实因素在起作用。20世纪30年代，人口增长速度大大放缓，这抑制了重要的房地产市场。更严重的是，与铁路或汽车行业相比，没有一个可以突破技术创新的行业有足够的盈利增长前景，能够吸引私人资本投入。

因此，基于许多原因，新的联邦支出并没有起到发动机的作用。私人投资没有自发地接管其传统的推进功能，这一功能现在暂时由政府来执行。但是，这并不意味着政府的经济影响因此被降级为次要的作用。相反，作为应急措施的"政府注资刺激经济"失败，导致了政府角色概念的扩大。政府开始被视为维护整个市场经济稳定增长的机构。

补偿性政府支出

这个想法形成缓慢，直到20世纪30年代中期才有全面的理论阐述。1936年，约翰·梅纳德·凯恩斯出版了《就业、利息和货币通论》，尽管这本书使用的术语非常专业，但依然是阐述这一概念的最具影响力的著作。很少有书能引起如此大的争议或留下如此永久的烙印。像任何新观点刚出现时一样，这本书一开始似乎很复杂和难以理解，甚至其基本概念也在随后数年成为专业经济学家的讨论主题。现在我们回想起来，这其实是非常简单的大一经济学课程！

繁荣或萧条的关键越来越明显地取决于市场的商品和服务的总支出。当支出高时，就业和收入也高；当支出下降时，产出和就业也会下降。是什么决定了支出？消费支出往往是随个人收入水平被动变化。历史和理论都表明，投资支出较波动。

从这个起点出发，下一步就不难了。如果滞后的私人资本支出造成就业和产出滞后，那么政府为什么不能介入来弥补私人资本支出的不足呢？毕竟公共支出一直都相当有规律，其中大部分用于资本创造的目的，如修建道路或大坝。为什么不能在必要时扩大这种公共支出呢？诚然，这需要政府借款和支出，会增加其债务，但难道大量的私人资本支出不需要企业借款吗？为什么国家债务不能像公司债务那样被处理？公司债务从来没有被整体清偿，而是通过发行新的债券来代替即将到期的债券。

在罗斯福政府的经济学家看来，这些问题的答案很清楚。政府不仅可以而且应该将其支出能力用作确保充分就业的经济手段。因此，他们没有对资本主义进行彻底修正，而是设想了一种新的指导下的资本主义：在这个市场社会中，就业和产出水平将不再取决于变幻莫测的市场，而是会受到公共行为的保护和刺激。

对政府干预的恐惧

然而，在许多美国人，尤其是商界人士看来，事情并非如此。他们认为政府开支本质上是一种浪费，而不断增加的债务会把国家推到破产的地步。在这些争论的背后隐藏着更深层次的怀疑，即怀疑政府开支是通往社会主义的跳板甚至更糟，无论什么声明都无法消除这种怀疑。

这场争论兴于1940年，直到今天我们还会看到它的余波。然而，从某种意义上说，这在罗斯福新政时期是一场无意义的辩论。在高峰时期，年度赤字从未达到40亿美元，联邦政府的采购对国民生产总值的贡献从未超过6%。从政府在整体经济中的重要性来判断，世界上大概没有哪个工业国家比美国的社会主义程度更低。然而，如果说保守派的担忧几乎是不现实的，那么自由派的希望也是不现实的。在普遍不信任氛围中，政府支出的补救措施只能敷衍了事。20世纪30年代的赤字支出只是为了控制，而非为了增长。到1939年，尽管情况比1932年有了很大的改善，但仍然有950万人没有工作，占劳动力的17.2%。

战争的影响

到最后，不是理论决定了政府补偿性支出历史，而是历史塑造了理论。随着第二次世界大战的爆发，政府开支被迫大幅度增加。每年用于战争的开支都在增加，直到1944年联邦开支总额超过1 000亿美元，伴随着这种前所未有的开支增长，国内生产总值也迅速增长。到1945年，美国实际国内生产总值比1939年增长了70%，失业率下降到了最低点。公共支出能够推动经济向前发展——事实上，能够推动经济超越所有先前设想的界限，这一论证是毋庸置疑的。同理，如果一个政府的国内生产总值非常巨大，那么它可以轻松地背负一个更大的债务（现在已经超过2 500亿美元）。

随着战争的爆发，人们对政府和整体经济的态度都发生了显著的变化。经过4年前所未有的努力，美国人民以更加习惯的眼光看待强大的公共部门；同样，在4年创纪录的产出之后，他们以一种新的羞愧感回顾过去大规模失业的日子。最重要的是，他们对战后时期相当恐惧。几乎每一位经济学家都在考虑战争结束后开支的大幅削减，担心失业大军的出现。即便是最保守的观点也对这种回到20世纪30年代的政治可能性感到不安。

1946年通过的《就业法案》是这种态度转变的结果。该法案宣称"联邦政府的持续政策和责任是提供最大限度的就业、生产和购买力"。虽然我们将看到，法案的修订和实施是两回事；但毫无疑问，该法案标志着一个时代的结束。人们曾经坚信，政府促进经济复苏的最佳方式是无为而治。除此之外，"对市场力量的盲目信任在本质上有利于繁荣"也已经过时了。资本主义内部的争论不再是政府是否应该对市场系统的整体运作承担责任。现在人们只是对具体的手段提出了疑问：如何最好地实现这一目标。

新政三要素：救济、恢复和改革

经济历史学家继续就新政开支在推动经济复苏方面的有效性展开辩论。历史学家加文·赖特提出，新政不应被简单地视为类似于2008—2009年衰退期间通过的刺激方案这一类的经济复苏方案。[1]新政计划还有其他目标。一是为那些因经济衰退而一贫如洗的人提供即时救济。这适用于农业工人、制造业、建筑业，甚至艺术界的失业者。1935年建立的失业保险保证了那些收入骤然下降的人至少能有一些收入来弥补损失。罗斯福政府的另一个目标是改革政府和市场之间的关系，改变家庭和企业对政府在保护病人和老人方面所起作用的期望。当然，罗斯福和其他政治家一样，还有一个目标——连任。在赢得连任的路上，新政补贴的拨发以战略性的方式巩固或建立了人民对民主党的支持。

---

[1] Gavin Wright, "The Political Economy of New Deal Spending: An Econometric Analysis", *The Review of Economics and Statistics*, v.56, no.1, pp. 30—36, Feb. 1974.

战后时代

战争于1945年结束。不到一年的时间，联邦支出下降了近3/4。整个国家紧张地等待着就业、收入和物价如预期下降。

但恰恰相反，它发现自己面对的是最出乎意料的结果——令人振奋的繁荣。的确，失业率翻了一番，达到200万，但这还不到劳动力的4％。与此同时，就业人数稳步上升：1945年有5 400万就业人口，1946年上升到5 700万，1947年达到6 000万，1950年增长至6 300万。在战后短暂下滑之后，工业生产出现了增长。

表7-1展示了从大萧条以前直到最近的剔除通胀影响的以固定美元计的增长趋势。从左边的第二栏可以明显看出战后经济繁荣的规模：1960年的实际国内生产总值（剔除通货膨胀）是1930年的3倍多。

表7-1　1930—2010年美国实际国内生产总值
（单位：以2005年10亿美元计）

年份	国内生产总值	私人投资	联邦政府采购	州和地方政府采购
1930	892.6	68.1	27.2	175.4
1940	1 166.6	119.7	89.5	192.0
1950	2 005.6	253.4	249.1	243.7
1960	2 830.7	296.5	468.9	393.6
1970	4 269.9	475.2	576.0	653.3
1980	5 838.8	717.9	555.4	805.9
1990	8 033.8	993.5	799.1	1 062.1
2000	1 126.0	1 970.3	698.1	1 400.2
2010	13 248.3	1 774.5	1 076.9	1 497.4

资料来源：Bureau of Economic Analysis，National Income and Product Accounts

这种巨幅增长的来源是什么？在此期间，私人投资增长了4倍多；但州政府和地方政府的开支，几乎是原来的3倍，而联邦政府开支呈现爆炸性增长，几乎是原来的18倍。显然，在这关键的几年里，公共部门在经济转型中发挥了战略作用。

财政政策开始发挥作用

我们对政府支出所起作用的简要研究，使我们对本章重点讨论的"改变"有了进一步的了解。这种改变包括使用财政政策，即支出，作为一种新的经济控制手段，使用政府支出或减税来推动整个经济向前发展或者是增加税收来抑制经济发展。财政和货币政策共同构成了现代资本主义经济手段。

与货币政策不同，财政政策的起源不能追溯到19世纪甚至18世纪。在亚当·斯密时代，除了促进自由竞争，没有人认为政府能够或应该干涉经济体系的运作。斯密所意识到的唯一动力停留在"期望改善生活条件"，他相信这种动力"从我们出生时就会出现，直到我们进入坟墓才会离开"。[1]

然而，令人惊讶的是，亚当·斯密看到政府在经济上扮演着重要的角色：

> 建立和维护某些公共工程和公共机构。尽管这些公共工程对社会意义非凡，但永远不会赢利，也永远不可能符合任何个人的利益，因此需要政府来承担。[2]

---

[1] Smith, *The Wealth of Nations*, 324—325.
[2] Ibid, 65.

公共部门

因此，从公共部门来看，斯密认为有必要提供公共投资——道路、大坝、学校以及其他基础设施项目。然而，这种政府"职责"不是财政政策，因为它的目的不是维持或加速经济增长，而是促进国民福祉。换句话说，斯密没有把政府支出作为经济中一个"部门"的概念。

这种观点甚至在凯恩斯的书中也没有明确地阐明，而该书已经在很大程度上阐明了我们对当今宏观经济学的理解——对决定国内生产总值的大规模支出流动的研究。[1]凯恩斯对国家干预的必要性写得有些含糊："国家将必须对消费倾向施加指导性影响，这种影响部分来自税收制度，部分来自固定利率，还有部分来自其他方式。"即使在今天，一些人仍然认为把政府作为社会的经济实体和政治实体是有本质错误的。他们忘记了在资本主义制度下，只要政府能够帮助市场克服其遇到的或产生的障碍，政府与经济之间总会存在某种关系。与货币政策一样，财政政策的最终目标是让商业社会运转起来。正如大萧条时，如果没有中央银行体系和响应及时的财政政策，资本主义秩序的延续可能处于严重的危险之中。

我们在这里所描述的只不过是资本主义新阶段的出现，这个新阶段第一次有了一种手段来限制甚至克服萧条，也许还能确保通向未来的道路更加平坦。我们将看到伴随着财政政策诞生的美好愿景太过天真，让人以为这是经济的灵丹妙药。但尽管如此，事情已经有了转机。在这本书余下的章节，我们将继续深入了解欧洲现代化和美国以及全球经济的新的、令人不安的问题，而财政政策将继续作为我们应对21世纪挑战的一个重要手段。

---

[1] John Maynard Keynes, *The General Theory of Employment, Interest and Money* （New York：Harcourt Brace, 1964, first published in 1936）.

支出流动和宏观经济学的诞生

大萧条前的经济学关注价格、工资和维持经济秩序的手段。现在，一个在大萧条之前几乎不为人知的新术语，成为经济学语言中的关键词。这个词是什么？我们只是在最近一章中才遇到它，它的出现也可能并不突兀。但是，当我们回顾前一章的时候，我们可以看到支出现在已经成为经济学的战略性用语。可以肯定的是，在市场体系中，商品的价格是很重要的，但是从买家到卖家的总支出流动，现在成为了解经济体系如何运作的重要术语。

正如我们所知，我们现在感兴趣的不是单个买家的支出，而是所有买家的总支出，这是一条推动社会的巨大的支出之河。当然，总支出始终构成所有市场体系的推动力， 但只要焦点在于单个价格如何影响秩序，支出对决定经济生活活力所起的作用就还没有被确认。

支出是什么？它包括两类：一类是私人支出的流动，我们对此很熟悉，就像每个家庭支票簿上的记录一样。一类是企业的支出，这其中包含原材料、机器、工资和高管薪酬。

因此，私人支出的大河实际上是两条河。第一种是消费支出，指的是使家庭和企业能够维持正常生活的支出。第二种我们称之为投资支出，这种支出不是经常性支出，如购买新房，或者在商业层面，如建立一条新的生产线、建造新厂房、兼购并购等。

为什么支出的概念对我们理解经济社会的形成有了新的意义？有以下两个原因：一个是大萧条的急剧性，经济生活的剧烈转变无法用价格的变化来解释——这是国家崩溃的结果，而不是原因。大萧条突出了支出流动的至关重要性，尤其是作为经济增长主要来源的投资支出。

同样重要的是政府开支在应对大萧条中所起的作用。最重要的发现是，政府用于武器、交通、扶贫的开支大幅增加，可以显著改变一个国家未来的经济。因此，公共和私人的投资和消费支出已经取代价格作为恢复市场秩序的关键手段。如今个人和政府的支出已成为我们重要的经济概念。事实上，支出奠定了宏观经济学的基础，而宏观经济学是指对整个经济体系（包括产出、就业和生产率）的研究。我们将在下一章中继续研究支出。

关键概念和关键词

新政	1. 新政产生于19世纪末20世纪初自由放任的资本主义无力解决其自身产生的问题。其中包括企业和农业领域的严重市场失灵。三个政策的改变标志着新政的持久影响。
市场政策	2. 第一，罗斯福新政在此前未知的程度上干预了失灵的市场。随着《农业调整法》和《国家工业复兴法》出台，农业和工业都进行了重组，以尽量减少市场力量造成的损害。虽然这些尝试大部分都失败了，但它们留下了关于政府责任的遗产，并结束了自由放任主义。
货币政策	3. 第二个主要的政策创新涉及政府对货币供应的调节。新政前的观点只是寻求确保信贷市场的有序状态。而新政则是利用美联储的力量，通过降低利率来注入扩张动力，从而鼓励银行在经济困难时期放贷，以及在通胀时期提高利率，抑制放贷。
财政政策	4. 第三，也是最重要的新政策转变，是有意利用政府在税收和支出上的权力，为停滞的经济注入动力。这项政策一开始是作为一项刺激政策，希望公共支出的激增能迅速带动私人投资的恢复。当这项政策由于规模小以及商业上的困难而失败时，财政政策转向了一个新的方向。在这个方向上，政府支出被视为私人支出的正常补充，尤其是在失业时期。新政策很大程度上是根据英国经济学家凯恩斯的思想制定的。这是与当时世界各地资本主义经济的一种背离。

问题

1. 如何解释胡佛和罗斯福政府之间政治哲学的变化？这是否意味着经济政策同时反映了政治压力和经济思想？或者，这是否表明，如果没有新思路，政策变化将很难实现？

2. 为什么市场结构如此重要？　对于美国的小麦或玉米市场，你认为政策对你有何意义？汽车和飞机市场呢？为什么你选择（我们希望！）不同的政策？对待例如电脑、抗生素、牙膏这些新发明呢？它们是否需要某种监管？如果不需要，为什么？

3. 你是否同意政府开支即使不一定就是浪费，也有浪费的倾向？浪费性支出也会起到刺激作用吗？这是否也适用于企业支出？如何衡量"浪费"？

4. "对资本主义经济而言，政府支出是一项适当而有用的政策"，这一观点在什么情况下不适用？第二次世界大战对经济的影响是否提供了验证？请说出原因。

第八章

欧洲现代资本主义的形成

**THE
MAKING OF
ECONOMIC
SOCIETY**

我们把对经济史的叙述集中在现代资本主义的兴起上，但是我们最初的描述尚未完成。我们前面几章的中心主题不仅是美国资本主义的兴起，而且是市场体系本身的出现。在描述市场体系在美国的发展时，我们并没有涉及所有地区。让我们把目光转向欧洲，从比较欧洲和美国的资本主义进程来获得启示。我们专注于制度变革，而不是详细追溯欧洲的盛衰起伏。

封建遗产

欧洲的资本主义起源于一个与美国非常不同的社会和政治框架。在欧洲，市场制度形成于一个在很大程度上保留了旧世界封建羁绊的社会。在那个旧世界里，许多过去的社会观念和习惯依然顽固存在。阶级意识——更重要的是，对阶级敌对的明确承认，在欧洲的存在就像在美国的缺席一样引人注目。1847年的维也纳，一位社会历史学家如是写道：

> 社会顶层是那些自认为是唯一值得引起注意的贵族。他们的其中一员曾说过人类是从男爵开始的；接下来是想花钱进入上流社会的富商巨贾；再接下来是小商人，自命清高但贫穷的知识分子，更穷但更清高的学生；最后才是那些贫穷但非常非常谦卑的工人。[1]

因此，欧洲的经济社会发展氛围是完全不同的。美国的资本主义，建立在一个崭新和充满活力的基础上，从一开始就是一个社会共识体系；欧洲的资本主义是建立在封建基础上的，阶级矛盾十分严重。美国资本主义不费吹灰之力就获得了"下层阶级"的忠诚支持；而在欧洲，到1848年大革命的时候，那些下层阶级已经把对资本主义的背弃当作他们的希望和信仰了。

国家间的对抗

此外，在解释美国和欧洲经济演变的差异时，还有一个同样重要的原因：两块大陆政治面貌的深刻差异。在美国，除了可怕的内战危机，一个单一国家的目标融合了整个大陆；但在欧洲，由于语言、习俗的历史差异，以及各国间相互猜疑，这种融合难以实现。

因此，在美国，政治上的团结使一个巨大的、不受阻碍的市场得以发展，美国资本主义就是在这样一种环境中发展起来的。而在欧洲，如拼图般的国家边界迫使工业增长发生在狭小的范围里和持续的国家间对抗的气氛中。值得注意的是，尽管整个19世纪欧洲都被认为比美国更"富裕"，但至少从19世纪50年代，甚至更早以前，美国在许多领域的生产力就开始超过欧洲。例如，在1854年的巴黎世界博览会上，一台美

---

[1] Priscilla Robertson, *Revolutions of 1848*（New York：Harper, Torchbooks, 1960），194.

国脱粒机的生产率是其最接近的竞争对手（英国）的2倍，是其最弱的竞争对手（比利时）的11倍。[1]

美国地大物博、资源丰饶和政治团结的优势随着后来欧洲工业的发展扩大。不足为奇，欧洲的生产者像美国的同行一样，寻求限制工业竞争带来的破坏性影响。为了这个目的，他们求助于卡特尔合同性（而不仅仅是自愿性）协议来共享市场或确定价格。在美国，类似于卡特尔目的的托拉斯是违法的，但在欧洲，这种自我保护运动得到了欧洲政府的公开或默许的支持。尽管许多欧洲国家都存在"反卡特尔"法，但这些法律几乎从未得到执行。到1914年，有超过100个国际卡特尔组织，它们代表着最多样化的行业，而欧洲大多数国家都参与其中。[2]

毫无疑问，卡特尔化对那些卡特尔公司的利润报表是有好处的，但却不利于增长——无论是对于巨头公司还是对于新公司。通过建立精心划定和被保护的"保护区"，卡特尔体系奖励的是不具攻击性的行为，而不是大胆进取的经济行为；再加上经常存在的国家边界限制的问题，共同把欧洲生产商推向典型的"高成本、高利润、低产量"的模式，而不是像美国那种效率极高的超大型工厂模式。经济规模的差异在钢铁工业中得到了引人注目的体现。1885年，英国在钢铁生产方面处于世界领先地位；14年后，它的总产量还不及美国卡内基钢铁公司一家企业的产量。

生产率的滞后

结果，到了20世纪初，欧洲的生产力严重落后于美国。1918年的

---

[1] Thomas Cochran and William Miller, *The Age of Enterprise*, rev. ed.（New York: Harper, Torchbooks, 1961），58.
[2] 1939年，估计有109个卡特尔组织也有美国公司的参与，因为反垄断法没有禁止美国公司加入国际限制性协议。

一项研究表明，美国地下工人每人每天的煤产量为4.68吨，而英国为1.9吨，普鲁士为1.4吨，法国仅为0.91吨。1905年，美国单位雇员的人均砖产量为14.1万块，德国工人仅为4万块；1909年，美国工人的人均生铁产量为84.5吨，而英国在1907年仅能达到39吨。[1]这些差距在一定程度上是由于地理上的差异，但限制性的商业惯例使这种差距更加严重。其结果是，进入20世纪以后，欧洲持续地落后于美国。

这种差异在人均收入方面表现得非常明显。例如，1911年美国的人均收入是368美元，而英国的相应数字是250美元，德国是178美元，法国是161美元，意大利仅为108美元。到1928年，美国人均收入增长近1/2；英国、德国和法国的人均收入只增加了不到1/10；意大利的人均收入实际上下降了。

欧洲贸易的关键作用

欧洲工业和农业的分割还带来了另外一个后果：它使欧洲资本主义的发展比美国受制于国际贸易的扩张。

欧洲大陆被划分为许多国家，这使得国际贸易成为国外经济生活中一个持续而重要的当务之急。例如，一项研究表明，在1913年，进口制成品只占美国制成品消费的3.6%，而这个比例在德国为9%、英国为14%、瑞典达到21%。更令人惊奇的是在欧洲一些国家依赖进口粮食的程度：例如，在第一次世界大战前的5年中，英国的小麦产量占本国消费量不到20%，肉类产自本国的比重刚到55%。[2]我们发现欧洲在出口方面同样依赖国际贸易。1913年，美国的出口仅占其国民生产总值的1/15，而法国和德国出口了1/5，英国则出口近1/4。

---

[1] Heinrich E. Friedlaender and Jacob Oser, *Economic History of Modern Europe* (Upper Saddle River, NJ: Prentice Hall, 1953), 224.

[2] *Der Deutsche Aussenhandel* (Berlin: 1932), II, 23; Frie dlaender and Oser, *Economic History*, 206.

因此，欧洲比美国更依赖对外贸易。我们可以清楚地看到美国巨大完整的市场相对于分散的欧洲市场的优势。美国生产率的迅速提高实现了许多规模经济，但欧洲却没有实现。换句话说，在美国，劳动分工能够达到技术所能达到的最高效率，因为最终几乎所有的产品都进入了一个单一的巨大市场，它们可以在国内互相交换。[1]

显然，这个历史故事给我们现在的时代带来了启示。不过先让我们把欧洲资本主义简史讲完。在欧洲，国际贸易在各国互相猜疑、竞争和不信任的阻碍下奋力挣扎，最终失败。20世纪50年代初，德国、比利时和卢森堡边境附近的欧洲钢铁和煤炭产业集群就是一个突出的例子。在这个边长250英里的三角形里，聚集了欧洲90%的钢铁产能，但这种自然的地理分工不得不与政治壁垒相抗衡，这些壁垒在很大程度上损害了实际生产率。通常情况下，德国鲁尔地区的煤矿卖给法国钢铁制造商的价格比卖给德国工厂的价格高出30%；同样，法国铁矿石生产商在德国收取的价格也远远高于国内。因此，虽然美国的钢铁产量在1913年至1950年间猛增了300%，但欧洲的"钢铁三角"的钢铁产量在同一时期只增长了3%。

国际贸易的崩溃

然而，我们举的这个例子本身就包含了一个问题。事实上，在1913年以前，欧洲市场就已经具有类似于国际劳动分工的特征，尽管其程度完全比不上美国市场。到1913年，尽管存在卡特尔和国家间分割带来的障碍，但国际贸易的大量流动提高了欧洲的生产率。虽然这只是一个真正自由畅通的国际市场的开始，但至少欧洲曾有过这种开始。

---

[1] 对于国家应对技术的不同风格的分析，请参见Alfred Chandler, *Scale and Scope：The Dynamics of Industrial Capitalism*（Cambridge, MA: Harvard University Press, 1990）。

是什么终结了这一充满希望的成就？最初是由于第一次世界大战的冲击，以及随之而来的欧洲贸易渠道的暴力中断，以及惩罚性赔偿、战争债务和货币问题带来的破坏性后果。从某种意义上说，欧洲从未从第一次世界大战中恢复过来。欧洲以国际经济合作为代价，慢慢地走向国际经济分离主义，并且这一趋势正在灾难性地加速。关税和配额对国际贸易的增长造成了新的障碍。

决定性的打击是1929年始于美国的大萧条。随着大萧条的蔓延，各国先后设置更多的障碍，切断与其他国家的经济往来，试图免受影响。从1929年开始，日益紧缩的贸易开始扼杀世界各地的经济生活。1929年1月之后的53个月里，世界贸易额逐月持续下降。从20世纪20年代末到30年代中期，德国的制成品进口（按不变价格计算）下降了1/3，意大利下降了近2/5，法国下降了近1/2。随着国际贸易的崩溃，欧洲经济增长的机会也消失了。在此后长达20年的时间里，欧洲经历了一段停滞期，被称为"疲惫的大陆"。

欧洲社会主义

在这种经济失灵的背景下，我们更容易理解当时折磨欧洲资本主义的日益加剧的不安全感。在20世纪30年代，人民群众怨声载道。在英国，社会主义工党显然已取代中产阶级自由派成为反对党。在法国，温和社会主义的"人民阵线"政府脱颖而出，尽管政权并不稳固。即使是在意大利和德国，政府也一再宣称他们同情"社会主义"的目标——尽管这种声明可能只是为了讨好群众，但他们确实表达了群众想要听到的观点。

请注意，社会主义坚定地承诺遵循民主政治原则，并设想通过教育和说服而不是革命和胁迫来"接管"。此外，社会主义者仅仅试图将战略生产中心转变成公共企业，而不是将所有的工业和农业"社会主义化"。

到第二次世界大战结束时，社会主义思想在欧洲大部分地区明显地上升。甚至在战争结束之前，工党就在英国掌权，并迅速将英格兰银行（以前是一家私人银行）、煤炭和电力行业、大部分交通和通信行业以及钢铁行业收归国有。随着战后第一任政府的成立，社会主义的范围扩展到了整个欧洲，从斯堪的纳维亚到苏格兰低地，从法国到意大利（在那里，共产主义者几乎就要掌权）。在许多观察家看来，欧洲的资本主义似乎已经走到了尽头。

欧洲资本主义的复苏

福利资本主义

然而，欧洲资本主义并没有走到尽头。相反，它在战后迎来了一段前所未有的经济增长时期。从表8-1可以看出，从1948年到1973年，欧洲国家的人均收入增长率比一战前增长了2到3倍（意大利是8倍），而且广泛超过了美国经济的同期表现。即使在1974年至2004年期间，法国、意大利和英国的增长率也高于一战前的水平。只有德国经济略有放缓，这反映了1991年统一民主德国的代价极其高昂。

要取得这些成果，这些经济社会必须发生重大变化。其中一个变化就是政治，这听起来一点都不让人惊讶。战后的社会主义政府很快表明它们不是革命性的政府，而是具有改革意识的政府。执政期间，他们制定了多项福利和社会计划措施，如公共医疗保险、家庭福利和津贴，并改善了社会保障；但是，他们没有进行根本性的制度变革。因此尽管欧洲在20世纪六七十年代宣扬社会主义，但它实质上仍然是资本主义国家。

　　当许多社会主义政府在面对战后时期的紧急情况而再次下台时，它们把福利国家的框架留给了保守派，而保守派也都基本上接受了这个体系。回到欧洲资本主义的传统弱点之一，我们可以说这代表了一种保守主义的尝试，即创建一个社会服务国家来修复工人阶级的历史对立，这是一种欧洲式的新政。因此，我们发现在如今的大多数欧洲国家，福利支出在政府支出中所占的比例远远高于美国。例如，大多数欧洲共同体国家的社会保障支出比美国高出50%至100%，其中包括托管式的产前护理、慷慨的假期和普及的儿童看护，而美国政府不会提供这些。

表8-1　人均收入的平均年增长率比较

	法国	德国	意大利	英国	美国
一战前 （1870—1913）	1.4	1.8	0.7	1.3	2.2
二战后 （1948—1973）	3.7	5.3	5.0	2.3	2.0
布雷顿森林体系后 （1974—2010）	1.5	1.4	1.6	1.7	1.7

注：　1948年至1991年的德国数据来自联邦德国。美国二战后的数据是1950年至1973年

数据来源：　M. M. Postan, *An Economic History of Western Europe*（London: Methuen, 1967），17. http：//ec.europe.eu/ economy-finance/ameco

　　欧洲资本主义得以幸存的第二个原因更为重要。这是保守派内部兴起的一场运动，旨在克服更为危险的历史遗留问题——市场的国家分割，为欧洲生产者创造一个完整融合的市场。这伟大的一步被称为欧洲经济共同体，或者更通俗地说，共同市场。

共同市场

　　在某种程度上，共同市场是在马歇尔计划对战后欧洲生产的重要推动下诞生的。根据马歇尔计划，欧洲从美国获得约120亿美元的直接补贴和贷

款，用于重建其被战争摧毁的工业。以今天的美元计价，马歇尔计划向欧洲提供了大约750亿美元的援助。尽管有马歇尔计划的援助，但人们很快发现，如果生产再次受到卡特尔和国家保护主义的限制，欧洲的增长必然会陷入瓶颈。为了防止回到战前的停滞状态，以吉恩·莫内（Jean Monnet）和罗伯特·舒曼（Robert Schumann）为代表的一些具有远见卓识的政治家，提出了一项废除欧洲传统经济壁垒的大胆计划。

该计划呼吁创建一个超国家组织（而不仅仅是一个国际组织），整合法国、德国、意大利、比利时、卢森堡和荷兰的钢铁和煤炭生产。新煤钢共同体设立一个最高当局，有权取消所有成员之间对煤炭和钢铁产品的关税，禁止所有歧视性定价和贸易行为，批准所有主要企业合并，解散卡特尔，为共同体的矿业和钢铁工人提供社会福利服务。到1952年秋，煤钢共同体成为现实，跨国运输的煤钢比共同体建立前多出40%。

紧随其后的是1957年欧洲原子能共同体（泛欧核研究和原子能中心）的创建，以及1958年欧洲经济共同体的建立。欧洲经济共同体是一个真正的共同市场，没有内部贸易壁垒，对外界实行单一的关税。1960年，一个类似的组织（尽管内部"政府"没有这么统一）已经把北欧三国加上奥地利、葡萄牙、英国和瑞士（后来芬兰和冰岛也陆续加入）连接成为EFTA，即欧洲自由贸易联盟。

到2000年，一个真正的泛欧洲经济体出现了，主要标志是建立了一个共同的欧洲货币——欧元，以及欧洲中央银行。有几个欧洲国家，尤其是英国，还没有采用货币协议，因为它们担心政府会失去重要的控制工具：货币政策。然而，在共同货币协定支持者的希望中，欧元日后将会成为与美元和日元相抗衡的国际货币，提高欧洲实力，改善欧洲经济的表现。欧盟继续扩大，目前包括25个国家。2004年有10个国家加入（塞浦路斯、捷克共和国、爱沙尼亚、匈牙利、拉脱维亚、立陶宛、马耳他、波兰、斯洛伐克和斯洛文尼亚），罗马尼亚和保加利亚有望在

2007年加入。[1]目前就是否允许土耳其加入欧盟正在激烈争论。

欧盟的扩张并非一帆风顺。随着成员国的增加，生活水平和经济政策也更加多样化。希腊、西班牙、爱尔兰和葡萄牙的高债务水平，加上德国贸易顺差推动的欧元走强，给欧元区带来了严重的压力。用以支持希腊债务偿还的一揽子贷款要求希腊大幅削减财政支出。这给欧洲带来了街头游行抗议，也为金融市场笼罩了巨大的不确定性。

社团主义

我们概述了欧洲的体制改革，但我们需要更密切地关注其中的一个具体方面：努力在公共部门和私营部门之间以及在劳动者与管理层之间建立一种更具合作性的关系。这种始于20世纪80年代的发展被称为社团主义，这并不意味着工商企业现在公开地控制着这个制度；相反，这个术语指的是尽可能协调企业、政府和劳工的目标和政策。

社团主义因国家而异，但通常以三种制度的变化为特征。第一个特征是管理层和劳动者之间的"社会契约"。这些措施的目的通常是为工薪阶层提供尽可能多的就业保障，作为交换，工人的工资要求也要尽可能让管理层接受。例如，在德国，工会代表在许多公司的董事会中占有一席之地，因此与这些公司的关键战略有直接利害关系。因此，他们同意不迫切要求解决工资问题，因为这将给企业带来无法控制的压力。

社团主义的第二个特征是采用保护工人经济安全的法规。这些措施通常会结合劳动力市场的规定，例如制定裁员的必要流程或保证带薪产假，以及为下岗工人积极提供支持和再就业培训。

社团主义的第三个特征是各方一致同意寻求加强本国在世界生产

[1] 罗马尼亚和保加利亚于2007年加入欧盟。——编者注

中的地位。例如，在劳工和政府的制裁下，鲁尔区的钢铁生产商同意将熟练的劳动力和专业的资本设备集中起来，生产高度专业化的防污染设备，从而避免了每个生产商试图自行抢占市场而产生的高昂费用。另一种形式的公私合作是政府财政和企业管理相结合，以生产在世界市场上占有一席之地的高技术和资本密集型产品。一个突出的成功案例是空中客车公司的创建，它成为波音公司强大的竞争对手。到20世纪80年代，奥地利、丹麦、芬兰、德国、荷兰、挪威、瑞典和瑞士出现了某种形式的社团主义，法国和意大利也出现了社团主义的一些特征。

欧洲增长放缓

在我们聚焦于欧洲制度演变的过程中，我们忽略了它的经济轨迹。这里可以用几段话加以补充说明。回想一下，马歇尔计划帮助启动了欧洲经济的非凡复苏，到20世纪60年代，欧洲经济无疑已重建成为一个强大而运转良好的实体。战后的繁荣一直持续到20世纪80年代。随后与美国类似，增长开始放缓。发展速度在某个时期或快或慢都是常有的事情，但这次放缓的原因并不清楚。许多人认为这是"欧洲僵化症"造成的，指的是受到过度保护的工人和经济活力的减弱，但这掩盖了一个事实：这些观察人士并不清楚，为什么战后的大繁荣已经失去了动力。

无论其原因是什么，有一点毋庸置疑，那就是经济放缓对社团主义的进一步发展产生了负面影响。随着欧洲的失业率升至美国的2倍多（欧洲大陆大部分地区的失业率超过10%，而美国只有5%和6%），支持社团主义的氛围变得相当紧张。管理层与工会之间的友好关系开始褪色。不足为奇的是，当经济增长不再像10年前那样充满活力时，欧洲许多保守派人士呼吁削减福利项目，因为这可能会导致国家预算过度紧张。同样有趣的是，一些欧洲国家开始将政府和私人企业脱钩，最明显的例子是之前被国有化的英国海外航空公司和德国汉莎航空公司又开始重新私有化。他们的论点是，不管上市公司可能提供什么社会福利，私营企业必然比国有公司更有经营效率。

资本主义的多样性

在这个简短但涉及面很广的章节中隐藏着一个有趣的地方。资本主义制度如果（这似乎是可能的）扩展到巴尔干半岛、近东或非洲部分地区，那么它就不再是我们认为的资本主义的未来形态。当我们在第十一章研究资本主义"全球化"的前景时，这肯定是一个重要的问题；但是，在我们刚刚结束的这一章中，还有一个更广泛和更深层次的问题。

这个问题把我们带回到第一章，我们追溯了资本主义形成之前人类社会必须要经历的巨大结构变化。我们记得，第一个变化是发展一套纪律体系，为以狩猎和采集为生的史前社会提供指导。这套体系就是传统，通常体现在亲属关系中，作为这些活动的指南，从而通过遵循从古至今的道路，创造对未来的一定保障。

最终，正如我们所知，随着政治命令开始在组织生产和分配中扮演中心角色——建造埃及金字塔和建立圣经帝国，一种组织经济生活的新体系出现了。千年以后，经济指导体系又迈出了重要的一步，这就是我们知道的市场。在第六章中，我们看到了大萧条迫使人们认识到资本主义（这个词现在正在进入公共词汇）需要一个组织良好的公共部门作为私营部门的补充和平衡。

我们为什么要在关于欧洲资本主义的本章结论中提到这一点呢？

资本主义的传播使我们重新思考对资本主义结构要素的描述。它们还存在于今天的资本主义中吗？传统仍然是许多活动的指导，例如，新进入任何领域的人与有经验的前辈之间的关系，尽管传统在公司和政府中的作用要小得多。不用说，市场无处不在，当然，我们发现了两个部门——可行的资本主义需要强大的公共部门和充满活力的私人部门。

现在我们提出一个新问题。这些结构要素是否为我们提供了当今资本主义的蓝图？就在几年前，我们的答案还是"是的"。但今天，我们不再那么肯定。对欧洲资本主义的考察，使我们意识到资本主义的一个特征，即当我们在谈论资本主义的时候，要越来越多地使用复数形式。

这种新特征就是，资本主义社会（所有这些社会都拥有相同的经济制度）所表现出的不同社会和政治文化达到了惊人的程度。例如，斯堪的纳维亚半岛的北欧国家的资本主义具有强烈的社会主义倾向，而美国的资本主义则更加犹豫不决。同样，英国的资本主义相当保守，德国的资本主义却相当自由。进一步细分，还有意大利北部的现代资本主义和意大利南部的非现代资本主义。比较一下我们在纽约州和马里兰州、在得克萨斯州和缅因州、在北卡罗来纳州和南卡罗来纳州发现的资本主义，是基本经济制度的不同导致了这些差异吗？相反，我们猜测这些差异是当地历史、社会习俗和文化造成的。

为什么我们现在提出这个问题？在未来的几十年里，随着资本主义在许多国家的兴起，这些国家毫无疑问都会有传统、命令和市场机制，以及将这些新经济体系定义为资本主义的公共和私营部门。然而，我们猜测，随着资本主义的基本结构在亚洲、拉丁美洲和非洲这些非常不同的文化中出现，我们会发现资本主义的范围越来越宽泛。我们将在后续的章节中继续关注这个问题。在未来的几十年里，你必然能够验证我们的猜想是否正确。

关键概念和关键词

贸易中断	1. 封建遗产给欧洲资本主义的发展带来了严重的政治问题和国家间对抗，阻碍了国际贸易的发展。因此，欧洲生产力远远落后于美国。
社会主义反对派 保守主义改革派	2. 欧洲资本主义也受到广泛的社会主义反对派的威胁。然而，在第二次世界大战后，保守党派普遍接受社会主义的改革方案，包括慷慨的社会福利方案。
共同市场	3. 在克服欧洲经济滞后的诸多努力中，最重要的是建立一个没有关税壁垒的共同市场，这是欧洲现代化和统一的一个突破。这些措施共同给欧洲带来了增长复苏和社会福利。
"社会契约" 合营企业	4. 自苏联解体以来，欧洲的资本主义已朝着社团主义的方向发展，试图与劳工建立劳资管理协议（社会契约），并鼓励企业和政府之间成立合资企业，如空中客车和其他公私合营企业。
社团主义前景	5. 这些措施最初非常成功，但现在出现了一些问题。当经济形势恶化时，社会契约很难建立，而且一些国有企业正在私有化。社团主义运动的未来是不确定的。

问题

1. 你认为欧洲的经验对美国资本主义有借鉴意义吗？或者反过来？也许双方可以互相借鉴学习？

2. 你认为欧洲社会主义政党对市场体制的普遍接受标志着资本主义和社会主义之间的历史性对抗的结束吗？

3. 为什么共同市场创建单一货币会如此困难，而在美国50个州都没有这种问题？

4. 我们能否从欧洲的经验中得出有关公共部门局限性的结论？你认为美国是否也存在同样的局限？

第九章

资本主义的黄金时代

THE
MAKING OF
ECONOMIC
SOCIETY

战后的可能性

第二次世界大战造成了超过1 000万人死亡。它改变了欧洲的版图，重新定义了世界政治格局。欧洲和日本的基础设施和工业能力被摧毁。相比之下，为应对战争的需要，美国经济的生产能力大大提高了。不仅美国的产量在战争年代稳步上升，而且战时生产的技术要求（包括机动车辆、飞机、武器、通信设备，甚至服装）提高了大规模生产的效率和产品质量。

但是，随着战争及其带给制造业的刺激的结束，人们担心需求会急剧下降，美国经济可能会回到20世纪30年代大萧条状态。令当时一些最优秀的经济分析师感到意外的是，预期中的悲观前景从未出现过。相反，1945年至1973年的这段时间，经济继续高速增长，事实上，这是世界历史上经济增长最快的时期之一。因此，这一时期被称为资本主义的"黄金时代"。不仅美国经济以非常快的速度增长，欧洲和日本在重建经济时也是如此。殖民统治接近尾声，一些发展中国家的增长速度甚至超过工业化国家，因为发达国家的需求推动了商品繁荣，使得自然资源丰富的国家和地区（如中东的石油生产国）受益，使得这几个中心的产业化成为可能，如"亚洲四小虎"——韩国、新加坡、马来西亚，以及中国台湾。因此，黄金时代是美国和其他许多国家及地区经济快速增长的时期。事实上，这是世界上最接近全球性繁荣的时期。

是什么带来了这样一个黄金时代？战后的经济雷区是如何避免的？这没有单一的答案。相反，我们必须关注现代资本主义核心制度——大企业、工会、国家——的演变，以及国际力量、社会压力和技术变革对这些制度的影响。

国际力量

我们从第一个发展开始阐述。作为战后唯——个生产能力比以前更强的国家，美国带头设计了战后的国际经济关系体制。1944年的布雷顿森林会议（以会议举办地新罕布什尔的度假小镇命名）上，美国及其欧洲盟友建立了一个新的国际金融体系和一个援助欧洲重建的框架。

在魅力超凡的约翰·梅纳德·凯恩斯的领导下，会议成立了三个在黄金时代发挥重要作用的机构，其中两个在今天仍发挥着重要的国际作用。第一个是国际货币基金组织（IMF），它的建立是为了帮助那些陷入困境的国家，通过向它们提供美元等"硬通货"来帮助其购买发展经济所需的商品。第二个是另一个国际银行，即国际复兴开发银行（下称"世界银行"），它的成立旨在为主要投资项目（如道路、桥梁等），特别是在西欧的项目提供融资。[1]这两个机构至今仍然存在，并且在经济发展融资和缓和国际金融关系中发挥了重要作用。

第三个新成立的机构或许是最重要的，这就是国际货币体系本身的

---

[1] 世界银行还打算为欠发达国家的大型项目提供贷款，但不幸的是没有成功，也许是因为过度依赖自由市场政策。参见Catherine Caufield, *Masters of Illusion*: *The World Bank and the Poverty of Nations*（New York: Henry Holt, 1997）。

一套规则。《布雷顿森林协定》规定，美元对黄金的价值将固定在每盎司35美元[1]，而其他货币对美元的价值将固定在一个固定的比率上，因此间接地与黄金挂钩。因此，如果1英镑等于5美元，那么它对黄金价格就会固定在每盎司7英镑（35÷5）。美国保证美元可以在任何时候兑换成黄金。由于这种担保的可信度，外国政府乐于持有美元储备，因为美元"和黄金一样好"。因此，美元成为国际交易的主要货币，并锚定了国际金融体系。

另外两个同样由美国主导的机构也起到了促进国际合作的作用。1947年由23个国家签署的《关税与贸易总协定》（GATT）促进了关税削减和贸易政策中的非歧视原则，即同意在缔约国之间，不能对一国征收比另一国更高的关税。这是关贸总协定"最惠国"条款背后的原则，根据这一条款，任何获得"最惠国"地位的国家自动获得缔约国对同一类别商品提供的最低关税税率。例如，美国不能对德国葡萄酒征收10%的关税，而对法国葡萄酒只征收3%的关税。

最后，我们谈谈迄今为止在所有这些倡议中产生最直接影响的国际倡议。这就是马歇尔计划，以乔治·马歇尔将军的名字命名，他在二战期间曾任美国陆军参谋长，后来担任杜鲁门总统的国务卿。这项计划是美国提供的120亿美元援助，用于重建饱受战争蹂躏的经济。马歇尔基金不仅在为欧洲提供急需的购买力方面至关重要，而且还服务于其他目的。由于这些基金由一个国际委员会管理，马歇尔计划促进了欧洲政策的协调，最终导致了欧洲共同市场的形成。此外，该计划还为美国带来了经济效益。由于它是战后的主要工业强国，欧洲获得的购买力将主要用于美国。因此，马歇尔计划为欧洲提供了援助，但也大大方便地推动了美国的出口。

---

[1] 1盎司约为31.10克。——编者注

地缘政治学登上舞台

　　这些重大的国际经济政策举措对战后世界经济的形成和为其提供基本规则起到了很大的作用。然而，它们所处的政治环境与战前大不相同。战后世界的第一个特征是一场新的战争，即美国和苏联这两个超级大国之间的冷战。第二次世界大战期间两国结盟，但战后两国立即互相猜疑。德国是第一个冲突点，并被分为两个主权国家：一个是社会主义领导的民主德国，一个是西方资本主义导向的联邦德国。此外，在接下来的30年里，两个超级大国在朝鲜、古巴、刚果、安哥拉、越南、智利和阿富汗等不同国家间接地展开了相互对峙。

　　冷战对定义二战后的全球经济至关重要。这两个超级大国都制定了自己的国际经济政策，目的是与那些反对另一个超级大国的国家保持牢固的联盟关系。例如，美国推动欧洲联合的部分目的在于确保联邦德国在资本主义欧洲的伙伴地位。更直接地说，这两个超级大国在军事上投入了大量的精力和资源。随着两个大国展开军备竞赛，在全球范围内确保与其他国家（特别是发展中国家）结成联盟，生产武器和与战争有关的装备的部门成为两国主要的经济部门。这种对军事的重视也影响了美国经济变化的方向。为我们当代经济注入活力的许多技术——计算机（硬件和软件）、雷达和飞机设计，都起源于二战和冷战时期的军事研究。

　　有些是为了修复战争导致的破坏，有些是为了帮助发展中国家，有些是为了巩固美国作为自由世界霸主的地位，我们应该如何总结国际舞台上这些纷繁复杂的变化呢？这其中的要素多种多样，使得任何总结都是不完整的。然而，我们必须承认一个核心的主题：黄金时代是由军事-政治因素推动和导向的。如果苏联早在20年前解体，经济增长就会缺少一个相当大的动力。如上所述，黄金时代必须被认定为西方历史上最具有建设性的时代之一，但不可否认它部分是受军事因素推动的，这些因素给西方世界，尤其是美国提供了一个深刻而持久的经济刺激。

与此同时的美国国内

我们现在从地缘政治转回国内经济。虽然布雷顿森林体系为国际合作、反对敌对和报复奠定了基础，同时还有马歇尔计划的援助，但是饱经战祸的欧洲也不可能为美国产品提供大量需求。不断增长的美国经济将不得不依赖国内需求。问题是，内需从何而来？随着战争的结束，政府开支肯定会缩减。毫无疑问，私人投资渴望弥补4年来因战争而造成的忽视，但对于军备繁荣结束所导致的巨大需求缺口，私人投资的增长看来还远远不够。这一重任落到了消费部门，但面对预期中的就业下降，家庭又能从哪里获得这必要的数十亿美元呢？

这就是社会压力发挥作用的地方。令人惊讶的事实是，战后几年消费需求强劲增长——事实上，从1945年到1955年，消费需求以前所未有的速度增长。需求从何而来？最直接的原因是4年"勒紧裤腰带"的社会效应。在那些年里，对汽油和军需的食品实行配给供应；汽车不再生产，因为大型生产线都转向制造飞机；新房建设停滞不前；制服的生产优先于普通服装。当战争最终结束的时候，美国人不仅仅庆祝胜利与和平，还有这4年所获的高工资因无处花费而积攒起的存款，现在终于可以用来满足长期未被满足的消费需求了！

正如19世纪标准化商品的大规模消费刺激了美国的经济增长一样，战后早期耐用消费品的大量消费为经济增长提供了强大的动力。纽约州长岛的莱维敦就是一个很好的例子。莱维敦是一群间隔密集、样式统一的房子，其设计和定价主要针对中等乃至中低收入阶层。这些房子非常热销。当然，每个家庭需要一辆（台）或更多的汽车、电视、冰箱、电话、洗衣机、烘干机和其他家电。对这些商品的消费成为美国梦的一部分——美国梦是一种普遍的信念，认为中产阶级地位是通过特定的消费组合实现的。[1]

美国资本主义的结构变化

技术助力

最后，我们必须把技术进步考虑进去。如果企业没有大规模生产人们买得起的商品的能力，被压抑的家庭需求是不可能得到满足的。战争期间新生产技术开始发展，包括自动化，即机器操控的生产过程的出现。

得益于战时轰炸机和喷气式飞机改造而来的四引擎螺旋桨飞机，一个特别引人注目的新行业——旅游业开始兴起。横跨大西洋的航班服务始于1958年10月，提供纽约至伦敦的定期航班。几年之内，旅游业成为美国发展最快的产业。美国人曾经觉得到佛罗里达旅行是一场伟大的冒险，但现在，他们和家人促膝而坐，从美国飞到伦敦（在那里他们说英语），不久之后又飞到巴黎和罗马，很快发现当地人也说英语，至少对美国游客是这样的。

除了旅游业之外，新技术还在许多领域刺激了增长。例如，在1950年，美国只有100多万台使用中的电视；到1960年，超过5 000万台。自动洗碗机、洗衣机、新型烤箱和烤面包机重塑了（理想的）美国厨房；自动换挡使许多人开车更方便了。这些以及其他数不胜数的大大小小的技术进步，帮助实现了意想不到也更加受人欢迎的繁荣。但新技术不会无限期地带来增长和进步，特别是用机器代替人类劳动的技术很快就出现了问题，但在黄金时代，这些问题还没有出现。

---

[1] 例如参见Heinze, A. R., *Adapting to Abundance: Jewish Immigrants, Mass Consumption, and the Search for American Identity*（New York: Columbia University Press, 1990）。

资本和劳动协调

如果说战后的经济繁荣最初是由家庭消费需求推动的，那么它充分需要企业以新增投资的形式做出回应。然而，私人部门投资取决于投资的预期赢利能力，而正是这种依赖性决定了任何长期繁荣的可能性。这样的繁荣难道不会增加对劳动力的需求，从而导致更高的工资吗？接下来，难道不会终结这种繁荣吗？

现在我们开始阐述工会在黄金时代中所发挥的作用。更令人惊讶的是，关键因素并不在于放弃加薪的协议，更确切地说是在于达成一项以提高生产力为关键的协议。随着生产力的提高，工人的报酬也会提高。这样的安排非但没有使繁荣停止，反而延长了繁荣。

工人们第一次与管理层分享了提高生产力带来的利益。根据劳动历史学家杰罗姆·罗索（Jerome Rosow）所言，1948年通用汽车和美国汽车工人联合会签署的劳动合同是第一个"制定出一套提高工资的制度，使工会致力于提高生产率和支持快速的技术变革"。这产生了双重影响：工人现在与公司的业绩直接相关，因此他们支持而不是反对提高生产率的技术进步。

第二，由于工会的安全感增加了，因此更愿意把工作场所的组织和控制问题交给管理人员。相应地，管理人员也逐渐成为一个独特而强大的社会群体，会密切关注长期投资决策和基层组织的细节问题。企业管理本身也变得越来越"科学化"和专业化。这种所有权和经营权的分离成为标准做法，至少在美国的大公司是这样。经济学家甚至发展了公司"治理"理论，根据该理论，公司应当遵循经营者的长期战略，而不是服从所有者的短视战术。毫无疑问，该理论不乏道理，从另一个角度回答了为什么黄金时代持续了如此之久。

最后，我们应该注意到在这个新安排下，工资占国民收入的比例将倾向于保持不变，而不是随着工资下降而下降，同时利润占比也倾向于保持不变，而不是像预想的那样，由于工人不同意工资的生产力标准而下降。这种内在的稳定性反过来又提振了企业对未来的信心，从而增强了对未来的投资意愿。

政府找准定位

最后，但并非最不重要的是，政府在指导战后经济方面发挥了核心作用。战争期间，政府支出占总产出的比例从1940年的9%上升到1945年的45%，达到前所未有的水平，个人消费品市场受到前所未有的监管。然而，战争结束后，公共部门将在经济中起什么作用，还是个未知数。

20世纪30年代的新政确立了某些"福利项目"，包括社会保障、失业津贴和农产品价格补贴。毫无疑问，这些广受欢迎的福利项目将持续到战争之后。事实上，一项广受赞同的新士兵权利法拓展了政府的福利计划，为每一位有需求的退伍军人提供免费教育。结果，数以百万计的男女都能够从大学教育中受益，如果不免费，他们将无法承担这种教育费用。美国的高等教育体系突飞猛进。士兵权利法还为退伍军人及其家属提供住房补贴和其他福利，为新生的繁荣经济提供了广泛的推动力。

第二，美国清楚地认识到有必要继续保持其军事优势，特别是考虑到它的遏制苏联共产主义的世界领导者地位。如之前所述，冷战为联邦政府的巨额开支提供了依据，这些开支涵盖从常规武器到基础科学再到太空探索，后者可能是任何政府进行过的最昂贵的科学行动。

第三个目标是将政府扩大的生产能力转为民用。这方面最重要的工作是规划和建设全国高速公路网。在共和党总统艾森豪威尔的领导下，联邦政府斥资数百万美元，通过"超级高速公路"，把从纽约到洛杉矶、从迈阿密到芝加哥的所有主要城市连接起来。这个项目在我们如今看来已经习以为常。该项目直接促进了州际贸易的繁荣，对美国社会形成"汽车文化",以及美国成为商业机动车的主要生产商和化石燃料的最大消费者(无论是按照总量还是人均消费量计算)起到了至关重要的作用。同样地,政府为机场建设提供的资金为飞机制造业带来了巨大的好处。在战争期间,军方的需求为这些企业提供了大量支持,产出甚至超过了汽车产业。

由于战后经济增长意外地强劲,政府可以将其角色拓展到提供福利和公共产品以外,以稳定宏观经济。尽管经济增长有强劲的上升趋势,但仍经历了一轮又一轮的周期波动。现在,政府首次开始尝试用财政政策,使周期波动最小化。1961年,民主党总统约翰·肯尼迪在经济顾问委员会的建议下,开始有意减税以刺激经济。经济学家开始把"稳定政策"当作政府的一项重要任务。到1964年,当人们清楚地感受到减税的刺激效应时,总统的经济顾问阿瑟·奥肯(Arthur Okun)说:"经济学家们正享受到非常高的声望和尊重……这在从前从未有过。"[1]我们稍后再来讨论这个问题,但有趣的是,20世纪60年代中期,著名经济学家发表了一本论文集,题为《商业周期的终结》。正如我们所见,他们有些过于乐观了。

当凯恩斯主义经济学家们在促进经济稳定的时候,另一场雄心勃勃的战斗又开始了,政府资源再次成为主要的攻击武器。这就是约翰逊总统的"伟大社会",致力于发展一个以消除贫困为目标的富裕社会。这一愿景转变为一场"反贫困战争",通过一系列广泛的项目为社区发展、住房和教育提供补助来帮助穷人。在20世纪60年代末和70年代,贫困确实有所下降,但在80年代,随着这些项目的取消,贫困重新增加了。

---

[1] 引自 Michael A. Bernstein, *A Perilous Progress*: *Economists and Public Purpose in Twentieth-Century America*(Princeton: Princeton University Press, 2001),138。

世界繁荣与趋同

我们对黄金时代政府新角色的分析主要集中在美国。尽管存在特定文化的差异，类似的模式在国外也有发展。在法国，国家继续扮演它的"统制"（字面意思是指令）角色，利用国家经济计划来决定支出和补贴决策。英国试图应对其帝国权势的严重丧失，既雄心勃勃地想要建立一个影响深远的福利国家，又希望可以走温和路线重振英国工业。英国在这两者之间摇摆不定，结果两者都没有完全成功。在德国，对第一次世界大战后可怕的恶性通货膨胀的记忆（主要是由于《凡尔赛和约》中盟国强加的苛刻条款），导致了一项严格强调控制货币供应的宏观经济政策，但该政策同时也鼓励广泛的劳工和管理层之间的合作，包括在公司董事会中安排工会成员。在北欧国家，极端平等主义的工党和极为老练的企业精英之间实现了一场非常成功的联姻。在意大利，南部经济持续停滞，但北部一片繁荣。

因此，各国的政策各不相同，这反映了过去的经历、当前的政治团结和远见以及民族文化的持久特点。然而，一个总体概括可以总结所有这些不同的经济经历。1950年至1973年可能是资本主义世界有史以来最繁荣的时期，在这几十年里，"黄金时代"的称号并不是一个夸张的头衔。从表9-1可以看出，除了20世纪20年代的短暂繁荣外，1950年至1970年间人均收入的增长明显高于19世纪初以来的任何时期。从那时以后，发达国家再也没有经历过如此高的增长率。并且只是由于东亚发展中国家经济的非凡腾飞，这些国家的增长率最近才达到黄金时代的水平。

表9-1　1830—2003年经济增长趋势

	人均年增长率		
	发达国家	发展中国家	世界
1830—1870	0.6	-0.2	0.1
1870—1890	1.0	0.1	0.7
1890—1913	1.7	0.6	1.4
1913—1920	-1.3	0.2	-0.8
1920—1929	3.1	0.1	2.4
1929—1950	1.3	0.4	0.8
1950—1970	4.0	1.7	3.0
1970—1990	2.2	0.9	1.5
1990—2009	1.5	3.1	1.3

资料来源：Paul Bairoch, *Economics and World History: Myths and Paradoxes* （London: Harvester, 1993）；World Bank, *World Development*. Indicators downloaded at http：//data.worldbank.org/data.catalog/ world-development-indicators

黄金时代的结束

战后时期常被描述为世界历史上独一无二的时代。经济的快速增长伴随着重大的技术变革，与此同时，妇女和少数民族——尤其是非洲裔美国人——的公民权利也在美国得到了体现。一个充满希望的新地缘政治秩序似乎正在国际舞台上出现。最终景象很快就会令人失望，因为事实证明，除了一些成功的个例之外，欠发达世界是一个巨大的、无法撼动的势力。与此同时，在国内，由于受到全球化日益增长的压力，以及政治情绪普遍放弃政府干预经济的影响，黄金时代经济和政治要素的显著融合开始被侵蚀。将近1/4世纪的经济增长和稳定（由于意料之外而备受欢迎）开始蒙上了一层阴影，取而代之的是接下来1/4世纪的半停滞、混乱和不确定，也同样由于意料之外而更加令人不安。最重要的一点是，这一时期将我们带入当前所生活的经济史篇章。因此，以上对"历史"的研究主要致力于揭示当前格局如何形成，接下来的研究主要在于理解未来可能变成什么样子。

通货膨胀登上舞台

所有这一切都是为了介绍之后的最终章。在我们对未来进行大胆预测之前，必须承担一项非常重要的任务：调查将我们从黄金时代带到如今这个非常不同的时代的变化。这本身就是一项艰巨的工程。在仅仅25年的时间里，政治和经济格局发生了翻天覆地的变化，如何才能用几个章节充分地涵盖这一时期呢？

战后的繁荣并非一瞬间就转变成经济学家华莱士·彼得森（Wallace Peterson）所说的"无声的萧条"。[1]如果说有任何一种现象标志着黄金时代的结束，那就是在美国出现了一种新的、持续的、最终令人担忧的现实——通货膨胀。原因是什么？许多评论家认为，一个国家的经济政策通常反映了它的政治目标。这当然与美国的情况有关，因为如果说有什么单一事件标志着通胀趋势的开始，那就是美国在1965年全面介入越南战争。在1964年之前，消费品价格指数每年的涨幅仅略高于1%。作为当时应对通胀政策的一个例子，1962年，肯尼迪总统竟然公开呼吁美国钢铁公司取消已宣布的钢铁产品涨价。钢铁公司同意了，但是在

---

[1] Wallace Peterson, *Silent Depression: The fate of the American dream*（New York: W. W. Norton, 1994）, 20.

1966年，消费者价格上涨了1.6%，第二年上涨了2.9%。三年后，它以5.7%的速度增长，到1974年已经跃升到11.0%！

为赢得这场战争而付出的越来越大的代价，是导致这种惊人暴涨的唯一原因吗？大多数历史学家宁愿说，与其说越战是严重损害美国权力和威望的通货膨胀的唯一（甚至是核心）原因，不如说它更重要的意义在于，在美国对其控制事态能力的众多严重误判中，越战是首次。我们会在本章后面部分继续讲述这个故事，当时美国试图维持美元作为世界核心货币的地位而造成通货膨胀，这个失败有别于其无法对越南强加意志，但也反映出美国严重高估了其控制事件的能力。

石油危机

与此同时，让我们来看看通胀的下一步。这一次，罪魁祸首是石油。我们往往忘记了，在黄金时代（以及此前很长一段时间），美国主导了世界石油生产。整个20世纪50年代到60年代，在得克萨斯州和俄克拉何马州发现了巨大的新油田，因此美国石油至今为止还是全球最便宜的能源。在法国或英国租车的美国游客总是惊讶于国外的汽油是如此昂贵，而汽车又是如此节能省油。欧洲汽油价格高昂的部分原因是高额的燃油税。今天，德国每加仑[1]汽油的税款是4美元，法国是3.56美元，而美国只有0.39美元。

当时这种节约在美国国内还没有实行，随着黄金时代汽车数量的飞速增长，美国的石油产量开始低于消费量。这为中东——其中心是一个叫OPEC（石油输出国组织）的卡特尔组织——的崛起奠定了基础，这个组织很快就决定了欧洲和美国的石油供应。1973年，作为对大多数工业化国家亲以色列外交政策的回应，OPEC突然对其海外石油运输实施禁运，切断了对其外国客户的石油供应。欧洲和美国各地的加油站后

---

[1] 1美制加仑约为3.79升。——编者注

面开始排起了长队，考虑到无价格弹性的石油需求——"加满油，别管价格"——燃油价格飙升，在美国从每桶3美元涨到10美元，是原来的3倍。在欧洲和日本，这种增长更加令人担忧。

价格冲击不仅给驾车者带来不便，还推高了几乎所有经济部门的生产成本。任何需要能源的行业，从炼钢炉的运行到旅行社办公室的供暖，其经营成本都出现了迅速而意外的增长。商品的价格也普遍上涨。公司别无选择，只能降低利润率或提高价格来弥补成本的增加。大多数企业是两者兼而有之，其结果是导致了价格上涨压力和投资率放缓。

第二次冲击接踵而至。1979年底，随着不断上升的通货膨胀率降低了卡特尔组织的实际收入，OPEC再次减产，这一次将石油价格提高到每桶35美元以上，如图9-1所示。这又产生了更强大的通胀压力。

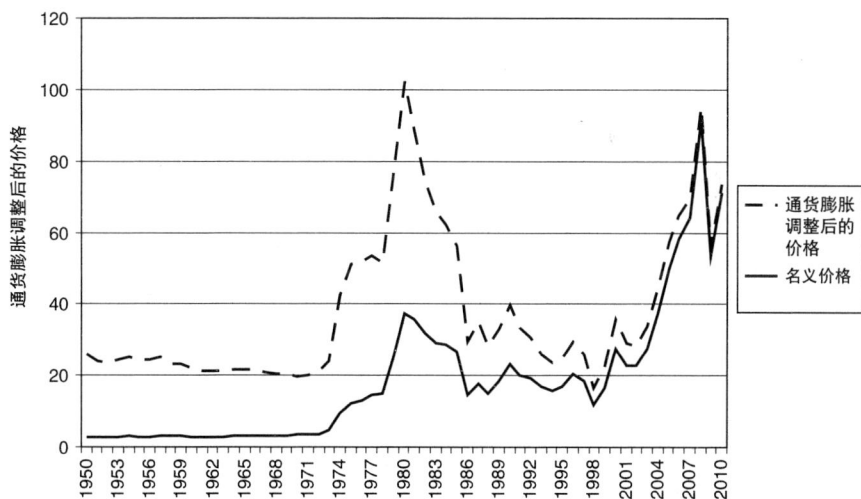

图9-1 1950—2010年美国原油年平均价格（桶/美元）

资料来源：http://inflationdata. com/Inflation/Inflation_Rate/Historical_Oil_Prices_Table. asp

燃油价格的上涨再一次影响了很多商品。石油危机很快转化为消费价格指数的上升。我们已经看到，在20世纪60年代，通货膨胀率已经上升到每年4%—5%，这可能是由于高就业经济中工资水平上升的结果。正如我们所看到的，到1974年，消费者价格指数上升了10%以上。现在，真正令人担忧的事情发生了。1980年，在第二次冲击之后，消费者价格指数实际增长了13.5%，这是美国历史上最高的涨幅之一。

油价冲击提出了一个清晰而又困难的问题：如何应对这种新的通胀威胁？从历史的角度来看，我们可能会提出不同的问题：为什么20世纪70年代末的油价上涨如此"具有传染性"？答案的一个非常重要的部分在于，当时的资本主义不再是50年前的资本主义。我们可以想象，如果在20世纪二三十年代，石油冲击推高了煤炭等商品的价格，那么，它是否会产生全国性的通胀威胁，就非常值得怀疑了。在个人收入不变的情况下，家庭除了勒紧裤腰带、减少煤炭消费外别无选择。

到20世纪70年代，深刻的制度变革大大削弱了这种通胀抵制的反应。新的收入支持系统——社会保障、失业保险、银行账户保险和工资合同中的生活成本调整——限制了消费者支出的下降，而在早些时候，价格的突然上涨很可能会导致消费支出的下降。因此，从20世纪30年代的衰退倾向型的资本主义到黄金时代的衰退抵抗型的资本主义的转变，产生了意想不到的效果，增加了通胀的易感性。

滞胀和政策困境

强劲的通货膨胀和疲软的投资共同创造了一个脆弱的经济环境。战后的经济政策以通货膨胀和失业之间的平衡为前提。当价格上涨时，人们认为原因是劳动力市场"吃紧"——低失业率导致工资上涨，从而提高了成本，进而导致价格上涨。当通货膨胀率下降时，人们认为原因是失业率上升，从而导致工资下降，进而导致物价下降。价格和失业率被描绘成跷跷板的两端。对此问题，有一点是确定的：没有人想要更高的失业率，但至少它被视为带来了更低的价格，后者是每个人都想要的。没人想要通货膨胀，但物价上涨被视为就业增加的结果，就业增加恰恰是每个人都想要的。

黄金时代使人们更加认同约翰·梅纳德·凯恩斯的经济理论，我们在学习应对大萧条的过程中已经遇到了这些理论。到20世纪60年代，凯恩斯主义经济学大力推崇政府支出，并将其作为对抗衰退的力量，这一理论不仅被经济学家，而且被政治家广泛接受。在20世纪70年代初，尼克松总统发表了著名的言论："我们现在都是凯恩斯主义者。"

然而，面对新的"滞胀"挑战——物价上涨与经济增速放缓、就业下降同时发生，政治家和经济学家之间的凯恩斯共识开始迅速瓦解。整个20世纪70年代，通货膨胀率持续攀升到两位数水平，而实际产出在1970年、1974年、1975年和1980年都有所下降。这种新环境被称为滞胀，用凯恩斯主义的传统工具是无法应对的。凯恩斯主义对通胀上升的反应将是减少政府支出，缓解经济压力。应对经济放缓或负增长的对策是增加公共支出，从而刺激经济。因此，新形势让凯恩斯主义陷入了困境：在价格上涨和产出趋于下降的情况下，无论你做什么，都会顾此失彼。这并不是实施一项令人信服的，但不太有效的政策的依据。在这种僵局中，权力的缰绳转移到了政府的另一个分支——美联储，即负责执行政府货币政策的联邦储备系统。

美联储不失时机地迎接了这一挑战，因为它是一家银行，而对银行家来说，通胀显然是一个货币问题，正如老话所说，"太多的钱追逐太少的商品"。因此，美联储的当务之急是减少经济中的货币供应。这意味着增加个人或企业借款的难度，因为借款和开支无疑是通货膨胀压力的主要来源。

如何削减这项开支？答案是提高美联储向其成员银行收取的利率，

这些银行定期向美联储借款，向客户发放贷款。从1979年底开始，在保罗·沃尔克（Paul Volcker）的领导下，美联储无情地提高了利率，直到1981年年化利率达到了18%——这意味着银行要以超过20%的贷款利率贷款给客户。没有人——即使是最大的公司，能够承受如此之高的利息。贷款减少了，支出也随之减少，结果就是通货膨胀率降低了。[1]

这是一个严厉但有效的政策。到1982年，美国全国的通货膨胀率已经达到了现在看来相当温和的5%—6%。与此同时，由于支出下降，失业率上升到11%，但这受到了美联储的欢迎，因为它抑制了通货膨胀的威胁。事实上，它经常被称为"沃尔克衰退"——一个褒贬不一的词语。

不足为奇，整个事件留下了伤疤。防止通胀，而不是鼓励全面增长，现在成了货币当局的首要任务。即使在20世纪80年代经济形势恶化的时候，美联储更关心的是把通货膨胀的趋势扼杀在萌芽状态，而不是鼓励更多的投资和消费。

20世纪80年代的严重衰退持续长达20年的时间，在这20年里，大多数工业化国家的失业率远远高于黄金时代。历史失业率一直很低的德国，在20世纪90年代末上升到将近10%。在法国和意大利，失业率超过10%，此后一直稳定在略低于10%的水平，如表9-2所示。

---

[1] 美联储如此强力地使用的机制到底是什么？联邦储备政策的两个主要目的是增加货币供给和提高利率水平。尽管美联储负责把现金分配给银行使其用于客户，但钞票和硬币只占货币总供给的一小部分。货币的主要部分是支票账户、金融市场账户甚至（在某种意义上）信用额度。因此，当银行以贷款人名义开立支票账户、提供贷款的时候，它便创造了货币。于是，美联储可以通过提高借款价格来控制货币供给。贷款成本越高，新开设的账户就越少，而且不管贷款多少，银行都会索要更多的利息。

表9-2　1970—2010年主要工业化国家的失业率（％）

	1970—1979	1980—1989	1990—1999	2000—2010
美国	6.2	7.3	5.8	5.9
日本	1.6	2.5	3.1	4.7
加拿大	6.7	9.4	9.6	7.1
法国	3.8	9.0	11.1	8.5
德国	2.4	6.4	7.2	8.9
意大利	4.7	8.5	10.7	8.1
英国	3.6	9.6	8.0	5.6

数据来源：*OECD Economic Outlook* 78 database（May 2011）；　ILO Labor sta database downloaded at http：// laborstailo.org/STP

从增长放缓到不平等加剧

七国集团（G7）中只有美国的失业率较低，尽管即使在美国，经济学家也争论着创造的新工作是否是按照不低于工资中位数支付的"好"工作。当后黄金时代的政策困境继续加剧时，其他一些事情正在发生——不像石油危机那么戏剧化，也不那么容易解释。那就是，美国在收入和财富的分配方式上的改变。黄金时代不仅是美国总收入稳定且令人满意地增长的时期，而且是贫富之间的差距逐步缩小的时期。在我们现在要考察的20多年里，这些健康的趋势停止了。事实上，它们逆转了方向。

让我们从财富开始（或者更准确地说，从家庭拥有的金融资产开始），以便集中讨论最容易变化的财富形式。在蓬勃发展的20世纪20年代，美国最富有的1%的家庭拥有整个国家金融财富的42%，这一比例之大，前所未有。不足为奇的是，在1929年大崩盘后，这一比例急剧下降，随后，随着20世纪30年代长期股价低迷和新政税收政策的影响，这一比例进一步下降。结果，到1940年，最富有的1%的人手中的金融财富份额大约减少了一半。

之后，随着美国重新步入快车道，抓住黄金时代的发展机遇，国民财富迅速增长，并且流向富人和穷人的比例大致保持在1962年的水平：从那时起到1983年，最富有的1%的家庭得到了财富增长的34%，接下来的19%的家庭拿到48%，底部的80%得到18%。现在将这一结果与1983年至1989年期间进行比较：在短短6年时间里，最富有的1%的富人获得了财富总收益的62%；接下来的19%只得到了37%，而最底层的80%的人只得到了微不足道的1%。[1]用爱德华·N. 沃尔夫（Edward N. Wolff）的话来说，他的研究得出了这些数据：

> 在这段时期内，美国财富不平等程度的上升几乎是前所未有的。在20世纪，就家庭财富集中度上升速度而言，另外唯一一个可与此相比的时期是1922年到1929年。当时，不平等主要是由股票价值的过度增长支撑起来的，而这增长最终在1929年崩盘，导致了20世纪30年代的大萧条。[2]

我们在考虑不平等问题时，我们通常考虑的是，收入分配的趋势和衡量方法是什么？也许描述这一趋势最有效的方法是比较普通男性员工和首席执行官（CEO）的薪酬比率。如果我们估计1970年这类普通工人的平均工资为25 000美元，那么他所在公司收入最高的首席执行官的薪酬大约是100万美元。如果我们现在回到2004年，普通工人的平均工资已经上升到43 000美元，但首席执行官的薪酬现在接近1 500万美元。这一薪酬比率已经从1∶40跃至接近1∶350。[3]低技能和高技能工人之

---

[1] Edward N. Wolff, *Top Heavy*（New York: The New Press, 2002）, 12—13.

[2] Edward N. Wolff, *Top Heavy*（New York: The New Press, 2002）, 13.

[3] Carola Frydman and Raven Saks, "Historical Trends in Executive Compensation, 1936—2003"（Working Paper, Harvard University, 2005）.

间的收入差距不断扩大，这一不平等的趋势虽然不那么引人注目，但也清晰可见，特别是拥有大学及以上学历的工人和没有这种学历的工人之间，这种差距更加明显。

这些比较生动地描绘了美国日益恶化的收入分配格局，但即使用更广泛的衡量方法也揭示了类似的收入分配格局。在黄金时代，所有收入群体的收入以每年2.5%左右的速度增长。自1973年以来，收入增长一直与相对收入水平呈正相关。也就是说，最富有的20%的人经历了最快速的收入增长，接下来的20%的人在这段时间内收入增长次之，以此类推，收入增长率呈金字塔形。最贫困的20%的人口在1973年至1989年期间的收入实际上有所下降。经济学家保罗·克鲁格曼（Paul Krugman）将这两个时代比作"从篱笆到楼梯"，前者指的是人口收入增长率不仅高，而且在各阶层间平均分布，而后者指的是收入呈现阶梯形增长，收入越高的人收入增速越快。[1]更糟糕的是，在后黄金时代，收入不平等还与贫困率的上升有关。美国收入低于贫困线的人数从20世纪70年代的11%上升到80年代的13%和90年代的14%，2009年达到14.3%，相当于4 360万人。[2]

因此，几乎毫无疑问，收入分配模式已经发生了变化，如果像我们一样认为不平等的加剧是一个严重的道德和经济问题，那么这就意味着收入模式变得更糟了。这给我们留下了一个未回答的问题：应该如何解释这种现象？我们发现，这一现象不仅在美国，而且在几乎所有资本主义国家都存在，只不过其他国家程度稍轻一些罢了。

不平等问题的背后

令人不安的是，答案不止一个。经济学家巴里·布卢斯通（Barry

---

[1] Paul Krugman, *Peddling Prosperity* (New York: W. W. Norton, 1994), 131.

[2] U.S. Census Bureau, http：//www.census.gov/hhes/www/poverty.

Bluestone）对这个问题进行了精彩的讨论，他讨论了9个猜想，简介如下：（1）技术变革增加了对熟练工人的重视，减少了对低技能工人的需求。（2）就业集中在麦当劳等低工资服务行业，而不是商用飞机等高工资行业。（3）对许多行业的放松管制，比如卡车运输业，会导致不属于工会的低薪雇主出现。（4）工会组织本身也在走下坡路：制造业中工会工人的比例已经从35%以上下降到不到33%。（5）公司的人事政策用短期兼职人员代替了长期雇员。（6）现代的宣传手段创造了"赢者通吃"的市场，在这个市场中，一些大腕——行政主管以及娱乐和体育明星——拿走了大部分的收入。（7）外国生产商正在抢占国内产品市场，而这部分是以前国内工人工资相对较高市场，我们将在第十章中探讨这个问题。（8）作为全球化现象的核心，国际资本流动也起到了同样的作用。（9）移民增加了竞争低工资岗位的劳动力供给。

布卢斯通如何评估这份令人印象深刻的原因列表呢？他得出的结论很可能与阿加莎·克里斯蒂在《东方快车谋杀案》一书中给出的答案相同："他们每个人都行凶了。""美国每一个主要的经济趋势，"布卢斯通写道，"都加剧了日益增长的不平等。"他还补充说道："这些趋势都没有显示出丝毫减弱的迹象。"[1]

---

[1] Barry Bluestone, "The Inequality Express," in *Ticking Time Bombs*（New York: The New Press, 1996）, 66. 更近的一项强调劳动－支持制度恶化的分析是 Frank Levy and Peter Temin, "Inequality and Institutions in 20th Century America," NBER Working Paper 13106, 2007。

关键概念和关键词

黄金时代背后的力量	1. 在这一章中，我们试图回答一个非常重要的问题。是什么让所有人都感到意外的战后繁荣成为可能？我们找出了解释它的各种复杂因素。
关贸总协定和马歇尔计划	2. 部分原因在于国际形势的有利发展。首先是运用前所未有的努力来协调相互间的经济事务，建立了国际货币基金组织、世界银行和布雷顿森林体系。这其中，第一个用以帮助饱受战争蹂躏的欧洲国家，第二个用以帮助发展中国家，第三个用以建立稳定的货币汇率。同关贸总协定和马歇尔计划一起，这些政策倡议为黄金时代带来了强大的军事和政治推动力。
被压抑的需求和新产品	3. 冷战无疑给了黄金时代强大的推动力，但其核心是国内产生的持续繁荣。这里有三个因素起了关键作用：第一个因素是美国对商品的巨大潜在需求，美国人在战争期间获得了很高的收入，现在渴望把它们花在汽车、住房或新电视上。第二次世界大战产生的新技术和新产品提供了第二个推动因素，其中包括作为大众交通新手段的航空和新诞生的旅游产业。
"管理资本主义"	4. 第三个因素至少同等重要，即将工资与生产率挂钩的新劳动工资合同的制定。这让工人与有效的管理存在直接的利害关系，帮助经理制定长期战略，并且有助于维持工资与国民总收入之间的稳定比例。
政府扮演更重要的角色	5. 在黄金时代繁荣的这些背后力量中，还有一个重要力量是政府作用的扩大。这部分是新政政策的延续，部分是新的、更大的与军事有关的冷战支出，这也是财政政策第一次作为一种稳定力量的有意使用。

独特的 繁荣	6.尽管充满着复杂性以及国与国之间的差异性，黄金时代是资本主义历史上一段非凡而又史无前例的时期。它能否在未来重现，我们拭目以待。
一个时代的 结束	7.黄金时代在20世纪70年代结束，不是因为任何单一的原因，而是作为许多变化的结果，有些变化是相互关联的，有些不是。
通货膨胀， "石油冲击" 使得整个经济 变成通货膨胀 性的	8.这些破坏性的发展首先是通货膨胀的渐进式出现，然后是急剧的爆炸式发展。1967年，生活成本上升了2.9%。7年后，急剧增长了11%。最初通货膨胀逐渐出现的原因可能是越南战争时期军费开支对经济的压力。此后通货膨胀的爆炸式发展，是由于石油输出国组织实施了两次石油禁运所导致的"石油冲击"，使汽油价格在1973年和1979年分别增长了2倍。
滞胀和凯恩 斯主义的 破产	9.物价上涨和经济疲软的组合,导致滞胀取代了蓬勃发展。它使人们对凯恩斯主义经济的有效性产生了怀疑。
不平等的 加剧	10.更严重的后果是，收入从较贫穷和中等收入家庭向金字塔顶端的家庭前所未有地转移。这种转变的原因尚不清楚，但毫无疑问，新时期最显著的变化之一是工薪阶层和高级管理层之间不断扩大的收入差距。

问题

1. 战争始终是经济发展的推动力吗？第一次世界大战呢？战胜国与战败国呢？作为第二次世界大战战胜国的英国呢？

2. 如果战后的需求对推动经济繁荣如此重要，为什么并不是在每一段艰难时期之后都存在类似的推动力呢？

3. 管理资本主义是我们今天比黄金时代更少听到的一个词。你认为它为什么不再流行了？你认为有什么变化会让它重新流行？

4. 前面三个问题很难回答。然而，它们有一个目的，就是引发我们思考。这里还有第四个同样难以回答也同样激发思考的问题：你认为当前的经济形势和本章描述的有何差异？

5. 为什么黄金时代末期的通货膨胀如此具有破坏性？你认为即使没有两次石油危机，它也会变得如此严重吗？没有越南战争呢？它是"注定要发生的"，还是这两个政治事件的产物？

6. 你如何描述"滞胀"和"通货膨胀"？它是指存在或不存在经济增长吗？是什么决定了经济增长的强劲程度？

7. 美联储有权改变其成员银行向美联储借准备金（政府债券）时收取的利率。为什么成员银行想要更多的准备金？为什么更高的利率会改变银行向申请贷款的公司收取的利率呢？

8. 美国人越来越关注不平等问题。你认为存在某种"正确"的收入分配吗？这是如何决定的？为什么越来越高的收入比例流向高收入家庭，而越来越低的收入比例流向低收入家庭被视为不受欢迎的现象？背后的原因是道德上的、经济上的，还是两者兼而有之？

第十章

全球经济社会的出现

世界经济的重塑

一个新词语进入了今天的经济学：全球化（globalization）。顾名思义，全球化使整个世界面临一个新的、非常重要的经济焦点。这个焦点部分地在于印度、巴西、中国和东亚地区普遍地融入世界经济。这些经济体的繁荣与它们向世界其他地区出口的能力密切相关。但是，虽然全球化时代已经扬帆起航，但其他地方依然陷于停滞和贫困。有时，这两种趋势可以在一个国家内出现。因此，全球化的部分焦点也在于全球贫困问题。我们经常在电视上看到或在报纸上读到非洲、亚洲、南美洲和拉丁美洲的苦难，而全球化使我们重新思考其中的原因和可能的解决办法。

全球化的第二个方面使我们重新考虑美国自己的经济命运：全球化显然是越来越多的经济联系。随着美国在世界经济中的嵌入越来越深，风险也越来越大。这些风险来自全球化的不同方面，从增加购买外国商品和服务而导致的失业，到美国人日益增加投资的外国资本市场的突然变动可能带来的金融损失。在这一章中，我们会描述20世纪80年代全球化的兴起及其原因。我们的重点是那些寻求更多参与国际贸易和金融的

"新兴市场经济体"，以及那些刚刚开始崛起的经济体。虽然这两类经济体所面临的发展挑战不同，但它们都在一个与过往大不相同的世界中寻求工业化。本章从全球化最新阶段的简短历史开始介绍，即从20世纪70年代中期国际货币事务的破裂开始。

布雷顿森林体系的崩溃

随着资本主义黄金时代的结束，一个核心问题浮出水面：什么样的政策才能重现那个时代的繁荣？难度在于至少在一个重要的方面，回到以前的时代是不可能的。困难在于决定放弃1944年制定的布雷顿森林协定的固定汇率制度。回想一下，该协定是建立在美国有能力和意愿扮演国际金融领袖角色的基础上的。布雷顿森林协定保证了美元与黄金之间的固定兑换比例，并设法向参与者的金融结构注入足够的美元，以鼓励经济活动和国际贸易总量的增长。只要美国仍然承诺维持黄金固定价格，外国人持有美元就和持有黄金一样好。事实上，持有美元更好，因为美元在许多国际交易中被广泛使用，而且黄金的储存成本并不低。这个协定是黄金时代赖以存在的最重要的基础之一。

在布雷顿森林体系的早期，在美国的黄金"窗口"很少有交易，即外国政府很少用美元购买美国黄金。实际上，在战后初期，该体系曾遭遇美元短缺，即外国人手中的美元储备不足。鉴于美元作为国际储备货币的角色和美国在战后世界经济中的主导地位，美元不仅被用在与美国的贸易，也被用于其他国家之间的贸易，特别是用于小麦和石油等主要的大宗商品的交易。外国对美元的需求以及由此产生的持有美元外汇储备的愿望，很快就导致了美元的短缺。

然而，到了20世纪60年代中期，这一体系开始出现裂缝。1968年，美国进口大于出口，也就是说，美国为外国的商品和服务支付的美元比外国人为美国商品支付的美元要多。随着这些贸易逆差的持续和增长，美国为进口支付的美元开始遍布世界市场。由于越南战争，美国对外国商品和服务的需求增加，这一问题变得更加严重。结果，自1944年以来的美元长期短缺变成了美元过剩——外国银行或贸易商手中的美元超出了他们的需要。

这种过剩带来的危险是美国黄金库存面临的挤兑威胁。根据布雷顿森林体系的规定，35美元总能买到1盎司黄金。现在看来，外国人手中的美元已经超过了他们需要的数额。现在的风险有两个：第一，人们担心美元贬值会导致它们的持有者提前抛售美元，在这种情况下，美国将发现其美元不再被视为"和黄金一样好"；第二，一个更大的风险也迫在眉睫，那就是，一个汇率适度稳定的世界货币体系将让位于自由浮动汇率制度。

美国政府越来越担忧这一前景，在20世纪60年代末采取了许多措施来缓解美元的压力，但这些措施都不足以遏制对美元的投机浪潮。1973年8月，尼克松总统正式关闭了黄金窗口，结束了布雷顿森林体系，默认宣布美元不再是世界上最可靠的货币。

浮动汇率时代

黄金窗口的关闭，结束了国际货币合作的时代，而之后这个时代再也没有实现过。布雷顿森林体系的崩溃是由于内部原因，而不是某种外部冲击的结果。该体系的规则主要是由美国设计的，但由于美国没有能力或意愿遵守这些规则而崩溃，尤其是在控制其贸易逆差和回避美元管理这两方面。根据社会历史学家弗莱德·布洛克（Fred Block）的说法："战后货币秩序的崩溃，其根源在于美国不能既要追求其全球目标，又要在其早先制定的国际货币行为规则之内生存，这两者不可兼得。"[1]

---

[1] Fred Block, *The Origins of International Economic Disorder*（Berkeley, CA: University of California Press, 1977）, 215.

什么样的体系将取代作为布雷顿森林协定核心的固定汇率制度？答案很快变得明显，只有一个体系是可行的——一个让所有货币都浮动的体系，即与其他货币的兑换比率取决于买卖双方的供求关系。这意味着包括美国在内的所有政府都进入了经济共存的新时代，在这个时代，即使是最强大的国家也无法保证其货币的价值。更重要的是，利用外汇做生意和旅行的私人公司与个人被迫接受在任何自由市场都不可避免的货币价格波动的风险。

布雷顿森林体系的崩溃标志着资本主义黄金时代的结束。正如我们在第九章中所看到的那样，自1973年以来，大多数工业化国家产出和实际工资的增长大大放缓，失业率上升，收入不平等加剧。然而，如果说增长缓慢是后黄金时代世界的一个特征，那么另一个特征就是经济活动日益国际化。我们将在本章后面讨论这两种现象之间的联系，但首先我们必须努力理解全球化重大又复杂的进程。

生产和金融的全球化

资本全球流动

"全球化"一词被用来描述各种各样的现象，从流行音乐、电影和时尚在全球的传播，到日益便利的全球通信和交通运输；从健康和环境问题跨国界的迅速传播，到新技术的国际迅速传播和大公司日益扩大的国际业务范围。然而，从本质上讲，经济全球化指的是不同国家的市场间相互联系的增强。这一进程反映在国际贸易和外国投资的增长，特别是国际资金流动的增加上。所有这些过程的共同特征是资本的国际流动性大幅增加。

国际资本流动的增加对生产和金融都有影响。当福特汽车公司在墨西哥的奇瓦瓦建立一家生产发动机的工厂时，这被称为"外国直接投资"。这样的投资通常会带来更多的国际贸易。当福特将在墨西哥生产的发动机运往底特律的组装厂时，这形成了墨西哥的出口和美国的进口，即使这种交易发生在同一家公司内部。当一家总部设在纽约的银行，如摩根大通，雇用一家位于印度班加罗尔的公司为其提供电话业务（管理账户或销售新服务）时，这就属于印度的出口业务，也是美国的进口业务。

外国投资包括生产性资产的海外支出，不论这种资产的国籍，例如百事可乐（PepsiCo）在菲律宾建立了一家外国装瓶厂，或者索尼（Sony）在美国投资，收购了好莱坞一家现有的动画公司，等等。

相反，金融全球化涉及国际银行贷款和组合投资，即外国人购买股票、债券和开立银行账户。总之，金融全球化只涉及货币流动，而生产全球化既涉及外国直接投资又涉及国际贸易。

"大翻倍"

全球化的另一个特征是许多以前对资本主义经济制度持怀疑或敌视态度的大国和地区，现在积极地融入世界资本主义体系。东欧国家和俄罗斯——在1989年后迅速从社会主义转向资本主义的苏联集团，已经实施了国有资产私有化的全面计划。许多国家现在是欧盟和世界贸易组织的成员。[1]在过去的10年里，印度对外贸易和投资的开放程度达到了1947年独立以来的最高水平。这些国家进入世界经济，意味着世界各地的生产者有了新的市场，也意味着低工资的商品和服务有了新的竞争来源。这些国家进入世界资本主义体系的突出影响是全球劳动力中增加了16亿工人，经济学家理查德·弗里曼（Richard Freeman）称之为"大

---

[1] 中国2001年加入世界贸易组织，俄罗斯是非成员观察国，希望尽快加入世界贸易组织。（2011年12月，俄罗斯正式获批加入世界贸易组织。——编者注）

翻倍"。[1]随着世界劳动力市场的扩张，加上更高的资本国际流动性，世界上许多地方的工资停滞不前也许就不足为奇了，因为来自不同国家的工人之间的竞争更加激烈。

新兴市场：金砖国家的崛起

这些结构性的全球变化，在劳动力市场、资本市场和政策方面，创造了国家内部和国家之间的赢家和输家。我们将在下面看到，许多国家仍然贫穷，一些国家的收入不平等加剧。少数国家确实在这一系列变化下蓬勃发展，成为新的强大经济体，拥有生产、出口和创新的能力，这是大多数发展中国家几十年来所没有的。这些国家分散在全球各地，所以这一次不是区域性现象。巴西、俄罗斯、印度、中国和南非（金砖五国）在收入和出口竞争力方面的增长令人印象深刻，这使它们成为世界市场和全球经济政策的重要参与者（见表10-1）。[2]金砖五国没有囊括全部发展迅速、生活水平提高的国家。俄罗斯的繁荣可能更多地与石油收入相关，而不是广泛的工业升级。尽管如此，这些国家甚至在世界经济危机的背景下仍在迅速发展，并正在创造新的需求来源，它们看起来将逐渐取代工业化国家中因21世纪最初十年后期经济问题而陷入停滞的需求。

表10-1　巴西、俄罗斯、印度、中国和南非的经济增长

（国内生产总值的年度百分比变化）					
	巴西	俄罗斯联邦	印度	中国	南非
1991—2000	2.6	–3.6	5.5	10.5	1.8
2000—2010	3.6	4.8	7.8	10.5	3.5

资料来源：http://data.worldbank.org/data-catalog/world-development-india World Development Indicators & Global Development Finance Downloaded: May 19th 2011

---

[1] Richard Freeman, "China, India and the Doubling of the Global Labor Force: Who Pays the Price of Globalization?" *The Globalist*（June 3, 2005）.
[2] 这些国家也很快从2007—2008年的严重衰退中恢复过来。

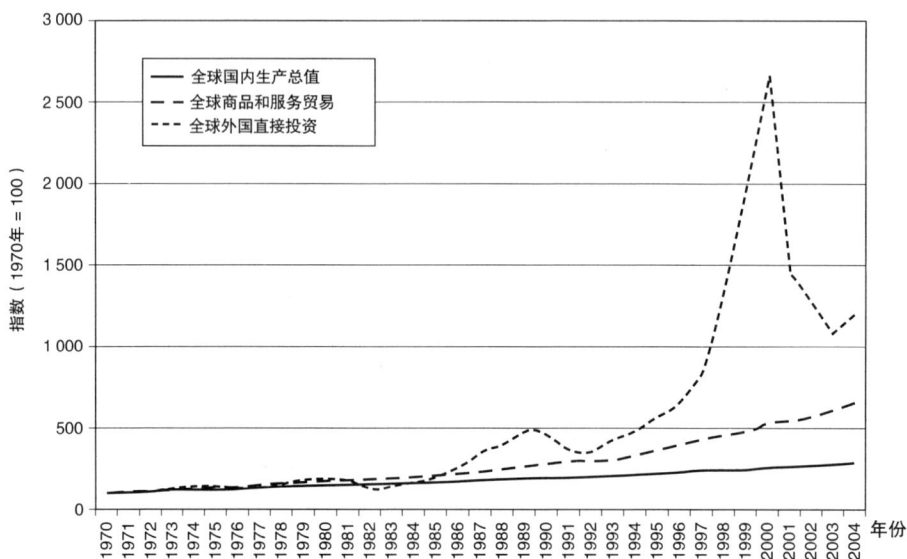

图10-1　1970—2004年全球贸易、外国直接投资和国内生产总值

资料来源：World Bank Group, *World Development Indicators Online*, 2006

全球化的程度

只有在第一次世界大战前的金本位时代，即从1870年到1913年，国际经济活动在数量上可以与当前的时期相提并论。更重要的是，自1960年以来，特别是自1980年以来，国际贸易和投资在世界经济活动中所占的份额有所增加。如图10-1显示，1982年以后，世界贸易额的增长速度远远超过世界总产出即国内生产总值。如表10-2所示，今天，商品出口占总产出的比例约为1950年的3倍，达到了有记录以来前所未有的水平。还要注意的是，即使在今天，美国的开放程度——外贸导向程度，也远不如世界上大多数国家。这是因为美国拥有巨大的国内市场，而且与其他富裕的大型市场相比，美国在地理上是孤立的。尽管如此，美国仍与国际经济紧密相连，2005年的商品和服务出口额为1.3万亿美元，进口额为2万亿美元。美国是世界上外国投资最多的国家。1994年，美国与加拿大和墨西哥组成北美自由贸易区（NAFTA），同年签署了关税与贸易总协定乌拉圭回合协议——这项协议促进世界贸易组织（WTO）的形成，有助于美国进一步融入世界经济。[1]

表10-2　商品出口占国内生产总值的百分比（％）

	1870	1913	1950	1973	1985	1993	2000	2006	2009
全球	5.1	11.9	7.1	11.7	14.5	17.1	20.1	24.5	21.4
美国	5.4	6.4	3.8	5.2	5.2	7.0	7.9	7.0	7.5

资料来源：Milberg, W. "Globalization and International Competitiveness", in *Improving the Global Economy*（Aldershot, UK: Edward Elgar, 1997）；World Bank, World Development Report 2006；http://inflationdata.com/Inflation/Inflation_Rate/Historical_Oil_Prices_Table.asp Downloaded: May 19th 2011

　　国际贸易和投资的增长，不是全球化的唯一标志。一个更引人注目的指标是跨国公司（在多个国家经营的公司）数目和范围的增加。到2008年，82 000多家公司有超过850 000家分支机构或子机构在国外经营业务。这些国外子公司在2009年有8 000多万名员工，预计销售额超过29万亿美元，超过世界出口总值，是1990年销售额的5倍。今天，跨国公司在石油炼制、汽车、食品、消费类电子产品和化工等各种行业的销售中占主导地位。对许多公司来说，国外销售和国内销售一样重要。通用汽车在美国本土以外的地区有153 000名员工。瑞士公司雀巢（Nestle）在瑞士境外有超过271 000名员工，在本国仅有9 400名员工。总部位于美国的银行和金融服务公司花旗集团（Citigroup）目前从美国以外的业务中获得的利润超过了美国本土业务收入。越来越多的公司通过并购外国公司来满足它们在全球市场上竞争的需要。

　　全球化进程的第三个也是最令人震惊的方面是国际金融。在外汇市

---

[1] 我们应该评论自20世纪90年代中期以来外国直接投资相对于贸易和国内生产总值的不寻常波动。这种急剧的增长以及随后的下降在很大程度上反映了企业在国际上的合并和收购，这可能导致记录的外国投资流动出现大幅波动。

场上，每天的交易额达到了4万亿美元。这比全世界一年的贸易总额还多！今天的外汇买卖量是20年前的10倍以上。[1]它们的速度和数量已经成为这个时代的决定性特征之一。无论是为了在海外购买一栋建筑或一家工厂，还是纯粹出于投机目的买卖外币，国际资本流动都是由利润驱动的。

有人可能认为，这种货币之间的竞争将提高全球企业的效率。然而，国际金融流动的庞大规模，以及资本在各个国家流入和流出的偶然性激增，也造成了破坏。的确，1987年华尔街的股市崩盘被一些人归因于日本投资者威胁要出售所持美国金融资产。1994年的墨西哥比索危机几乎使墨西哥的银行系统破产，这是国际投机者担心不能及时退出而提前把资产从墨西哥转移出去，因而导致资本迅速逃离该国的结果。1997年席卷泰国、韩国、巴西和俄罗斯的金融危机被普遍认为是由投资者的"羊群效应"导致的，他们主导着国际金融市场。巴西的经济衰退开始波及阿根廷经济。阿根廷的外债继续增加，到2001年底，政府宣布无法偿还外债，导致大量资本逃离阿根廷。随着比索的崩溃，阿根廷人纷纷前往银行挤兑，经济直线下降，失业率达到了萧条的水平，外国贷款——这对任何一个发展中国家都很重要——也完全枯竭了。[2]今天，即使是世界上最强大的国家也要在密切关注国际金融市场的情况下实施其货币和财政政策。

外包

信息和计算机技术也改变了公司组织与管理生产的方式。新的信息技术使生产的"分工化"有了显著的增加，即把生产过程分成若干部

---

[1] 有关外汇流动的资料来自the Bank for International Settlements，*Triennial Central Bank Survey*（March 2005）。

[2] 跨国银行之间的密切联系使2008—2009年美国金融市场的危机迅速蔓延到欧洲、日本和其他地区。

分，并把它们放在不同的国家。越来越多地在一片公司网络内组织生产（这样的网络通常是国际化的），而不是在一个地方甚至单体公司内完成整个生产过程。这种生产体系分工是通过跨国公司的外国投资或通过与外国公司签署分包合同进行的。与生产分工相关的外包的兴起，在一定程度上是由货物运输和信息移动的成本下降推动的，后者尤其重要。产品信息——无论是高科技半导体的设计、新电脑游戏的复杂软件代码、高级时尚女性的服装，还是高层建筑工程的蓝图，都可以在互联网上即时且几乎无成本地传送到世界各地。这意味着生产者和设计师可以在世界上完全不同的地方和谐地工作。虽然设计师往往集中在工业化国家，但生产越来越多地集中在低工资的发展中国家。服务也被外包了。呼叫中心和软件开发人员是最近服务外包增长的最明显的例子。这个过程已经扩展到财务分析、X光诊断、建筑绘图和基础科学研究中。甚至这本书英文版的制作（复印、排版等）也被培生集团外包给了一家位于印度本地治里的公司Integra。

弱化的国家主权

如果生产和金融的全球化带来了相当大的经济变化，那么其政治影响可能更为重大，因为它们使人们对民族国家这一基本政治单位的合法性产生了疑问。

当生产可以很容易地从高税收和严格监管的地方转移到税收和监管较低的地方时，国家主权就会变得脆弱。因此，全球化有利于流动性生产要素，而不是那些无法跨国界运作的因素，如劳动力和政府。随着国际市场变得与国内市场同等重要或更重要，以及公司越来越多地在各国间整合其业务，任何特定公司的国籍都变得不那么重要了。企业的利益不与任何国家的利益一致，企业将设法尽量最小化其在管制或税收最严厉的国家的业务。资金流动是为了寻求最高的回报率和多样化。一个特定国家的生产和投资需要，在很大程度上与这些资金流向无关。

各国政府对全球化压力的回应各不相同。贸易和投资自由化以及放松对金融市场管制的政策，从多个方面鼓励全球化。许多国家，特别是发展中国家，已经接受了全球化的逻辑，减少了跨国公司的监管和税收负担，以期吸引迫切需要的外国资本。这些改革的目的还在于将现有的公司留在国内，无论是外国企业还是本国企业。

所有这一切是否意味着在工业化国家的私人和公共部门之间，存在一种根本性的全新关系？毫无疑问，我们现在处于政府全面后退的时代，微观经济和宏观经济都是如此。与此同时，在不久的将来，政府的作用可能会以几种方式扩大。首先是需要应对新全球经济带来的问题。由于企业迁出国内而被解雇的工人必须得到帮助，也许是接受再培训，最终获得再就业。[1]如果部分由全球化原因造成的收入不平等成为一个严重的政治问题，那么社会可能呼吁在收入金字塔的顶端征收更高的税收，在底部建立更强大的支持体系。

加强公共部门的第二个领域涉及国际治理机构的角色。一个例子是世界贸易组织，它成立于1994年，旨在促进贸易自由化。1999年，世界贸易组织在西雅图的会议引发了大规模的抗议活动，突显出世界贸易组织应该努力扩大其任务范围，以促进国际劳工标准的执行，比如工人组织工会和集体谈判的权利。同样，扩大后的世界贸易组织也可以执行环境标准。

由于没有有效的全球性管理机构的先例，因此更有可能在地区层面发展这种机构。在这方面已经采取了许多步骤。1997年《马斯特里赫特条约》（Maastricht Treaty）建立的欧洲央行（European central bank）为11个欧洲国家管理货币政策。欧洲议会和法院已经拥有相当大

---

[1] 随着企业利润越来越多地在海外获得，人们可能会呼吁堵住针对海外利润的税收漏洞。

的权力，而且这种权力还有可能进一步扩张，因此西欧是世界上一体化程度最高的地区。

因此，北美自由贸易协定在许多方面也是一个开创性的条约。这是第一个在不同发展水平的国家之间的自由贸易协定：美国的人均年收入是22 000美元，而墨西哥只有3 000美元。北美自由贸易协定包含劳工和环境方面的附属协定，这是第一次利用自由贸易协定来解决全球化进程内在的社会标准的协调问题。附属协定内容不多，要求每个国家执行自己的劳动和环境法规，而且执行机制烦琐；然而，在一个监管需求日益迫切的世界里，将它们纳入北美自由贸易协定可能是朝着全球努力实施某些最低社会标准迈出的第一步。

全球经济失衡

全球化还导致了可能破坏稳定的经济失衡。最主要的是美国对中国的巨额贸易逆差。中国成为世界制造业出口大国的努力始于20世纪90年代初。中国政府鼓励外国公司（谨慎地约束）去投资于旨在出口的低技能制造业。从服装、玩具再到塑料制品。中国鼓励工人从农村地区迁移到沿海城市，在"经济特区"工作。来自日本、美国、中国香港和其他国家及地区的境外投资提供了资金、管理经验，而中国工人提供了廉价劳动力。中国自己的公司（国有企业）也被鼓励成为出口商。随着美国零售革命的发展，越来越多的大型零售商从中国购买产品。虽然一开始，中国对外国产品的购买力很小，但外国公司也有动机在中国投资，因为看中未来中国巨大的内需潜力。此外，中国将人民币对美元汇率保持在很低的水平，因此中国商品对美国买家来说很便宜，而进口商品对中国消费者来说很贵。

这种安排的结果是出口繁荣，而进口没有相应地扩大，因此两国之间的贸易不平衡迅速扩大。欧洲对中国的贸易逆差也以类似的方式增长，但速度相对缓慢一些。1990年，美国对华贸易逆差为110亿美元。到2007年，这个数字激增至2 560亿美元。

中国政府用其美元收入（外汇储备）购买了美国国债。虽然这些债券的回报率不是特别高，但它们是最安全的金融投资。随着贸易失衡的加剧，中国对美国国债的购买量也在逐年增加。美国对这一安排感到高兴，因为它正面临着预算赤字，并希望为其赤字提供资金。中国成为美国赤字的最大融资国。中国持有的美国国债从2000年的590亿美元增加到2010年的1万亿美元以上。

经济学家和政策制定者担心，这种所谓的"宏观经济失衡"对美国来说已经变得不健康。一旦中国突然停止购买美国债券，美国将不得不提高利率（以吸引买家），并因此要冒着国内经济状况恶化的风险，因为更高的利率降低了企业投资工厂和设备的意愿。被低估的人民币成为人们关注的焦点。因为人民币如果持续升值，中国的出口竞争力会下降。即使在2007—2009年的经济危机中，形势也没有发生"再平衡"。

发展不平衡问题

全球化的进程其实名不副实，并没有包括世界上的每一个国家。过去20年的经济生活全球化时期，也是各国内部和各国之间不平等加剧的时期。今天，世界上大多数人在艰苦的工作条件和极低的工资下工作。图10-2显示了世界上有多少人的收入水平只是富裕国家的一小部分。尽管高收入国家的人均年收入接近25 000美元，但占世界人口5/6的其他国家的人均收入只有这个数字的1/3。超过2/3的世界人口年收入低于5 000美元。根据世界银行的数据，在2001年，超过50%的世界人口每天的生活费不足2美元，21%的人每天的生活费不足1美元。这意味着全世界有30亿人每天的收入不足2美元。2005年，在撒哈拉以南的非洲地区和南亚，40%至50%的人口每天的收入不足1.25美元。[1]

我们该如何理解21世纪的世界？在这个世界里，一些国家生活水平很高，而另一些国家却似乎无望地陷入贫困；一些国家的平均寿命高达75岁，而另一些国家只有55岁；一些国家拥有大批熟练工人，而另一些国家只有一群未经训练、不识字的文盲。

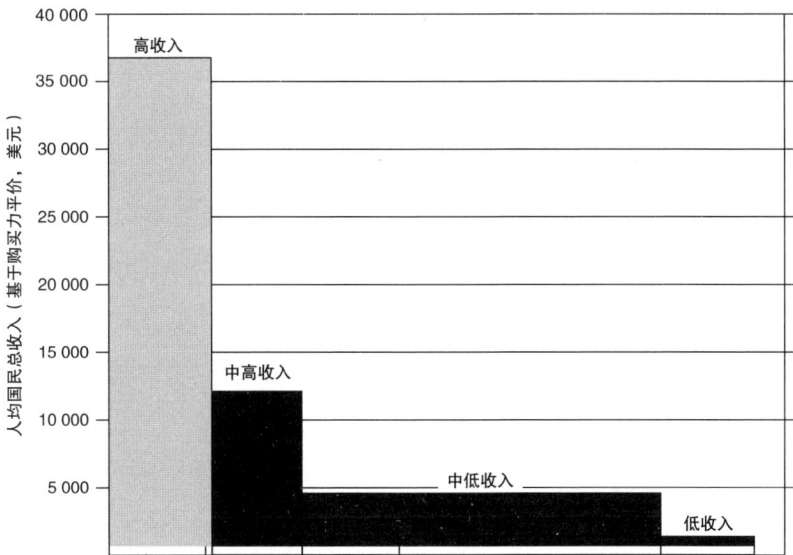

图10-2 2004年世界人均国民总收入

资料来源：World Bank: *World Development Report*, 2006

这个重要问题的第一个答案必须是显而易见的：世界各地的资源分布不均。有些国家的居民确实天生富有；而另一些国家的居民生来就穷。因此，对于"为什么在南极洲或撒哈拉沙漠没有工厂"这个问题，没有人需要寻找复杂的答案。在气候严寒（即使不总是在零度以下）的冰岛，也有很多工厂；在墨西哥一些相当贫瘠的地区（虽然不完

---

[1] 世界银行贫困统计数据的准确性尚存在争议。有关这场争论的概述，请参阅 Raphael Kalinsky, *Globalization, Poverty and Inequality*（Cambridge, UK: Polity Press, 2005）。

全像撒哈拉沙漠地区），经济也正在蓬勃发展。

这种情况是会变得更好，还是只会不可避免地变得更糟？在这一章的其余部分，我们将考查财富的不公平分配以及全世界的贫困问题，讨论一些国家如何设法改善其经济条件，而另一些国家似乎无望地陷入经济停滞。最后，我们当然不会提出一个改善全球经济的方案，但我们可能对在可预见的未来可以有什么作为有更清晰的认识。

殖民主义及其遗产

让我们首先回顾过去，试问进步是否取决于克服可以追溯到许多世纪以前的障碍的能力。在世界许多地方，贫穷的根源显然在于被忽视和压迫的历史。在面对撒哈拉以南的非洲地区或南亚部分地区贫穷、多病和文盲的悲惨面貌时，这一点尤其真实。答案是，这些国家脱胎于长期屈从的殖民统治，就像英国对印度、法国和比利时对中非国家的殖民一样。

这种回顾暗示了一种展望未来的可能性——通过政治行动摆脱过去，寻求独立自主。事实上，许多国家正是这么去做的，印度已经取得了相当程度的成功，但乌干达等中非国家的运气却差得多，首先跌回一个更糟糕的状态，即使在今天仍然缺乏社会、教育和经济方面的变化，而这些变化是经济良性运行和改善的必要条件。这些事情似乎很清楚：社会和政治变革对持久的经济变革是必要的，想要成为工人的人必须识字，妇女必须拥有广泛的职业选择，工人必须有投票权。

实现这些变化绝非易事。多年前，韩国是一个贫穷而且停滞不前的国家，刚刚摆脱了日本殖民统治，随后又经历了一段动荡的内部政治冲突。尽管新政权在政治上是压制性的，但仍然获得了生产现代化带来的政治和经济收益。政府开始向产业提供财政援助，但条件是其生产力有所改善或达到某些特定出口目标。慢慢地，通过低息贷款和其他补贴，政府逐步落实了将经济现代化与政治自强相结合的产业政策。

这些政策效果非常明显。在25年内，韩国扩大了工业基础，有能力出口钢铁、电脑，甚至汽车，工资水平提高了，甚至平均受教育程度也都有所提高。

因此，政治变革可以更加有效地扭转一个国家的发展方向。但是，绝不能忘记，独裁也可以非常有效地利用其土地资源来维持政治领导的奢华生活，同时掠夺一个国家的自然资源及其公民的基本自由。

几个例子显然不能纠正当前全球性落后的重大问题。尽管如此，通过上述观察，我们可以得出两个合理的结论。一是明智的政治监督是一个国家摆脱严重贫困的必要条件。二是几乎可以肯定的是，发展将要求穷国走工业化道路。韩国、墨西哥和其他国家已经证明了这条道路是可行的，就像之前的日本一样。早在日本之前，西欧和北美也曾经历了18、19世纪工业化的经典时期。

工业化是经济发展的关键，因为它是提高劳动生产率的最明确的途径。劳动生产率是衡量一个经济体中劳动者生产的商品和服务的平均数量的指标。丰富的自然资源肯定能给一个国家带来巨大的财富——想想南非的黄金或科威特的石油吧，但如果没有工业化，这些财富只会随着资源的枯竭而结束。

早期工业化和晚期工业化

今天的工业化进程和18、19世纪的工业化进程一样吗？一样也不一样。在这两个时代，各国通常只有少数几个关键产业——有时只有一个——是工业化进程最初的核心。正如18世纪的英国，纺织业为日本和朝鲜的工业化进程提供了平台。在这两种情况下，核心产业有助于发展制造业、市场营销和机械制造业中的劳动力和管理技能。一旦发展起来，这些技能和技术就会促进其他行业的产生。

最近的工业化浪潮与19世纪的工业化浪潮相比，还有另外一个相似之处，这就是政府所扮演的角色。在这两个时代下，当涉及对外贸易时，政府都有意识地进行干涉。在最近这一波浪潮中，政府资助和保护了其认为对工业化进程有重要战略意义的那些公司和产业。例如，日本通商产业省（MITI）在20世纪80年代因其敏锐的竞争战略意识和在提高企业技能及生产率方面的有效性而闻名。

然而，至少在一个根本性的方面，今天的工业化进程不同于200年前的欧洲和北美的工业化进程。正如我们在第四章中看到的，工业化的第一阶段是由发明和创新推动的：机械、蒸汽动力和革命性的大规模生产技术。工业化晚期的特征更多的是模仿而不是创新。与其说它依赖于新机器或新产品的发明，不如说它依赖于在技术上迎头赶上的能力，以及与世界领先生产商竞争细分市场的能力。

非洲有所不同吗？

许多非洲国家发现自己陷入了不发达的恶性循环。有些国家缺乏自然资源，无法为工业的初期发展提供资金。这些国家无法负担像样的教育和卫生保健，也无法发展本国的工业部门。由于生产率低和与世界主要市场相距遥远，大多数撒哈拉以南的非洲国家无法吸引外国投资。许多国家幸运地控制了自然资源（如尼日利亚、刚果、乌干达）或拥有肥沃土壤（如津巴布韦、科特迪瓦、加纳），但压迫性的、腐败的政府却肆意挥霍自然财富，而不是将其用于发展工业部门。

由于撒哈拉以南的非洲地区在第二波工业化浪潮中被甩在了后面，读者可能会问："非洲有什么不同吗？"也就是说，非洲国家是否没有能力摆脱不发达的恶性循环？大多数研究非洲的学者认为这个问题的答案是"不，它们有能力"。尽管在许多非洲国家，殖民主义残留仍非常突出，以及某些独裁者政治腐败[突出例子是乌干达的伊迪·阿明和扎伊尔（刚果民主共和国的旧称）的蒙博托]，已经浪费了无数的国家财富，但仍然有多种理由认为非洲能有与其他地区相同的发展前景。一旦这些国家完善了道路、电信、学校、医疗保健等最低限度的基础设施，从而启动了工业发展进程，那么我们就没有理由认为它们不能遵循其他成功的新兴工业化国家的类似发展路径，因为它们继续要求民主政治变革。如今已经有了变化的迹象和希望的曙光。乌干达已迅速地从伊迪·阿明时代过渡到一个更加民主、经济快速增长的时代。毛里求斯和博茨瓦纳利用从采矿中获得的巨大财富成功地投资于教育和许多已经在国际上取得成功的工业，创造了持续的经济增长。[1]自从结束了长期以来白人统治、种族隔离的政府传统以来，南非在住房、水电供应和电信方面取得了令人瞩目的进展。成功的事例为数不多，而且几乎可以肯定的是，在撒哈拉以南的非洲大部分地区，要实现工业化和生活水平改善的实质性进展仍然任重道远。

经济发展的政治学

只要粗略地看一下这个问题，就可以清楚地认识到，经济发展对政治的依赖就像其对经济的依赖一样重要。培育经济发展的政府治理不仅能刺激经济举措，还能带来政治稳定。具有发展头脑的政府可以通过经济激励、直接参与基础设施建设和改善教育系统来推动工业化。腐败的政府为了政府官员的个人利益而消耗国家财富，必然延缓甚至可能逆转工业化的进程。甚至饥荒问题也是一个政治问题。在过去几年中，我们被提醒，政治不稳定反过来又与种族或宗教冲突有关。因此，经济发展的前景不仅与政治有关，而且与文化有关。

---

[1] 参见 Dani Rodrik, *Making Openness Work*（Washington: Oversears Development Council, 1999）。

国际组织的作用

到目前为止，我们的重点是发展不足问题的国内解决方案，但是还有重要的国际渠道。国际组织在各国的发展努力中发挥着不可或缺的作用。国际货币基金组织和世界银行成立于第二次世界大战之后，作为1944年布雷顿森林协定的一部分，由二战胜利的盟国组成。自那以后，它们已成为塑造经济发展进程的关键性国际机构。

国际货币基金组织的成立是为了向需要短期贷款来偿还外债的国家提供资金。世界银行的作用是提供补助和长期贷款，以支持饱受战争蹂躏的欧洲的重大基础设施重建项目。在许多方面，这些机构成功地帮助欧洲重建，并且欧洲不仅能够重建，而且能够部分达到全球最高的收入水平，最近还建立了一个强大的经济和货币联盟。

随着欧洲重建任务的基本完成，国际货币基金组织和世界银行开始着手解决欠发达国家的财政和经济问题。国际货币基金组织的作用是向那些暂时无法偿还外债的国家提供短期贷款。世界银行继续把大部分资源用于发展项目，但它也向外债过多的国家提供帮助。

公平地说，这些国际机构在援助发展中国家的40年里所取得的成功，远远小于帮助欧洲重建时所取得的成功。这不足为奇，因为障碍更大了：欧洲国家通常拥有熟练的工人和大量依然完好的基础设施，而发展中国家在很多情况下都是白手起家。此外，固定汇率制度已被浮动汇率制度所取代，容许了大规模的、有害的货币流动，而没有哪个监管机构可以使之逆转。

1994年，除了国际货币基金组织和世界银行之外，又成立了第三个国际组织，这一次是为了规范对外贸易。世界贸易组织的成立是为了管理最重要的、规范国际贸易的多边条约。世界贸易组织的成立基于《关税与贸易总协定》（GATT）。世界贸易组织是100多个国家经过多年谈判后签署的一项协议。该协议要求降低包括纺织品、服装和农产品在内的大多数商品的关税，并对例如服务或知识产权（音乐、电影和其他值得专利保护的东西）等以往不受管制的贸易类型进行规范管理。与《关税与贸易总协定》不同，如果发现其他国家对某一国家提出的申诉属实，世界贸易组织有权对后者实施惩罚。

认识到追求自由贸易也符合发展中国家的利益，世界贸易组织成员2001年在多哈宣布了贸易谈判的"发展回合"。然而，这次谈判遇到了障碍，因为其中有一项协议未能打开发达国家的农产品市场，而遭到了发展中国家的集体抵制。美国和欧盟都对许多农产品有着抵制进口的巨大保护措施，并有强大的游说团体支持这些保护措施。

新自由主义：机遇与挑战

国际货币基金组织、世界银行和世界贸易组织倡导的"市场互助"（market friendly）的经济发展方式——有时也被称为新自由主义，为许多国家创造了巨大的机遇。巴基斯坦在服装生产和出口方面的成功，为该国创造了收入和就业机会，从而为工业多样化方案提供了基础。中国每年吸引数十亿美元外国投资，将为其带来新的技术、新的管理技能，以及与外国市场更紧密的联系。匈牙利拥有相对熟练的劳动力，毗邻富裕的西欧市场，使其在各种中等技术产品的生产上具有竞争力。

然而，新自由主义政策也会适得其反，因为它降低了实际工资，各国越来越容易受到金融危机的冲击，并且由于经济脆弱性的增加和社会安全网络的萎缩而加剧了社会紧张。放松对国际资本市场的管制所造成的金融不稳定已导致20世纪80年代和90年代的新自由主义政策受到广泛质疑。墨西哥在1994年遭遇了一场危机，当时投资者抽逃大批资金，导致墨西哥比索贬值，经济陷入长期衰退。1997年，东亚也发生了类似的金融危机，从泰国开始，然后蔓延到韩国、亚洲其他国家和地区、俄罗斯、乌拉圭和其他地区。巴西和阿根廷通过采取限制措施减缓经济增长，避免了经济崩溃，但也只是勉强地避免了崩溃。[1]由于国际货币基金组织和世界银行无力避免这些危机，许多政府和经济学家现在呼吁对世界银行和国际货币基金组织进行重大改革。人们正在讨论各种各样的提议，但大多数提议都主张对银行和其他金融机构进行监管，以降低它们倒闭的风险，并限制它们对大规模、短期国际资本流动的参与。[2]

对未来的展望

为什么有些国家仍然贫穷？当然，答案因国家而异。一些国家深受腐败而不求发展的政府的困扰；一些国家受制于非常有限的教育、卫生和基础设施资源，即使一个善意的政府也无法打破低生产率、贫困和增长缓慢的恶性循环。在这些严峻的因素上，我们还必须加上全球经济的压力。正如我们所看到的，世界市场日益开放给各国带来了新的机遇，同时也带来了障碍和陷阱。一些国家，特别是撒哈拉以南的非洲国家，完全被排除在这一进程之外，无法吸引外国资本，效率如此之低，以至于它们甚至无法在世界市场上竞争某个低技能的细分市场。其他国家——例如孟加拉国或海地——已经参与了全球生产过程，但却被局限在生产低技能、低工资的产品中，几乎没有机会进入技术密集型行业。另一些国家发现，许多国家掌握了生产某些产品（例如钢铁）的技术和能力，但世界上根本就没有足够的需求来消化现有的供应。

尽管存在这些障碍，许多国家已经逐步改善了收入、技术、教育和医疗保健，而这些都是可持续发展所必需的。虽然这往往伴随着政治民主化，但也需要国家广泛介入经济，并有能力从更大的开放和市场

---

[1] 许多人指出，放松金融管制是2007—2009年金融和经济崩溃的主要原因。
[2] 有关这些建议，参见John Eatwell and Lance Taylor, *Global Finance at Risk*（New York: The New Press, 2000）。

竞争中获益。这是一条充满荆棘的道路，但韩国、墨西哥、匈牙利、多米尼加共和国和乌干达等不同国家都已经在这条道路上取得了一定程度的成功。

克服南北之间的紧张关系

一个完全统一的全球市场的概念，昭示着一个和谐而良性竞争的经济环境。事实上，全球化在某些领域造成了发达国家（"北方"）和发展中国家（"南方"）之间的高度紧张关系。这种紧张关系在很大程度上是由于对外贸易对就业的影响造成的。随着发达国家向低工资的发展中国家开放国内市场、进口产品，它们本国的高工资工人面临失业。例如，美国的纺织和服装公司以及纺织工人工会就抱怨说，向巴基斯坦或中国等低工资的发展中国家开放贸易，将导致国内产业及该产业中的就业岗位遭到破坏。印度、巴基斯坦、泰国等发展中国家的政府抱怨说，发达国家对本国市场的保护限制了它们的发展前景。

双方都有道理，未来如何解决这些紧张关系将是影响未来经济社会形成的一个重要因素。有一件事是肯定的：在一个不断增长的经济体中，经济变化的效应，比如进口增加对就业的影响，往往没有被注意到。由于自黄金时代结束以来，世界经济增长更加缓慢，市场自由化造成的紧张局势更加尖锐。如果各国不能采取有效措施将经济增长率提高到黄金时代的水平，那么就必须找到其他解决办法来缓解全球化造成的社会紧张局势。虽然没有简单的答案，但在最后一章分析世界资本主义所面临的挑战时，我们将试图阐述各种可能的解决方案。但首先，我们必须正视经济史上引人注目、令人不安的近期阶段，即2008年至2009年的大衰退。

关键概念和关键词

布雷顿森林体系的崩溃	1. 使美元成为主要货币的布雷顿森林协定的崩溃，标志着美国霸权时代的结束以及新的全球化时代的开始。
相互联系的市场	2. 全球化意味着一个商品和货币资本的流动性都增强的新时代。国际经济活动出现了前所未有的增长。
跨国公司	3. 跨国公司现在在所有发达国家都具有重要地位。
资金流	4. 买卖外国货币成为一项主要活动，每日交易额达1.3万亿美元，超过了一年的商品贸易总额。
技术与组织	5. 全球化的背后是交通运输、通信技术的进步，以及管理技能的提高。福特的"世界汽车"开创了一个新模式。
对国家经济的影响	6. 全球化导致国家经济面临来自投机的压力，墨西哥比索危机就是一个例子。它也大大加剧了竞争的压力。
全球化加剧了不平等	7. 全球化压低了工资，带来了巨额利润。因此，这是不平等现象加剧的原因之一。它降低了各国背离国际趋势的能力，从而加剧了公共部门地位和威望的下降。
全球化的局限	8. 我们不知道全球化会走多远，但有迹象表明，它可能不会扩张到发达世界之外。区域性协定也可以提供保障，防止全球化进程中一些不太令人满意的特点。
非均衡发展	9. 从历史上看，世界经济在不同的区域和国家以非常不同的速度发展，从而导致当前占世界人口不到20%的高收入工业化国家和占世界人口大多数的发展中国家之间产生了巨大的差距。

晚期工业化	10. 20世纪60年代以来东亚的工业化浪潮，始于日本，然后逐渐拓展到韩国、中国台湾和中国香港等国家和地区，在某些方面与18、19世纪欧洲的工业化有所不同。晚期工业化更多地依赖于对现有技术和产品的模仿，而不是像第一次工业革命那样的重大创新。
发展型国家	11. 政治因素是经济发展的重要因素。发展型国家促进国内工业发展，加大对人力资本和基础设施的公共投资。掠夺型国家是那些为了少数政治精英的利益而挪用国家财富的国家。许多国家其实是两者之间的情况，即既不完全是发展型，也不完全是掠夺型。
布雷顿森林机构	12. 1944年在布雷顿森林会议上创立的国际货币基金组织和世界银行现在是两个最重要的促进经济发展的国际组织。国际货币基金组织的作用是提供短期贷款，帮助面临国际收支危机的国家。世界银行为大型发展项目提供贷款。世界贸易组织成立于1994年，负责管理有关世界贸易的规则。
新自由主义	13. 上面提到的3个国际组织——国际货币基金组织、世界银行和世界贸易组织，都倾向于在国际贸易和金融领域放松管制以及促进市场自由化。这种政策立场，与支持财政紧缩的观点结合起来，一直被描述为新自由主义的特征。新自由主义政策一直存在争议，因为它在帮助各国摆脱宏观经济危机、走上快速经济发展道路方面，充其量只是好坏参半。在这些国际组织的年度会议上，反对者的抗议主要集中在新自由主义造成的社会成本（对工人，对环境）上。

问题

1.在国际贸易中，当汇率根据美元和英镑的供求关系波动时，会导致国际贸易存在风险。"固定"汇率（例如5美元兑换1英镑）是如何消除这种风险的呢？

2.你能从所看到的广告中或在商店里注意到全球化的日益发展吗，即使你从来没有听过这个词？你能在汽车、食品或衣服等方面举几个例子吗？

3.为什么外汇买卖的协同操作可以威胁到整个国家经济的稳定性？如果你是一位墨西哥人，需要从美国进口拉链去生产运动服装，然后出口到欧洲，你能解释一下为什么比索的崩溃将使业务非常困难，甚至无法进行吗？

4.在第一次世界大战前的金本位制下，所有主要国家公布其货币的黄金价值。你认为重建稳定汇率制度的障碍是什么？你能解释一下当时世界贸易霸主英国在第一次世界大战后失去这一地位的原因吗？

5.推动贫困国家的发展，是否也符合高收入国家自身的利益，为什么？

6.在撒哈拉以南的非洲地区，大多数国家经济表现不佳的原因是什么？

7."边境加工厂"指的是位于墨西哥境内与美国交界处（主要为外资所有）的工厂。你认为边境加工产业为什么在过去10年里扩张了？你认为"边境加工厂"是促进墨西哥经济发展的一个积极因素吗？

8.为了寻求发展国内工业，政府是应该利用关税和管制来保护这些工业，还是应该让它们与外国企业竞争？

9.目前，全世界范围内正在开展一场减少最欠发达国家外债的运动。请讨论债务减免对这些国家所产生的经济效益。

10.20世纪50年代，经济学家西蒙·库兹涅茨（Simon Kuznets）在他关于收入分配和经济发展的著名假说中提出，发展中国家在发展过程中，首先必须承受不平等加剧的痛苦。库兹涅茨认为，随着经济的发展，不平等程度会开始下降。你认为库兹涅茨理论背后的逻辑是什么？最近的研究表明，库兹涅茨关系不再成立。你认为这又是为什么？

11.与其他大多数工业化国家相比，为什么美国对发展中国家的援助（以占国民生产总值的比例来衡量）如此之低？

第十一章

从历史角度看大衰退

THE
MAKING OF
ECONOMIC
SOCIETY

经济学家海曼·明斯基（Hyman Minsky）在1986年曾出版一本书，标题名为《还会再次发生吗？》（*Can It Happen Again?*），该书探讨了再次出现类似20世纪30年代大萧条的可能性。当时，大多数经济学家认为标题中提到的这个问题无关紧要。而时至今日，随着美国和世界经济从金融危机和重大经济衰退中缓慢复苏，明斯基的分析成为人们关注的焦点。从2007年中期到2009年底，美国的失业率增加了一倍多，达到10.1%，超过800万房屋被取消抵押品赎回权，股市下跌了40%以上。仅仅9个月，世界贸易总额就暴跌了38%。在这个过程中，3家主要的金融公司、326家银行和信用社倒闭。美国政府提供了超过1万亿美元的支持，出手救助美国的金融机构，美国国会批准了7 800亿美元的一揽子刺激经济的支出计划。欧洲国家间的财政危机让欧盟的未来蒙上了阴影。

在这一章中，我们把过去几年重大的经济和经济政策事件放在了更广泛的背景下。读者们刚刚亲身经历了这些令人惊讶和痛苦的事件，所以我们不需要详细地回顾。我们的目的是从历史的角度来看待当前现状，然后得出对未来经济社会以及我们如何看待经济的启示。

在本书中，我们强调资本主义是世界经济史上的一个阶段。在这个阶段中，由营利的企业和挣工资的工人组成的市场，是资源配置、技术变革和收入分配背后的中心机构，并由政府进行管理。在经济快速增长的时代，我们往往忽略了这一历史背景和资本主义的各种形式，而专注于市场的效率。当市场体系失灵时，正如它在2008—2009年金融危机和大衰退前夕明显表现出来的那样，我们被迫质疑整个体系的运作，并寻求组织和管理社会物资供应的新方法。在最近的经济危机中，这种质疑和反思已经在大众传媒、学术界和政策圈中引起了反响。

发生了什么事？

所有系统性危机都有短期和长期原因，2008—2009年的大衰退也不例外。直接原因是房价下跌，抵押贷款违约率上升，以及所有依赖抵押贷款和房地产市场持续健康发展的金融工具的价值突然崩溃。房价下跌是由于抵押贷款的扩张不可持续，其中部分是由于"次级"抵押贷款的诱惑，因为这仅需要一个非常低的首期还款金额和初始利率。但随着时间推移，月供增加，借款人无法履行还款义务，被迫违约。数以百万计的房屋被取消了抵押品赎回权，房价迅速下跌。

房价泡沫的破裂产生了多米诺骨牌效应。随着抵押贷款的恶化，抵押贷款支持证券的价值暴跌。投资银行为这类衍生品建立了庞大的投资组合，其中敞口最大的银行面临破产的风险。利用另外的衍生品工具为这些金融工具提供保险（被称作credit default swaps，即"信用违约掉期"）的公司也面临破产的风险，因为它们无法同时偿付这么多的保险"索赔"。两家最大的投资银行——贝尔斯登（Bear Sterns）和美林（Merrill Lynch），实际上已经倒闭了，因为它们都大量投资了这类证券。这两家公司被其他公司以难以想象的低价收购。紧接着，在2008年9月9日，曾经是最大最成功的投资银行之一的雷曼兄弟（Lehman Brothers）

倒闭了。这让华尔街不寒而栗。从2008年5月到2009年3月，股市下跌了44%。信贷市场冻结，意味着不仅企业不能从银行贷款，而且银行甚至不能获得银行间贷款来满足自身的短期需求。当时，世界金融体系处于崩溃的边缘，美国经济也处于类似20世纪30年代的大萧条的边缘。

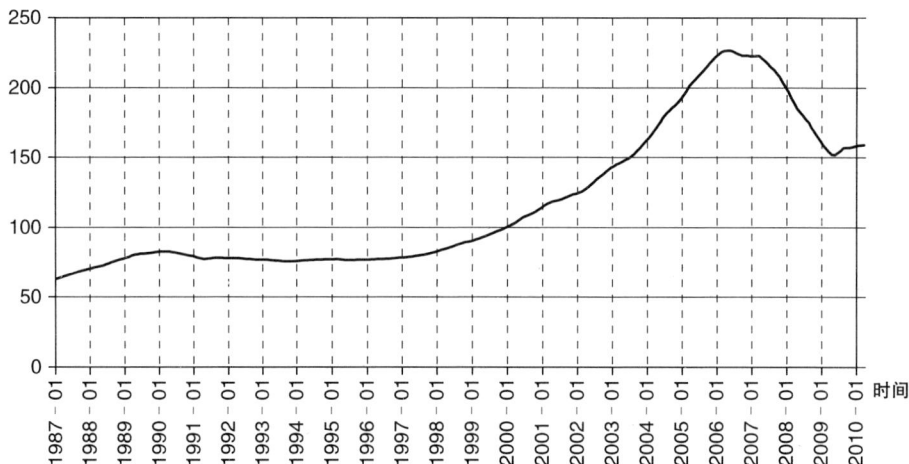

图11-1　经季节调整的标准普尔/凯斯-席勒月度住宅价格指数
（"10城综合指数"）

　　所有这一切都是在监管放松和政治变革的背景下发生的。金融机构没有被要求去准确地披露它们在衍生品市场上的投资价值，因此这些公司的受损程度没有被很好地了解。金融审计师和评级机构与它们所评级资产的所属公司之间的独立性越来越小。在政治方面，美国正处于总统换届竞选的阵痛之中，这给政府的领导能力和工作重点增加了不确定性。布什总统迅速实施了一项收购7 000亿美元"有毒"银行资产的计划，以改善银行的资产负债表。随着2008年11月奥巴马当选总统，一个新的经济政策团队成立了，该团队延续了上届政府的部分金融援助政策，并新增了财政政策——该刺激计划很快在国会获得通过并签署成为法案。该法案（2008年的《紧急经济稳定法案》）要求支出1 680亿美元，以及随后的2009年《美国复苏与再投资法案》要求拨出400亿美元用于延长失业救济金，另外还有1 440亿美元用于援助各州，确保各州有能力继续在学校、交通系统、医疗保健、当地警力和消防安全等方面进行投入，以及1 110亿美元用于基础设施建设和逐步用于其他投资。

政策的效果好坏参半。数万亿美元的公共资金已经到位，金融危机因此得以避免，就业在2009年底开始增长。但尽管如此，美国的失业率仍停留在10%附近，制造业产出占总产出的比例继续下降，出现了"二次探底"的不祥迹象，这是第二次衰退，而不是平稳的复苏。

导致危机发生的长期趋势：家庭债务和金融化

2008年发生的重大事件还可以追溯到美国经济的长期趋势，这些趋势与家庭债务、去工业化、世界贸易以及金融市场的扩张和放松管制有关。当我们考虑这些问题时，我们看到当危机发生的时候，长期存在的不平衡和债务状况已经达到不可持续的地步，不可避免地需要进行调整。调整会带来高昂的社会成本，而这些成本的负担取决于政府的政策。在考虑此次危机的系统性以及与以往危机（尤其是20世纪30年代的大萧条）的比较之前，让我们先简要讨论一下这些长期趋势。

工资停滞和家庭债务

21世纪最初十年，家庭消费需求推动经济以相对强劲的速度增长。奇怪的是，这发生在工资没有上涨太多的时期。当工资上涨停滞不前时，家庭扩大消费和提高生活水平的唯一途径就是借钱。图11-2显示了自1960年以来男性工资中位数的增长情况（扣除通胀因素后的实际值）。我们看到，虽然工资会有波动（通常我们会在经济扩张时期看到工资上涨），但自20世纪70年代中期以来，直到2010年，工资都没有上涨。工资上涨停滞所导致的结果是家庭借款缓慢而稳定地增长，不仅用于购买住房，也用于购买一般消费品。美国抵押贷款债务的扩张情况如图11-3所示。我们清楚地看到20世纪80年代美国抵押贷款债务加速增长，然后到90年代中期更加飞速增长，直至2008年的经济危机。

美元

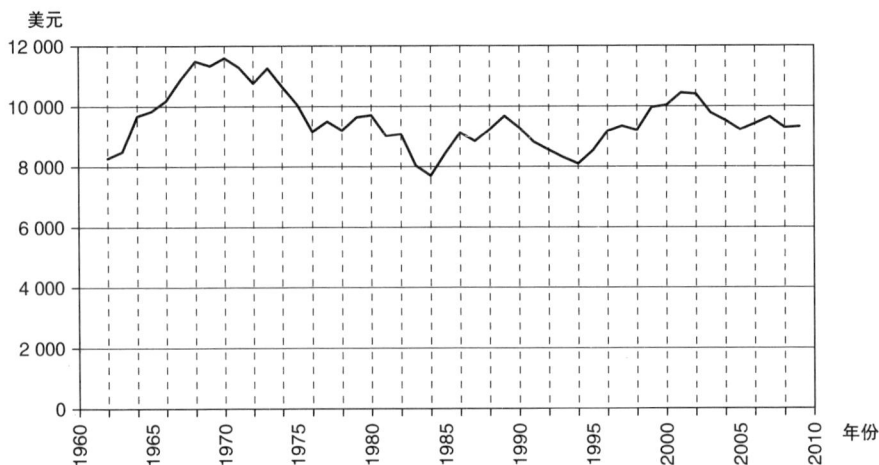

图11-2　美国男性实际工资中位数（以1983年美元为基准计算）

万亿美元

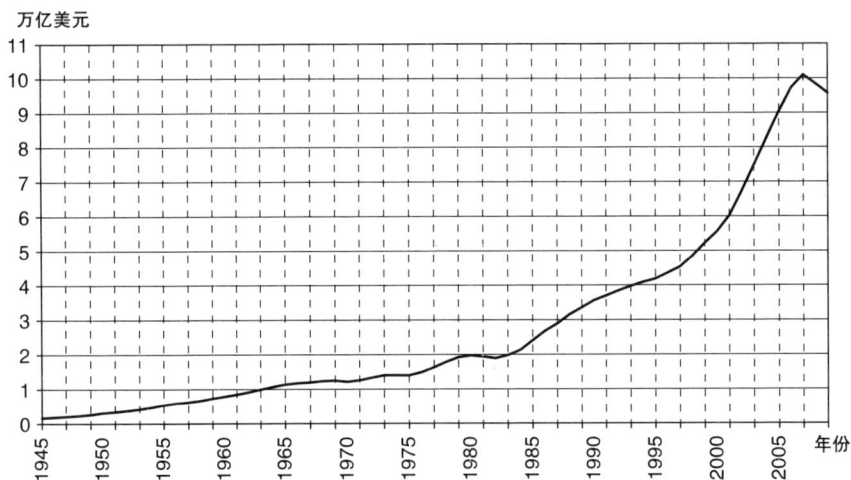

图11-3　美国家庭抵押贷款负债（以2005年万亿美元为基准计算）

工资中位数的停滞不前被归因于许多因素。其中之一是女性劳动力参与程度的上升，增加了劳动力供给。第二个因素是低技能工人的工资下降，因为国际竞争和技术变革减少了对这类工人的需求。第三个因素是工会的衰落。1935年，美国36%的劳动力加入了工会，而如今，加入公会的比例是7.4%。工会化程度的下降与制造业在经济中地位的普遍下降有关。带有养老金和医疗保险福利、拥有体面收入的制造业工作已经被服务业工作所取代。虽然其中有部分是高薪酬回报的高技能工作，但大多数是低技能、低工资的工作，与过去的制造业工作相比，工作保障和福利都有所减少。[1]

房地产泡沫

债务通常只有在借款人和贷款人对偿还本金和利息有足够信心时才会增长。对美国家庭和他们的债权人来说，这种信心源于看似会永久上涨的房价。但当2008年房价暴跌时，举债消费模式崩溃了。

20世纪90年代，房价开始加速上涨，直到2007年，房价上涨的速度一直在加快。在一个典型的市场中，价格上涨会导致需求量下降。但是在房地产市场，不断上涨的房价刺激了更多的贷款用于购房。这是多种因素造成的。第一，预期房价将继续上涨，因此没有购房可能会成为糟糕的投资。第二，美联储通过扩张性的货币政策保持低利率，从而使信贷成本保持在很低的水平。第三，工资收入的上涨继续停滞不前，因此家庭借贷成为工薪阶层扩大消费的一种方式。第四，抵押贷款一经发放就被转售并打包成各类金融衍生品。因此，银行家和经纪人赚取的费用比评估借款人的信用价值更重要。投机性金融市场与抵押贷款（住房

[1] 参见 Frank Levy and Peter Temin，"Inequality and Institutions in Twentieth-Century America," Chapter 14 in Paul Rhode, Joshua Rosenbloom 以及 David Weiman，editors，*Economic Evolution and Revolution in Historical Time*，Palo Alto: Stanford University Press，2011。

抵押贷款证券）之间的联系，向放贷机构发出了强烈信号，要求它们扩大放贷规模，即便按照传统标准，借款人的信用可能不佳。"次级"贷款是指最初利率极低，首期还款金额很少甚至没有的抵押贷款。

这些因素结合在一起，造成了不可持续的大量住房抵押贷款。当利率上升时，泡沫破裂，房主无法承担他们的月供。经济学家约瑟夫·E.斯蒂格利茨（Joseph E. Stiglitz）在他的著作《自由市场的坠落》（Freefall）中描述了接下来发生的事情：

> 那些选择了自己能够承受的最大抵押贷款额度的人，突然面临着超出预算的还款。当他们都想卖掉自己的房子时，房价一落千丈。对那些100%抵押贷款的人来说，这意味着他们无法再融资，无法偿还所欠的债务，也无法维持现状。随着房价的下跌，那些即使是90%，甚至是80%抵押贷款的借款人也变得如此。对数百万人来说，抵押贷款违约是唯一的选择。[1]

恶性循环随之而来。随着取消抵押品赎回权的增加，房价下跌。而房价下跌进一步导致了更多的抵押贷款违约。从2007年到2010年，超过800万的房屋被取消抵押品赎回权。

金融监管放松与"金融化"

这些家庭债务的另一面是金融信贷的扩张。从20世纪80年代开始，金融体系的发展就与经济的其他部分相关联。新型金融机构的出现是为了满足人们参与股票市场的需求。1978年，美国国会修订了《国内税收法规》（Internal Revenue Code），推动了私人退休账户[401（k）账

---

[1] Joseph E. Stiglitz, *Freefall: America, Free Markets, and the Sinking of the World Economy* (New York: W.W. Norton, 2010), 88.

户]的创立，从而大大增加了这一需求。1974年，金融业、保险业和房地产业加起来占美国国民收入的12%。到2009年，这一比例上升到25%。在21世纪最初十年，这些行业占美国经济利润的50%以上。

经济活动的"金融化"，是先前所述的对金融资产的需求上升及在此期间银行和金融监管放松的结果。一个重要的时间节点是1999年《格拉斯-斯蒂格尔法案》（Glass-Steagall Act）的废除。1929年股市崩盘后通过的这项法案，禁止银行在股市投资，旨在减少银行活动的投机性，防止银行在提供贷款时偏袒某些企业客户。《格拉斯-斯蒂格尔法案》的废除，允许银行与其他参与金融市场投机活动的金融机构相竞争。尽管这在当时似乎是合理的，因为这个法案的废除为这些银行提供了一个公平竞争的环境，但却诱使银行从事投机活动，使它们偏离了向企业和家庭提供贷款的这一初始角色。

监管放松催生了新的金融工具和新型金融机构。为了吸引消费者进入金融市场，数以千计的货币市场基金应运而生。对冲基金的设立是为了服务于其中最富有的消费者。但与它们的名字相反，这些机构经常从事金融投机活动。金融资产投机需求的增长，导致了对金融工具的需求，个人和公司能利用这些金融工具使其投资组合多样化，并能对冲资产价格变动的风险。银行和其他金融公司开发并销售衍生品——这是一种金融资产，其价值取决于其挂钩的底层资产的价值。衍生品被用来使组合多样化、对冲和投机。信用违约凭证（CDO）被当作针对资产贬值的保险出售。住房抵押贷款证券（MBS）的价值基于房屋抵押贷款的信用价值。这看起来似乎是一种特别好的金融风险，因为其底层资产——住房——的价值在不断上涨。

宏观经济失衡

21世纪最初十年，家庭并不是唯一债务负担稳步增加的群体。美国的公共部门也出现了赤字，因为既要为"9·11事件"后的伊拉克和阿富汗战争提供资金，同时2001年开始实施大规模减税政策。因此，私人和公共部门需要从国外大量借款。外国资本，特别是来自中国的资本大量涌入美国，购买美国公司和股票，最重要的是购买美国国债。到2009年，中国持有近1万亿美元美国国债，是21世纪初的50倍。

中国向美国的资本流动是通过美国向中国扩大进口（净进口）产生的。美国与中国的双边贸易差额从1985年的0，增长到2001年的830亿美元，再到2008年的2 680亿美元。贸易和资本账户的失衡虽然在21世纪最初十年支撑了美国经济的债务拉动型增长，但也达到了不可持续的水平，为美国经济的脆弱性埋下隐患。

欧洲危机

大衰退始于美国的金融崩溃，但很快蔓延到世界各地。由于银行业的全球性质，其他工业化国家，特别是欧盟的主要国家和日本，立刻受到影响。世界各地的银行和非银金融机构都采用了持有大量住房抵押贷款证券和其他衍生品的投资组合管理策略。当这些资产的价格暴跌时，这些金融机构也陷入了流动性危机，一些甚至面临破产。冰岛之前曾解除了对银行系统的管制，吸引了大量的外国银行。但随着衍生品市场的崩溃，这些银行中的大部分都破产了。冰岛的金融体系被压垮。

但是，工业化国家经济增长的放缓造成了更多的问题。当经济增长放缓时，税收收入也会下降。随着自动稳定器（例如失业保险）的启动，政府支出也会上升。一个拥有大量政府债务，正陷入经济衰退的国家特别容易受到这种财政紧缩的影响。美国在很大程度上避开了这个问题，因为美元仍然是世界的主要货币，其债务仍有需求。其他国家则没有那么大的特权，脆弱的欧洲国家由于对欧元的承诺受到特别的束缚，对欧元的固定汇率制度使它们无法降低本国货币的价值，以使其产品和债务对世界其他国家更具吸引力。希腊是第一个处于危机边缘的国家，但西班牙、葡萄牙、爱尔兰和意大利等其他国家也被认为容易受到类似动荡的影响。欧盟达成一项协议，由德国和法国提供救助贷款，作为回报，希腊政府承诺削减未来的赤字、公务员工资支出、养老金和其他形式的社会保障。

大衰退和大萧条的对比

一波金融投机浪潮将美国经济推向了灾难性的低迷时期。听起来熟悉吗？自2007年以来发生的经济事件，不可避免地被拿来与1929年和大萧条相提并论。迄今为止，我们避免了像早期那样的产出和就业崩溃。然而，此次衰退是自20世纪30年代以来最大的一次，超过了1981—1982年的衰退。尽管过去一年世界贸易量有所回升，但当前时期世界贸易的下降速度甚至比大萧条时期还要快。比较这两起事件最重要的一点是金融市场的作用和对危机的政治反应。

泡沫形成和破灭的原因

我们已经看到，各种因素导致了2008—2009年的危机。但是，是什么改变了这些稍微令人不安的趋势，使之变成了一场宏观经济灾难呢？经济学家很难预测这样的转折点，事实上，大多数经济学家和政策制定者认为这种趋势是无害的，或者至多是温和的担忧，并且通过一些政策调整肯定是可控的。有多种关于金融崩溃的经济学理论，其中两种理论被认为与1929年的崩盘和当前的房地产泡沫破灭特别相关。这两种理论的关键都是市场心理。根据其中一种观点，金融危机的发生是由于人们对金融资产估值的信心崩溃。这种信心危机或许无法解释，但它们似乎经常发生。[1]卡门·莱因哈特（Carmen Reinhart）和肯尼斯·罗格夫（Kenneth Rogoff）研究了几个世纪以来的金融危机，发现了一系列金融危机中惊人的相似之处。一个相似之处是在每一个连续的实例中，市场参与者都相信"这次不一样"（这也是莱因哈特和罗格夫那本著作的标题）——信息更好，投资者更聪明，并且崩盘不会发生。根据这些作者的观点，在经济繁荣时期的信心不可避免地会导致信心危机。[2]

本章开头提到的海曼·明斯基的金融脆弱性理论更进一步将过度乐观和随后的脆弱性直接与商业周期联系起来。明斯基大体上遵循凯恩斯的观点，即就业是由对未来销售的坚定预期所驱动的，而资本主义的生产在很大程度上得到了融资的帮助。明斯基提出的是金融商业周期理论，也就是说，企业对经济增长的信心不断增强，导致企业过度借贷，以至于负债累累，不得不再借钱来偿还未偿贷款的利息。这种情况（明斯基称之为"庞氏融资"）很快就会变得不稳定，公司无法借贷，要么倒闭，要么大幅削减其借贷和支出。明斯基模型最重要的一点是，这个周期是由金融市场中的力量驱动的，并且这种周期是内生的，也就是说，它是经济好转本身的逻辑结果，而不是任何外部或外生力量或心理冲动的结果。

政策回应：百日新政与奥巴马刺激计划

虽然大衰退和大萧条的催化剂大体相似，但事实上两者一个造成长期失业率超过20%，并伴有大规模的贫困、饥饿和无家可归，而另一个失业率只有一半，但贫困率略有上升；一个的特点是银行系统的大规模

---

[1] George Akerloff and Robert J. Shiller, *Animal Spirits: How Human Psychology Drives the Economy, and Why it Matters for Global Capitalism*（Princeton: Princeton University Press, 2009）.

[2] Carmen Reinhart and Kenneth Rogoff, *This Time is Different: Eight Centuries of Financial Folly*（Princeton: Princeton University Press, 2009）.

挤兑，而另一个则没有。

大衰退至今仍只是衰退的一个原因是，我们从上一个时代的经历中吸取了教训。一些大萧条时期的机构仍然存在，并在限制社会损害方面发挥了重要作用（例如，1933年建立的对银行存款进行保险的联邦存款保险公司，1935年开始的失业者救助发放）。大萧条的其他教训为近期的政策辩论提供了参考。美联储高度进取的行为——扩大货币供应，维持极低的利率，直接从金融机构购买私人资产，是人们认识到中央银行在20世纪30年代过于被动的结果。刺激计划肯定从百日新政中汲取了灵感，包括扩大基础设施项目（水坝、电话系统）和新的社会保护机构（如社会保障）的支出。在当前时期，增加了对失业救济、对汽车工业的支持、对各州的援助以及包括提高能源效率在内的基础设施项目的支出。

如今我们讨论更多的是财政刺激的优点，而在20世纪30年代，人们对百日新政刺激美国经济的有效性进行了激烈的辩论。正如我们在第八章中指出的，研究表明，新政的主要推动力不是财政刺激，而是美国资本主义制度的改革。E.卡里·布朗（E. Cary Brown）在其1956年的经典研究中表明，20世纪30年代的赤字支出数额并不是很大，到1937年甚至变成了负数。[1]随后的研究证实了布朗的结论，并且还表明，财政紧缩的州和地方政府在很大程度上抵消了适度的联邦支出计划。这并不是说相对较小的刺激是无效的。事实上，失业率从1932年的23%下降到1937年的9.1%。[2]1937年的经验也很重要。当政府削减额外的刺激支出时，经济也会重新滑入衰退。那些担心今天会出现"二次探底"的人应该注意了。

---

[1] E. Cary Brown, "Fiscal Policy in The Thirties： A Reappraisal", *American Economic Review*, Vol. 46, No. 5, December, pp. 857—879.
[2] 失业率数据来源：*Historical Statistics of the United States*, Millennial Edition online（hsus.cambridge.org）。

资本主义的根基被动摇

2008—2009年的大衰退尚未变成另一场大萧条，但是，人们普遍认为，资本主义的基础已经被动摇，体制正在发生结构性变化，并且可能需要重新思考长期以来认为"市场体系是稳定的，只需要政府的有限干预"的观点。大衰退与大萧条的对比，在现在看来更具试验性，因为我们站在今天无法知道近期经历的长期后果。但我们希望，指出一些相似之处会激发你尝试将最近的经验纳入更广泛的历史框架中。

大萧条涉及农业危机，敲响了小型农耕的丧钟。粮食价格暴跌，政府出台了价格支持措施。虽然农业生产率将会在未来几十年里继续上升，但制造业已成为美国经济增长和创新的核心驱动力。

当今的经济衰退可能同样预示着结构性变化，而这一次是制造业的衰退。去工业化的长期趋势，即制造业产出在国内生产总值中所占比例的下降，似乎已被大衰退强化。在大衰退之前的10年里，金融业和保险业的扩张似乎将取代制造业。虽然这些行业规模仍然很大，但不足以提供因去工业化而失去的就业机会。在21世纪最初十年，信息技术行业（既有制造业，也有服务业成分）将经历自身的泡沫和崩溃，但最终将进行整合，并缓慢复苏。其他服务也在扩张，例如在医疗保健和教育领域。到2009年，从事零售业的美国人比从事制造业的还要多。

制造业衰退的原因是多方面的。随着对外贸易的扩大和复杂的全球供应链的发展，制成品主要从国外进口。一些人认为，制造业的衰落是自然的现象，就像一个世纪前农业的衰落一样。这些解释都没有清楚地表明，未来什么将取代制造业，成为产出和就业增长的源泉。

大衰退可能加速的另一个结构性变化是全球失衡的调整。随着世界经济从紧缩中复苏，这个问题出现了两个方面。其中一个方面是，美国家庭正在经历债务的大幅整合和储蓄率的上升。这可能会给美国带来更缓慢但更可持续的增长。这也意味着，其他国家未来将无法再依赖美国作为"最后的进口国"。

这种"全球再平衡"的另一个方面是，许多新兴市场，尤其是中国、巴西和印度正在迅速增长，并在此过程中改变了世界需求结构和世界贸易方向。大衰退对工业化国家的打击最为严重。美国2009年的国内生产总值下降了2.4%，欧盟的增长率下降到-4.1%。消费者减少借贷和支出，以解决他们的高额债务。令发展中国家大为震惊的是，世界出口崩溃的速度比大萧条时期还要快。尽管如此，主要的发展中国家的国内生产总值继续增长。2010年，中国国内生产总值增长10.5%，巴西增长7.5%，印度增长9.9%。其结果是世界需求的来源发生了重大转变——从工业化国家转向亚洲和拉丁美洲的新兴市场。[1]

经济思想危机

为什么经济学家没有预测到危机并提出避免危机的政策？这是一个严重的问题，这个问题也在20世纪30年代出现过。从20世纪80年代开始，经济学家一直在鼓吹自由市场的效率和稳定性。缺乏监管，尤其是在金融领域，已经被确定是当前经济崩溃的一个原因。因此，经济危机对经济理论在理解世界的实用性方面提出了非常严肃的问题。甚至英国女王也发话了，她问皇家经济学会主席："为什么没有人注意到信贷紧缩即将来临？"[2]

鉴于此次危机，经济学家们自己也开始严重质疑经济模型的有效

---

[1] 分析参见 Raphael Kaplinsky，"The Shift in World Demand to the South" in O. Cateneo et al., editors, *Global Value Chains in the Economic Crisis and Recovery* （London: Palgrave Macmillan, 2010）。

[2] Tim Besley and Peter Henessy，"The global financial crisis——Why didn't anybody notice?" *British Academy Review*，V.14, pp. 8-10, 2010.

性。这些经济模型认为市场结果是拥有（当前和未来）完整信息的个人理性选择的有效结果。数学证明这样的系统是有效的和稳定的，这使得经济学家提议政府的作用最小化。

一种内部批评是，经济学家迷恋数学上的优雅而不是实际的相关性。因此，预期被假定是理性的和基于充分的信息，而不是基于有限的且不对称的信息。人们越来越多地认为，商业周期主要是由"外部冲击"（如油价上涨）造成的，而不是由于系统本身的运行。金融市场被认为是特别有效的，因为它们可以反映所有信息并具有高度灵活的价格。这样一个系统怎么可能像最近这样崩溃和失效呢？

在当今经济学家们激烈的辩论和自我质疑中，目前尚不清楚在后危机时代将出现哪些想法。凯恩斯主义在20世纪30年代随着凯恩斯《就业、利息和货币通论》的出版而兴起。今天还没有出现一种与之相当的思考经济的其他方法。有几个想法已经引起了人们的关注，但是从长远来看，还不清楚哪一个会最终胜出。其中一种观点认为，所有市场都充斥着信息不匹配和外部性，这通常会导致效率低下和不可持续的泡沫。这意味着，对市场的监管将必须比经济学家传统上认为的更为广泛。[1]

另一种观点认为，凯恩斯自始至终都是正确的，不应该在20世纪70年代遭到拒绝。在这种观点下（通常伴随着明斯基的金融脆弱性理论而提出），资本主义倾向于导致经济衰退和持续的失业，即使在市场有效运转且没有外部效应的情况下也是如此。在这里，政府的稳定作用在于集合需求和抑制金融监管。一些经济学理论——尤其是与凯恩斯有关的理论，确实有助于解释这场危机，并证明采取明确的政策对策是合理的，但自20世纪70年代以来，经济学家们就一直摒弃这种观点。尽管如此，凯恩斯主义的经济学家们还是重申了这位20世纪最伟大的经济学家

---

[1] Joseph E. Stiglitz, *Freefall: America, Free Markets and the Sinking of the World Economy* （New York：W.W. Norton, 2010）.

在诊断问题和治疗经济弊病方面的重要性。[1]

第三种观点认为，经济体过于复杂，无法以任何一种方式进行建模。从这个角度来看，经济学的作用是扩展各种可能有助于思考社会未来方向的模型，而不是为社会改善提供具体的政策。如果这是经济学的发展方向，那么经济学家的作用将比20世纪时更小。[2]

---

[1] 例如 Lance Taylor, *Maynard's Revenge*: *The collapse of Free Market Macroeconomics*, Cambridge: Harvard University Press, 2011; Paul Davidson, *The Keynes Solution*: *The Path to Global Economic Prosperity*, New York: Palgrave Macmillan, 2009; Robert Skidelsky, *Keynes: The Return of the Master*, New York: Perseus Books, 2009; John Eatwell and Murray Milgate, *The Fall and Rise of Keynesian Economics*, Oxford: Oxford University Press, 2011。
[2] 戴维·科兰德（David Colander）提交给美国国会科学技术委员会的听证会证词："The Risks of Financial Modeling: VaR and the Economic Meltdown." September 10, 2009。

关键概念和关键词

市场泡沫	1. 由于相信价格会持续上涨，从而导致商品或金融资产价格不可持续地上涨。泡沫可能是由投机活动（在高风险的押注中寻求收益）或对价格上行过度自信所驱动的，降低了产生负债的感知风险。尽管历史上充斥着泡沫的破灭，但市场参与者始终认为"这次不一样"。
金融化	2. 与制造业、采矿业、农业和非金融服务业相比，金融业在国民收入和企业利润中所占的比例越来越大。就连非金融企业也参与了金融化的过程，因为它们越来越多地参与金融服务的提供，并利用其资源购买金融资产。
工资增长停滞	3. 尽管美国经济有所增长，但美国男性的工资中位数在过去30年几乎没有增长。这与美国黄金时代的经验大相径庭，当时工资增长与劳动生产率的增长紧密相连。工资增长停滞的一个结果是，为了提高生活水平，家庭越来越依赖于两个有收入的人。工资增长停滞还导致家庭增加借贷，尤其是为了继续购买医疗和教育，因为这些重要支出的实际成本稳步上升。
财政刺激	4. 根据凯恩斯理论，产出和就业是由有效需求决定的，当私人需求（消费者支出、企业投资、外国出口需求）不足以产生社会可接受的就业水平时，政府的作用就变得至关重要。财政刺激的限制在于随着政府债务利息支付的负担过重，公共借贷将会受到约束。
宏观经济失衡	5. 随着美国企业越来越多地将生产外包，资本流入美国以支持美国的私人和公共借贷需求，美国在21世纪最初十年出现了长期且不断增长的贸易逆差（以及中国的贸易顺差）。人们普遍认为，从长期来看，这种失衡是不可持续的。一些人将失衡归因于中国储蓄率过高，另一些人则认为是美国过于宽松的货币政策鼓励了美国人借贷。

问题

1. 大衰退的直接原因是什么？有哪些长期趋势表明危险的经济失衡正在形成？

2. 金融部门如何与工作和生产的"实体"经济相联系？

3. 就经济衰退的起因、严重程度和范围而言，大衰退与大萧条相比如何？

4. 大衰退以何种方式成为全球现象？

5. 为什么更多的经济学家没有警告公众金融崩溃的可能性？这种明显的失败是否说明应该对经济理论进行修正？

6. 应对大衰退的政策是什么？它是否有效？

第十二章

问题与可能性

在这本简短的书中，我们走了很长一段路：从古罗马和封建欧洲的孤立经济社会到当今世界的全球化生产和最近的金融危机。当然，我们想知道未来将带来什么。但是，即使我们提出问题，我们也意识到它没有可靠的答案。如果用这一整章的篇幅，胡乱预测不平等趋势的结果、工作机会的可获得性，或者美国10年后在世界经济中的地位，那么没有一个明智的读者会相信我们所写的东西。那么，如何分析所有人都希望得到答案的这些紧迫问题呢？我们的答复是，我们必须利用过去来更加明确地思考未来。我们从一个看似奇怪的问题开始：过去如何看待未来？

传统驱动型社会

我们从非常遥远的过去开始——狩猎和采集社会，这是最初99%的人类生命采用的唯一社会组织模式。这些社会如何认识未来？

这个问题乍一看似乎无法回答。当我们反思我们所知道的，或合理地重新构想这些部落群体时，这问题就不再像最初看起来那样不可能了。事实上，我们可以对原始社会做一个概括，使我们能够以高度可能的方式重建其对未来的实际感知：认为未来是过去的延续。

如何做出这样的概括呢？一个有力的理由是，原始社会与自然的关系总体上是相当成功的，但也很有限，因此没有什么方法可以改变我们的远祖的物质生活。同样地，我们的远祖有一个简单但令人满意的政治生活，例如是否移动部落狩猎场等决定都是由部落长老领导全体成员讨论做出的——并不阻止个人自愿离开群体过独立生活。因此，不存在改变政治进程的动机。最后，狩猎和采集部落有了一种强有力的古老传统，它清楚地阐明了社会成员对彼此的义务，特别是对亲属的义务。那么，有什么需要改变的吗？

所有这些概括都指向一个结论：对我们遥远的祖先来说，未来不是男男女女们渴望的目的地，而是一个有一定把握的目的地。未来会是什么样子？它就像过去一样。否则还能是什么样？

命令型社会

回想四五千年以前，沿着尼罗河、底格里斯河、幼发拉底河、长江[1]和恒河流域，传统驱动型社会让位于命令型社会。定居式农业和最早的金属加工技术使社会结构与那些远古时代大不相同，不仅因为有能力建造宏伟的石头金字塔，而且还因为有能力建造同样引人注目的社会金字塔结构。在这些社会金字塔的底部，自耕农在执行官和总管的监督下辛苦劳作，以养活常驻的武装部队；而在小农阶层之上是牧师和官员的随从；最后在顶层是全能的法老、国王和皇帝。

因此，这种社会的出现与之前的社会形成了能够想象到的最强烈的对比。它是否为未来带来了新的愿景？奇怪的是，并没有。但可以肯定

---

[1] 中华文明应该是发源于黄河流域。——编者注

的是，新社会的统治者们站在他们的顶点上，怀揣着过去数万年从未有过的野心，设想以一种不可思议的方式改变世界。而这种方式在军队可以横穿大陆、劳动力可以建造出旷世建筑杰作之前的时代，都是无法想象的。

然而，如果我们看峰顶以外的任何地方，我们会对未来世界有另一种完全不同的感觉。现在的国王和皇帝给未来投下了长长的阴影，但就这些社会中的其他人而言，这又有什么区别呢？会有好国王和坏国王，会有凯旋和灾难，这些都一如既往。天气有好坏的年份，庄稼也有丰收歉收的年份。因此，对绝大多数社会成员来说，命令型社会的未来，就像传统驱动型社会一样，是对当前的一种投射。正如伟大的政治作家尼科洛·马基雅弗利（Niccolò Machiavelli）在15世纪所写的那样："谁要预见未来，就必须参照过去，因为人类事件总是与过去的时代相似。"[1]

资本主义

这种对未来的消极看法是什么时候改变的？所有人都知道答案：它随着现代经济社会的到来而改变，也就是说，随着资本主义世界的出现而改变，而资本主义世界的历史一直是我们研究的主要焦点。只有在资本主义时代，未来才被认为是具有无限可能性、增长、积累、扩张和变革的时代。

也许我们现在还知道了为什么对过去的研究可以阐明未来的发展。与从前的时代相比，资本主义的历史反映了其独有的三种属性。第一种属性是资本积累的普遍动力，赋予资本主义经济特有的活力，表现为对

---

[1] Niccolò Machiavelli, *The Prince and Other Discourses Book Three*（New York: Carlton House, n.d.），Chap. 43, 530.

新技术和市场的不断探索。这一属性引发了过去的工业革命，也带来了现在的计算机革命，同时缔造了过去的帝国主义时代和当前的全球化时代。

资本主义的第二种属性是竞争性市场网络，这使资本主义在走向未来的进程中与众不同，并提供了内部协调的机制。在早期的社会秩序中，不存在买卖各方自由选择、竞争原则之类的制度；就像资本的驱动一样，市场网络为这种社会秩序提供了早期社会所没有的紧张活力和不断创新的努力。

第三种属性并不那么熟悉，它使资本主义脱胎换骨，以新的方式面向未来。这属性就是资本主义被划分为两个领域或部门：一个是定义明确的政府，其介入经济事务的权利受到严格界定；另外一个是政府部门周围规模更大的私人经济，其中的政府特权同样被谨慎限制。我们经常抱怨"政府过多地干预经济"或"政府受到太多的商业影响"，同样我们也经常忘记没有哪个政府，无论是州、地方还是联邦政府，能未经授权设立营利性企业与工商企业竞争；也没有一家工商企业，无论受到怎样的诱惑，能把惹事的员工送进监狱。

总而言之，一个负责社会主要生产性活动的私营部门和一个负责指导与保护这一基本目标的公共部门的共存，提供了一个能够在更大程度上塑造经济未来的社会结构。虽然说得这么肯定，但并不意味着这种能力将被明智地使用，也不意味着它在提供未来可能的解决方案的同时不会造成棘手的新问题。尽管如此，这毕竟是一种过去没有的能力。

我们将会在以下的篇章详细考察这些问题。然而，我们在开始这最后一章时，最好应该首先意识到未来发展与历史路径之间的差异。

分析未来

现在让我们转向我们都渴望面对的问题：如何总结我们在第九章至第十一章中所考察的一系列问题？我们首先要对两种展望未来的方式进行关键区分，特别是针对资本主义的结构和动态。

我们将两种方式称为预测和分析。前者主要关注的是结果，后者主要关注的是过程。我们每天都会遇到预测，无论是在经济生活之外，还是在经济生活当中。赛马信息兜售者告诉你某匹马会拿第三，这就是在做预测，就像金融专栏作家预言道琼斯指数将在今年年底出现惊人的上涨一样。分析可能在预测中起作用，也可能不起作用：赛马信息兜售者可能基于小道消息，道琼斯指数预测者可能是依据摆在他面前的大量数据。然而，在一般情况下，我们应该注意分析家在非经济预测中的作用小于在经济预测中的作用。这不仅是因为经济活动通常有更多的数据信息，而且还因为经济生活，正如我们现在所知道的那样，具有诸如供应和需求之类的行为趋势核心，这使我们能够以一种广义的方式来理解经济如何运作。在赛马、政治或国际事务中，情况并非如此，分析起的作用要小得多。

预测与分析的区别在本章中起着决定性的作用。我们不会去预测通胀、失业或不平等在未来的1年、2年或10年里将会变得更好还是更糟。我们不会这样做，是因为无法做到，原因有二：首先，我们无法预测这么多变量（国际变量、国内变量、政治变量和经济变量）会产生什么样的结果；其次，更重要的是，未来的不确定性不仅意味着所有预测都是有风险的，还意味着它们的结果根本无法得知。

鉴于未来的这种不可知性，我们的目的将不是预测，而是尽可能清楚地阐明我们感兴趣的趋势背后的经济力量。正如我们所演示的，这种分析可能指向一个方向，也可能指向另一个方向，但指向与预测绝不是一回事。事实上，当指向的趋势与事情实际发展趋势不一致时，它提出了一个有趣而重要的问题：指南针的方向错了是因为要素的干扰，还是因为我们自己的分析出错了？讨论为什么我们的分析是错误的，可能会比讲授课程内容更能教会我们的读者经济学和经济史！

三个主要问题

1. 失业和收入增长停滞。我们记得，从20世纪70年代中期开始，失业就一直是困扰美国的一个问题。1983年，失业率上升到占劳动力的7.3%，此后逐渐下降到1989年的5.3%；但在1992年，它再次上升到7.5%，到20世纪90年代末下降到略高于4%。2007—2009年的经济大衰退使失业率停留在10%左右。如果加上气馁的工人、非自愿兼职者和在统计调查中遗漏的劳动力，那么加总起来也许是我们所看到的这些数字的两倍，虽然仍然比不上大萧条期间近25%的失业率，但足以让美国经济陷入停滞。此外，2010年非洲裔美国人的失业率为16%，几乎是白人的两倍。企业裁员导致了相对高薪工作的流失，而新创造的工作岗位是低收入的入门级职位。因此，越来越多的家庭需要不止一个挣工资的人来维持收支平衡。从1989年到1994年，平均家庭收入实际上下降了2 000多美元。这是自第二次世界大战以来，实际收入首次出现5年时期的下降。因此，尽管实现了相对长时期的经济增长，但美国人对他们的工作和收入还是没有安全感。专家们将这段时期称为"失业型复苏"，更好的描述也许是"工资停滞型复苏"。现在宏观经济政策的重点可能不得不从单纯的增长转向对工资的关注，尤其是对低工资工人的关注。

什么原因造成了这种令人不安的状况？在这里，我们必须区分研究的两个分析方向。第一个始于失业与产出之间已确立的联系。在全面战争时期，失业率降至2%以下——这可能是在自由社会中所能达到的最低水平，因为在这种社会中，总有一些工人自愿离职，也许是为了寻找更好的工作。此后，在战后最初几年里，美国人大肆消费，失业率徘徊在3%左右，随着战后经济繁荣的逐渐结束，失业率升至5%左右。众所周知，这33年（1940—1973）的时期结束于第一次石油危机的冲击。因此，我们的分析首先要探讨的是，我们能否回到创造就业的黄金时代。宏观分析告诉我们，这将需要投资支出大幅持续增长。此外，我们还可以做出进一步的分析结论：这种刺激必须来自自发的私营企业繁荣，或来自有意的公共支出增加——另一个黄金时代或另一个百日新政。分析不能帮我们确认任何一种可能性，但它可以让我们意识到，20世纪50年代（当时美国还是个需求旺盛但商品短缺的社会）和当今形势的巨大差异，或者是富兰克林·罗斯福、林登·约翰逊、比尔·克林顿、乔治·W.布什之间政治气候的变化。

然而，还有第二个分析方向需要考虑。它源于这样一个事实，即就业水平并不完全取决于国家支出水平。正如我们所看到的，还有一些其他因素，如技术或企业结构的变化，导致企业裁员和海外外包。这里我们的任务是看看可以对这些微观考虑进行哪些分析。

让我们首先考虑一下非战时繁荣的前景，这种繁荣可能会带来高就业率的日子。尽管我们很想这样做，但我们无法预测，当然也无法分析，明天是否会出现一些惊人的新发明，为充分就业的回归开辟可能性。事实上，从1991年到20世纪90年代末，美国经济增长相当稳定，但正如我们所见，这个乐观的统计数字掩盖了一些令人不安的事实。

因此，对美国以及整个发达世界的就业和工资增长，我们只能抱有非常低的期望吗？这似乎确实是最有可能的前景，除非我们能够设计出刺激需求、提高生产率、抑制持续高就业率带来的任何通胀后果的新模式。

利益相关机制——新的出路？

有这样的方法吗？也许有。在美国以外的一些国家，如德国、斯堪的纳维亚半岛三国、荷兰和奥地利，在工人和雇主之间出现了一种被称为"利益相关"（stakeholding）的关系。"利益相关"是指劳资双方签订的一种新形式的合同，这种合同赋予了工人共享企业利润的权利，作为交换，工人同意在必要时允许管理层限制工资增长，以保持其在行业中的竞争地位。

某种形式的利益相关可能确实会为长期的高就业率奠定基础，从而避免自我毁灭式的通胀性工资压力。这对美国来说有现实的可能性吗？基于这个国家长期的劳资对立关系，答案通常是否定的。但是时代变了，我们可能也会跟着变。如果利益相关关系在欧洲普及开来，那将会给美国施加巨大的压力，迫使其采取同样的行动。通向非通胀繁荣的道路可能尚未扫清，但并非不可能。这里再提醒一下大家，人们无法预测这种影响深远的制度变革的可能性。尽管如此，这个想法似乎很有希望被列入未来的议程。后面我们还会发现其他的可能性。

人口增长和迁移

纵观历史，分析人士担心人口增长会超过人类生产粮食的能力，从而导致大规模饥荒和贫困。我们已经看到，这是当今世界上一些国家的情况，但不是大多数。随着国家的工业化和富裕程度的提高，出生率普遍下降。今天，许多工业化国家所面临的问题与过去所担心的恰恰相反。它们的人口增长如此缓慢，以至于随着人口老龄化，平均来看，可能没有足够的适龄劳动力来满足社会需求。这使移民成了一个日益重要的角色。奇怪的是，美国、欧洲和日本经济对移民的需求不断增长，而与此同时，移民正引发敌对、政治争论和社会动荡。

根据联合国推断，欧洲、日本和俄罗斯的经济在未来50年将大幅下滑。[1]此外，这些国家正在经历人口老龄化，也就是说，这些国家的人口平均年龄正在上升。为了保持工作人口与退休人口的比例不变，这些国家需要迎接比过去高得多的比例的新移民。

尽管如此，随着大量土耳其人移居法国，北非国家人口迁徙到巴黎，中东各地的人移居荷兰和瑞典，移民群体和本国居民之间的冲突正在加剧。在大多数情况下，这些群体没有很好地融入当地社会或经济，并且这些国家都出现了反移民政策的呼声。

美国的情况不同，美国人口在2000—2050年大约会增长25%。因此对移民的需求不像欧洲那样迫切。尽管如此，美国的人口结构也开始老龄化（人口平均年龄在上升），需要越来越多的移民来养活日益增长的退休人口。移民，尤其是从墨西哥国境线过来的非法移民，是个一直持续的政治问题。到2010年，预计有超过1 100万在美人员没有合法证件。这些人中的大部分是工作和纳税的，美国的部分政治问题在于如何既承认这一群体对美国的贡献，又不纵容未来的非法移民。

2.不平等。我们可以大致清晰地来分析高就业和收入增长的前提条件。当我们转向下一个要面对的主要问题时，事情就不那么简单了：倾向于顶层10%甚至是1%的家庭的再分配，这令人痛苦且担忧。这里存在宏观经济和微观经济方面的因素。从宏观角度看，作为后黄金时代特征的生产率增速下滑和投资放缓，仍是加剧不平等的一个根源。涨潮可以使所有的船都浮起来——就像黄金时代那样，但是汹涌的海水会把弱者打翻。正如我们在第十章中看到的那样，许多发展中国家的不平等正在加剧，没有受过教育或培训的那些人的相对收入下降了。许多经济学家认为，应对这种情况的办法是提高各地劳动力的技能。

[1] 这里及本章其他部分的数据来自联合国人口司（United Nations Population Division），"Replacement Migration: Is it a Solution to a Declining and Ageing Population?"（New York: United Nations, March 2000）。

　　然后，我们必须考虑技术变革的作用。计算机化无疑是把双刃剑，一方面淘汰了某些从前装配线上报酬优厚的职业，另一方面又使服务性职业得到发展，有些岗位的工资很低，另一些岗位则报酬很高。由于计算机化提高了对雇员的技能要求，它不利于受教育程度低的人，而这些人通常是低收入者。考虑到未来经济中计算机技术的普及程度可能越来越高，收入分配情况可能会进一步恶化。总而言之，我们对这一复杂局面的解读，使我们倾向于怀疑现有的收入分配水平是否能得到改善，但还需立刻补充说明的是，这种分析不足以清楚地支撑我们解决失业问题的论点。

　　然而，在不平等的趋势中，还有另一个极其重要的因素，这就是首席执行官的薪酬与员工工资中位数之间的差距在显著扩大。在这方面，比起考虑技术带来的影响，更难以找到一种分析性的解释来指导我们对未来发展的预期。随着时间的推移，社会规范和制度会因为政治、文化以及纯经济原因而改变。

　　让我们考虑这方面的两个事实。第一个问题：我们注意到最高工资与中位数工资的比率从20世纪60年代的30：1上升到2004年的100：1以上。现在让我们再考虑第二个问题：美国首席执行官的薪酬与普通员工的薪酬之比，比任何其他资本主义国家都高出许多倍。在德国，这一比例约为20：1，在日本为10：1。我们可能还会注意到，外国企业高级管理层的负担也比美国小得多。

　　这种不成比例的巨大管理层负担能给未来带来一丝曙光吗？一种解释是，与几乎所有欧洲国家相比，美国的管理层和劳工之间存在着不同寻常的对立关系。这使得美国公司感到需要更多的管理人员，而在那些管理人员和员工之间有更紧密了解的公司，其管理人员相对较少。[1]另一种解释是，始于20世纪80年代的将管理层的利益与股东的利益更紧密地

[1] David Gordon, *Fat and Mean*（New York：The Free Press 1996），Chap. 3.

联系起来的运动产生了事与愿违的结果。以股票期权形式发放的高管薪酬，已导致管理层关注短期股价波动，而非长期增长。

可以肯定的是，这只会提出一个更深层次的问题：为什么美国公司没有发展出在其他地区已经被证明有效的利益相关及其他合作制度？毫无疑问，答案在于美国和欧洲截然不同的文化传统，但这并没有为我们推测未来提供非常明确的基础；毕竟，美国如今就像是在20世纪30年代一样，也是不顾劳工权益的，但这并没有阻止新政的出现，而新政为欧洲设定了标准。因此，我们还是不能相当确定地断言，企业态度将会发生必要的改变。但如果企业态度不改变，就没有什么理由期待收入分配格局发生变化。

这种改变有可能实现吗？美国的一些公司已经开始自主尝试改变工资合同，试图增加员工与管理层之间的相互信任，从而打破头重脚轻的工资制度，因为这种收入分配格局最终只会降低而不是提高公司的效率和盈利能力。

3.全球化。我们现在谈谈当前面临的第三个，也许是最困难的挑战。我们可以用什么样的历史视角来看待美国以及所有其他发达资本主义国家对世界经济的日益融入？从过去的历史中，是否可以总结出经验以照亮未来？

在第十一章中，我们将全球化定义为不同国家的市场之间日益增强的相互联系，并特别关注资本的国际流动性。现在我们的任务是退一步，从经济社会形成的广阔视角来思考全球化现象。从这个角度看，全球化的力量最明显地体现于这样一个事实，即现在把资本主义作为主导经济制度的国家，比历史上任何时候都更多。

造成这种状况的最重要的原因是苏联的解体和整个东欧社会主义的垮台。许多在20世纪60年代和70年代奉行社会主义战略的发展中国家，例如坦桑尼亚、牙买加和尼加拉瓜，现在转向了市场导向。根据一项研究表明，自1990年以来，16个发展中国家转向了高度自由市场导向的贸易和汇率政策，18个国家在80年代就这样做了。世界银行和国际货币基金组织强烈鼓励这些政策的转变，它们往往只有在一个国家同意执行这些自由市场政策时才提供贷款。被要求实施的改革主要是在贸易和行业政策方面，特别是在农业和金融自由化方面。[1]

资本主义的前景

从哪里开始？我们认为在这最后的部分，最好从复杂的三方结构进行反思，该结构赋予了资本主义历史上的独特性。与其尝试从整体上谈论"资本主义"，不如让我们考虑以下这三个方面：由资本积累动力所驱动的体系的未来，通过市场网络相互联系并受到内部约束，以及其独特之处在于两个部门（一个公共，一个私有）之间的权力分配。与试图将"资本主义"视为一个整体相比，这三个独特的属性可能使我们能够更清楚地思考未来的发展形态。

积累的动力

赋予资本主义生命力的驱动力，其长期前景如何？很早以前，经济学家一直将这种动力视为金融体系的阿喀琉斯之踵，甚至亚当·斯密也相信，经过一段时间，一个完全自由的社会，也就是他所说的新生的资本主义，将会创造出所有需要的商品，而在那之后，这个制度就会陷入一种停滞状态，处于一种较低的生存水平。[2]

---

[1] Dani Rodrik, "The Rush to Free Trade in the Developing World: Why So Late? Why Now? Will It Last?" in *Voting for Reform*, ed. S. Haggard and S. Webb (New York: Oxford University Press, 1994).

[2] Adam Smith, *The Wealth of Nations* (New York: Modern Library, 1972), Chap. 9, 96.

后来的经济学家们开始相信工业革命的发明能力，而在斯密的时代，工业革命还没有出现。尽管如此，几乎所有伟大的经济学家都认为，由于无法继续无止境地寻找新的有利可图的投资领域，这一体系最终将走向终结。马克思设想了更多的自我毁灭危机，这些危机最终将为社会主义推翻资本主义创造政治条件。约翰·斯图亚特·密尔（John Stuart Mill）预言了一种不那么剧烈的变革，工人们买下雇主的权益，然后运行一种竞争性的、市场协调的"社会主义形式"的资本主义，在某些方面类似于20世纪50年代和60年代的瑞典。凯恩斯持更为保守的观点，他认为通过适当增加政府开支可以将衰退控制在一定范围内。事实上，尽管凯恩斯享有激进改革者的名声，除了或多或少、更持久、更大的公共投资中心，他预见了一个与过去没有什么不同的未来。更为保守的经济学家更多地从"供给方面"寻找经济增长长期减缓的答案，极力主张减税和投资补贴，但迄今为止，这些政策在实践中产生的影响非常有限。

生态超载

现在我们把讨论转向另一个方向。在我们这个时代，资本主义的前景远未能得到解答，正如我们无法预测自动化和全球化的不确定后果。在一个至关重要的方面，扩张的长期前景已经改变。如今的关键问题，不再是有利可图的投资的可得性（availability），而是有利投资无限延续的后果（consequences）。

在这里，最可怕的障碍看来是生态超载，它们向空气、水和土壤排放有害的生产副产品，超过了环境所能吸收的程度。这些副产品中最主要的是大部分生产过程所产生的热量——大量的能量上升到大气层中，产生了一种被称为"全球变暖"的效应。

大约20年前，历史经济学家保罗·肯尼迪（Paul Kennedy）

写道：

> 　　科学共识是全球平均气温比一个世纪前升高了0.3到0.7摄氏度。这是一个温和的增长，但真正令人关切的是21世纪温度上升的速度，特别是随着世界人口和工业活动增长。该领域的大多数科学家认为，这将产生严重的后果，包括海平面上升、农作物减产、水流减少、健康风险增加、气候反复无常。所有人都建议，发达国家和发展中国家都有充分的理由担忧全球变暖。[1]

　　这种严重的长期威胁源于作为资本主义生命力的生产规模不断扩大。如果污染必须在今后两代或三代人的有生之年内得到极大的控制（这种必要性越来越明显），这将如何影响我们社会秩序的自我再生能力？与此同时，世界上较贫穷地区的生活水平将会发生什么变化？可怕的贫困（例如非洲）会导致富国允许穷国继续污染一段时间，以提高生活水平，同时自愿主动减少它们自己的危险产出吗？不管治理污染的措施是什么，谁来管理这么庞大而又至关重要的事业呢？

　　从这个困难的前景中只能得出一个有说服力的结论：未来包含着生态挑战，它才刚刚开始引起我们注意。挑战不仅源于这个事实，即资本主义经济动力本身是这种潜在危险的核心，而且源于这样一个明确无误的结论：只有发达国家（即资本主义世界）的政治意愿才能最终决定其破坏程度。幸运的是，在我们面前有一段宽限期：对于这种挑战，还有一段调查、解决和深思熟虑的变革时期。

---

[1] Paul Kennedy, *Preparing for the Twenty-First Century* (New York: Random House, 1993), 105, 111. For a more up-to-date assessment, see William Nordhavs, *A Question of Balance: Weighing the Options on Global Warming Policies* (Newttaven: Yale University Press, 2008).

全球化和限制工业化

对于全球化和自动化的直接压力的调整，可能不会有同样的宽限期。如果新的信息和计算机技术促进了制造和服务的海外转移，那么美国可能会保留什么样的生产和工作岗位呢？也就是说，美国公司越来越多地选择将生产投入（包括服务）转移到海外低工资地区，这对美国经济有什么长期影响？30年后美国会生产什么？这个问题的答案必然是推测性的。但是，有几个趋势似乎是显而易见的。第一个趋势是，美国经济历来具有很强的创新性，我们没有理由认为创新的新领域不会出现，最常被讨论的领域是生物技术、信息技术和纳米技术。第二个趋势是美国公司将继续在市场营销和设计方面占据主导地位。虽然像Gap（盖璞）和耐克这样的公司很少或根本不生产有形产品，但它们非常有效地维持了品牌个性和品牌忠诚度，从而为管理者、设计师和股东带来了收益增长。最后，有些服务根本不能外包到国外。这些服务主要是需要面对面接触的个人服务：医生、护士、牙医、律师、教师、投资银行家、管理顾问、社会工作者、心理治疗师、家庭清洁工、调酒师、服务员、空乘、理发师和美容师等。（但远程教育使教师不一定在这个名单上。将来或许大学课程也会大规模地外包到国外去！）奇怪的是，这些类型的个人服务本身不会有大的生产率改进。最终的结果是，一个经济体被分为两个部分：一个是高度活跃的部门，另一个是基本上没有活力但至关重要的服务部门。政府可能不得不在这样一个社会中扮演重要的再分配角色。

日益紧密的市场网络

资本主义的第二个特征是它的市场网络。总的来说，经济学家一直将市场视为资本主义体系强大力量和灵活性的源泉，并且许多人断言，只要自我激励的竞争性相互作用仍是资本主义体系最显著的特征，资本主义体系就将持久存在下去。

这似乎确实是一种稳妥的概括，但在对我们的秩序演化轨迹进行长期研究时，市场仍有一个方面需要我们予以关注。所有市场无一例外都有两个目的，其中只有一个受到经济学家的详细考察，不言而喻这就是亚当·斯密所谓的"看不见的手"，这解决了协调生产和分配的难题。

然而，市场还有另一个不那么出名的方面，那就是所有的市场都产生了外部性，也就是买卖双方相对不受监督的互动所产生的副作用，例如工厂产生的热量和烟雾，在我们刚刚讨论环境问题时已有涉及。然而，还有其他的外部性可能不会影响环境，但可能严重影响社会。这些问题涉及平等和正义问题，因此关系到社会道德的层面。

当然，这些都不是新问题。想想13世纪的伟大哲人圣托马斯·阿奎那（St. Thomas Aquinas）在他的著作《神学大全》（*Summa Theologica*）一书中问道，人们是否可以合法地以高于其价值的价格出售该物品。[1]这个问题完全出乎我们的意料。"以高于其价值的价格出售"是什么意思？难道它不值买主愿意支付的价格吗？阿奎那说，事实并非如此。他引用马太福音（7：12）的话："你们愿意人怎样待你们，你们也要怎样待人。"阿奎那说，没有人在购买商品时希望价格超过它的价值。因此，以高出物品所值的价格出售物品，这就是犯罪。

这个声明让我们不知所措。为什么？因为市场的功能之一是让我们忘记在非市场关系（例如朋友关系）中引导我们的道德激励。在很大程度上，市场之所以获得效率，正是因为它们将我们的注意力从这些麻烦的顾虑上引开。

这一发现会对我们的系统寿命造成严重后果吗？让我们从全球化的严峻现实中退后一步，从讲真话的角度来考虑市场的作用。市场的特性

[1] 引自 R. Heilbroner, *Teachings from the Worldly Philosophy*（New York：W.W. Norton），13。

之一是卖方尽其所能使买方相信他们的商品是货真价实的。在老式的市场中，这被称为"王婆卖瓜，自卖自夸"；在现代资本主义中，它是广告素材。看看如今数百万电视屏幕中的广告，儿童、青少年和成年人都目睹了男男女女们对洗发水、阿司匹林和汽车等品牌的狂热吹捧，他们每个人都为自己敬业地表演剧本的热情获得报酬。这种行为难道不是在传达一种道德信息吗？也就是说，这些代言人假装成"真实的"用户，假惺惺地说一些他们自己可能都不相信的事情。我们把这个问题留给读者裁决。我们的观点很简单，必须承认市场的本质——它是激发我们经济行为的手段，在经济上有效，但在道德上常常令人怀疑。这可能是一个很难控制的问题，但如果我们的体系要发展安全渡过新世纪所需的道德情操，就必须最终面对这个问题。

两个部门

这从逻辑上引出了资本主义社会的最后一个关键特征：它将权力和权威划分为政府部门和私人部门——这是资本主义特有的，而且从一开始就是争论、分歧和麻烦的根源。也许因为在这个问题上存在着这样的分歧，我们没有意识到它是资本主义力量的核心源泉之一——它为某个在其他体系中无法得到满意解答的问题，提供了卓越的解决方案。

毫无疑问，这种特有的权力分歧的重要性在未来几十年会日益增加。如果我们要避免生态超载的灾难，除了公共部门，我们还能指望其他部门吗？经济全球化的确有很大吸引力，但伴随而来的危险必须得到防范，如果要找到使这两方面相匹配的方法，除了政治约束和引导之外，还能有其他手段吗？这里所需要的，并不是将公共部门提升到私人部门之上，除非在极端情况下，如战争和生态灾难的预防。我们需要的是认识到公共利益与私人利益之间是对等的。我们倾向于认为私人借贷和投资本身是好的，并称之为"投资"；我们认为公共借贷和支出是不好的，称之为"赤字支出"，即使这些开支被用来修建公路、桥梁和学校等公共投资产品。当然，私人投资可能是愚蠢的，公共投资是明智的，反之亦然。我们的任务是要认识到，如果我们的系统要良好地运转，这两个部门都必须有效地、明智地运作；要实现这一目标，就需要重新审视"两个部门"的问题，公平清楚地审视这两个部门。

各种类型的资本主义

我们对未来的分析视角可能完全不同于我们的读者。然而，我们希望我们的语气已经清楚地表明，我们提出的只是个人观点，而不是不容争辩的事实。思考未来的这种企图，存在不可避免的风险和容易出错的尝试，目的在于鼓励我们的读者也去进行同样冒险的和容易出错的思考——这种思考不一定能掌握真理，但我们希望读者把这种思考训练变成一种习惯。

现在完成最后一个概括，本书就结束了。考虑到我们所谓的现代经济社会的度量标准，有一个概括似乎是不可避免的。资本主义几乎肯定会成为经济组织的主要模式，至少在21世纪（甚至下一个世纪）的发达国家将是如此。但是，正如我们现在所理解的那样，"资本主义"这个词的灵活性足以涵盖许多类型的社会。所有社会都将由资本积累的需要来驱动，以及由市场框架来协调，都将有两个部门。但是，尽管有这些深刻而重要的共同特征，这些社会之间仍然存在很大的差异。有些社会会努力调整，获得高利润，有些社会则能在非常低的利润水平上满意地工作；有些社会将拥有头重脚轻的管理机构，有些则不会；有些可能有对抗性的劳资关系，其他的可能已经做出了非常令人满意的利益相关安排；有些社会更民主，有些社会更道德，有些社会更环保；有些社会将制定出友好且相互协调的公私部门关系安排，有些则不会。

我们希望我们的读者能够记住一个目标，那就是把资本主义的未来作为一种社会秩序来思考的有用之处，这种社会秩序尽管具有特定的制度结构，但仍有各种可能性。

关键概念和关键词

在前面每一章最后都有各种各样的总结和问题，希望有助于解释清楚讨论过的内容，但本章不会有。这一章不是用来"学习"的，而是用来思考的。我们希望你阅读时像我们写作时一样，陷入久久思考。

著作权合同登记号：图字 18-2021-322

图书在版编目（CIP）数据

经济社会的形成 /（美）罗伯特·L. 海尔布隆纳（Robert L. Heilbroner），（美）威廉·米尔博格（William Milberg）著；刘婧译. -- 长沙：湖南文艺出版社，2022.5

书名原文：THE MAKING OF ECONOMIC SOCIETY

ISBN 978-7-5726-0043-2

Ⅰ.①经… Ⅱ.①罗… ②威… ③刘… Ⅲ.①经济学—研究②社会秩序—研究 Ⅳ.①F0②D035.34

中国版本图书馆 CIP 数据核字（2022）第 033212 号

上架建议：经济学理论

JINGJI SHEHUI DE XINGCHENG
经济社会的形成

作　　者：［美］罗伯特·L. 海尔布隆纳（Robert L. Heilbroner）
　　　　　［美］威廉·米尔博格（William Milberg）
译　　者：刘　婧
出 版 人：曾赛丰
责任编辑：刘雪琳
监　　制：秦　青
特邀编辑：列　夫　王子佳
版权支持：金　哲
营销编辑：王思懿
封面设计：奇　芭
版式设计：秋　晨
出　　版：湖南文艺出版社
　　　　　（长沙市雨花区东二环一段 508 号　邮编：410014）
网　　址：www.hnwy.net
印　　刷：三河市天润建兴印务有限公司
经　　销：新华书店
开　　本：680mm×955mm　1/16
字　　数：315 千字
印　　张：20.5
版　　次：2022 年 5 月第 1 版
印　　次：2022 年 5 月第 1 次印刷
书　　号：ISBN 978-7-5726-0043-2
定　　价：78.00 元

若有质量问题，请致电质量监督电话：010-59096394
团购电话：010-59320018